Stephan Baur · Dieter Seibert

Tannheimer Tal

zwischen Nesselwängle und Jungholz

45 ausgewählte Touren

ROTHER
BERGVERLAG

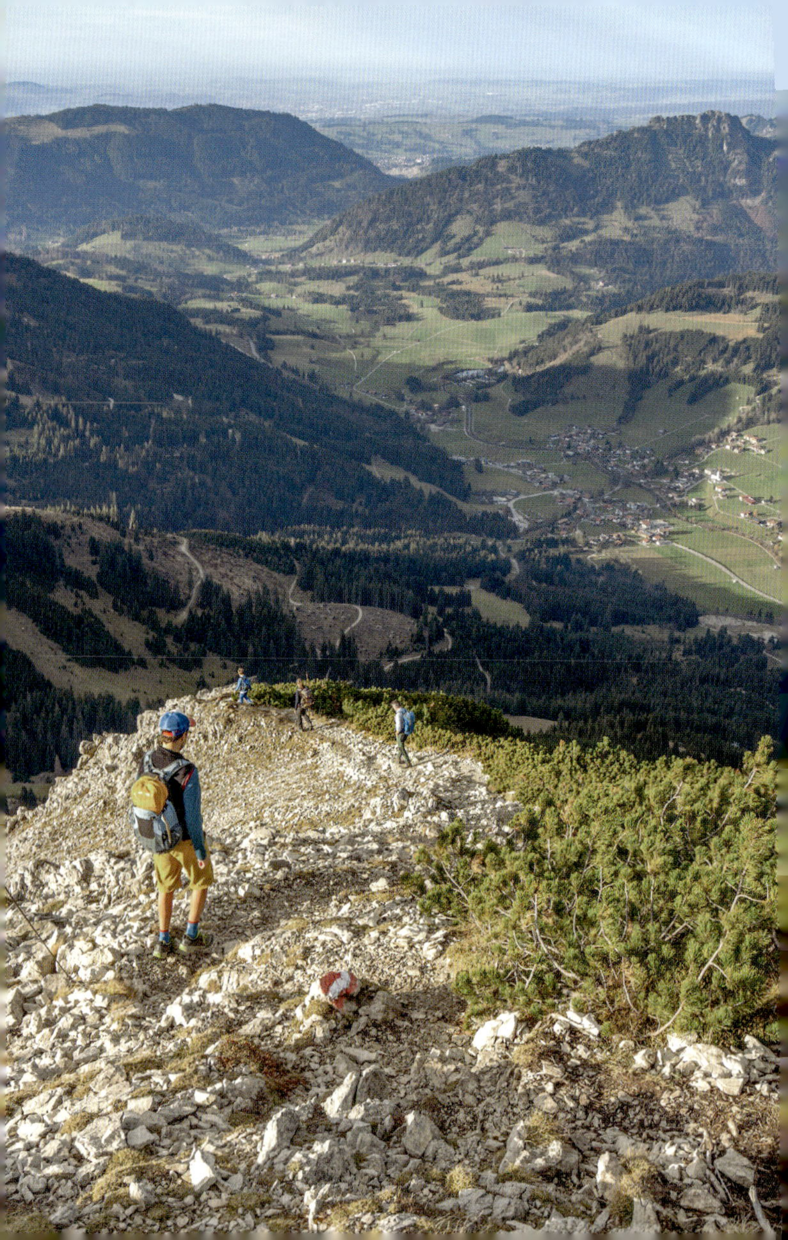

VORWORT

Saftig grüne Almwiesen, steile Felswände und kristallklare Bergseen – all dies dicht und kompakt zusammen auf einer überschaubaren Fläche bietet das Tannheimer Tal in Tirol. Kein Wunder also, dass die Region, die ein Teil der Allgäuer Alpen darstellt, bei vielen Berg- und Naturliebhabern ganz oben auf ihrer Liste steht. Die Möglichkeiten im Tal sind abwechslungsreich und die Bandbreite von Wanderungen reicht von einfachen Spaziergängen im Tal bis zu sehr anspruchsvollen Klettertouren an den senkrechten Felswänden. Wegen der noch überschaubaren Höhen bis gut 2200 m sind alle Gipfel als Tagestour vom Tal aus erreichbar. Die meisten Touren sind zudem in der Regel bereits früh in der Bergsaison und bis weit in den Spätherbst hinein möglich.
Im Tannheimer Tal wird in der Regel auf sanften Tourismus gesetzt. Übertrieben große Hotelanlagen oder Skigebiete findet man hier nicht. Trotzdem ist die gesamte Region seit Jahrzehnten touristisch ausgezeichnet erschlossen. Mehrere Bergbahnen erleichtern den Zugang ins alpine Gelände und eine Vielzahl von Höhenwegen bietet herrliche Ausblicke in alle Himmelsrichtungen. Bei einigen Klassikern ist man an Schönwettertagen sicher nicht allein unterwegs, aber das Tal bietet auch einsame und ruhige Flecken. Bei vielen Wanderungen laden Hütten und urige Alpen zu einer verdienten Pause ein und bieten feine und häufig lokale Speisen an, aber auch in den Ortschaften im Tal kann man es sich nach einer Tour in zahlreichen Restaurants gutgehen lassen. Zahlreiche Bergseen laden an heißen Sommertagen zu einem erfrischenden Bad ein. Praktisch ist natürlich, dass durch die Kompaktheit des Tals alle Ausgangspunkte der Wanderungen schnell und meist auch mit dem öffentlichen Bus erreichbar sind. Eine vielseitige und attraktive Region, in der man sich mühelos ein abwechslungsreiches Programm für ein Wanderwochenende oder einen ganzen Wanderurlaub zusammenstellen kann und in die man gern immer wiederkommt!
Dieter Seibert hat ursprünglich die Touren für diesen Wanderführer ausgewählt und beschrieben. Als Liebhaber der Allgäuer Alpen und des Tannheimer Tals habe ich als Nachfolgeautor von Dieter Seibert und Gerald Schwabe mit der vorliegenden 12. Auflage die Betreuung dieses Wanderführers übernommen und die beschriebenen 45 Touren aktualisiert und weitgehend neu verfasst. Ich wünsche Ihnen schöne, sichere und erlebnisreiche Touren im wunderschönen Tannheimer Tal. Natürlich freue ich mich über jegliche Kritik, Rückmeldung und Verbesserungsvorschläge.

Dietramszell, im Winter 2023/24 — Stephan Baur

Abstieg von der Rohnenspitze über den Nordrücken hinab ins Tannheimer Tal (Tour 31).

INHALTSVERZEICHNIS

Vorwort . . . 3
Übersichtskarte . . . 6
Top-Touren . . . 8
Wichtige Hinweise für unterwegs . . . 10
Schwierigkeitskategorien . . . 10
GPS-Tracks und Koordinaten der Ausgangspunkte . . . 15
Wichtige Telefonnummern und Adressen . . . 20
Geografie und Geschichte . . . 21
Orte der Region . . . 25

1 5.45 h **Rundwanderweg Tannheimer Tal West** . . . 30
2 4.30 h **Rundwanderweg Tannheimer Tal Ost** . . . 34
TOP 3 5.00 h **Schönkahler, 1688 m, vom Tannheimer Tal** . . . 38
4 4.00 h **Einstein, 1866 m** . . . 40
5 4.45 h **Aggenstein, 1987 m, von Süden** . . . 42
TOP 6 3.45 h **Gräner Höhenweg** . . . 44
7 4.45 h **Brentenjoch, 2000 m** . . . 48
8 5.15 h **Rundtour Vilser Alm** . . . 50
9 2.30 h **Große Schlicke, 2059 m** . . . 53
10 3.15 h **Otto-Mayr-Hütte und Schartschrofen, 1973 m** . . . 56
11 3.15 h **Schartschrofen, 1973 m** . . . 60
12 4.15 h **Rote Flüh, 2111 m – Klettersteige** . . . 64
13 2.45 h **Rund um den Haldensee** . . . 68
TOP 14 5.30 h **Rote Flüh, 2111 m, über die Judenscharte** . . . 70
15 5.15 h **Nesselwängler Scharte, 2007 m** . . . 72
16 7.15 h **Gehrenspitze, 2164 m** . . . 76
17 4.30 h **Schneetalalm und Hochjoch** . . . 80
18 6.30 h **Gaichtspitze, 1988 m, Hahnenkamm** . . . 84
19 8.00 h **Leilachspitze, 2274 m, durchs Birkental** . . . 86
20 5.00 h **Krinnenspitze, 2000 m** . . . 89
21 6.00 h **Litnisschrofen, 2068 m** . . . 92
22 5.00 h **Sulzspitze, 2084 m** . . . 96
TOP 23 4.30 h **Landsberger Hütte, 1805 m, vom Neunerköpfle** . . . 98
24 8.15 h **Leilachspitze, 2274 m, vom Vilsalpsee** . . . 102
25 6.15 h **Steinkarspitze und Rote Spitze, 2130 m** . . . 105
TOP 26 2.15 h **Vilsalpsee und Bärgacht** . . . 108
27 7.15 h **Große Vilsalpsee-Runde** . . . 110
28 6.30 h **Rauhhorn, 2240 m** . . . 113
TOP 29 6.00 h **Geißhorn, 2249 m** . . . 116
30 4.30 h **Älpele – Roßalpe** . . . 119
31 5.45 h **Zirleseck und Rohnenspitze, 1990 m** . . . 122
TOP 32 5.15 h **Bschießer und Ponten, 2045 m** . . . 125
33 3.30 h **Über Iseler und Wannenjoch, 1907 m** . . . 128

34 3.45 h **Spieser, 1649 m, und Jochschrofen** 130
35 4.00 h **Zinken, 1613 m** 133
36 3.30 h **Sorgschrofen, 1636 m** 136
37 4.15 h **Rund um den Sorgschrofen** 138
38 3.30 h **Reuterwanne, 1541 m** 141
39 3.45 h **Edelsberg, 1629 m** 144
40 5.00 h **Schönkahler, 1688 m, vom Achtal** 146
41 3.30 h **Aggenstein, 1987 m, mit Breitenbergbahn** 149
42 6.00 h **Von Füssen zum Zirmgrat, 1292 m** 152
43 3.15 h **Schloss Neuschwanstein und Alpsee** 155
44 3.45 h **Kenzenkopf und Geiselstein-Rundweg** 158
45 2.45 h **Plansee und Heiterwanger See** 160

Stichwortverzeichnis 162

SYMBOLE

Symbole im Tourenkopf

- mit Bahn/Bus erreichbar
- Einkehrmöglichkeit
- für Kinder geeignet

Symbole im Höhenprofil

- Ort mit Einkehrmöglichkeit
- Einkehrmöglichkeit
- Parkplatz
- Bushaltestelle
- Seilbahnstation
- Sesselliftstation
- Schiffsanlegestelle
- Bademöglichkeit
- Gipfel
- Kirche, Kapelle
- Campingplatz
- Aussichtsplatz
- Auf-/Abfahrt mit Seilbahn
- Auf-/Abfahrt mit Sessellift
- Joch, Passübergang
- Brücke
- Wasserfall

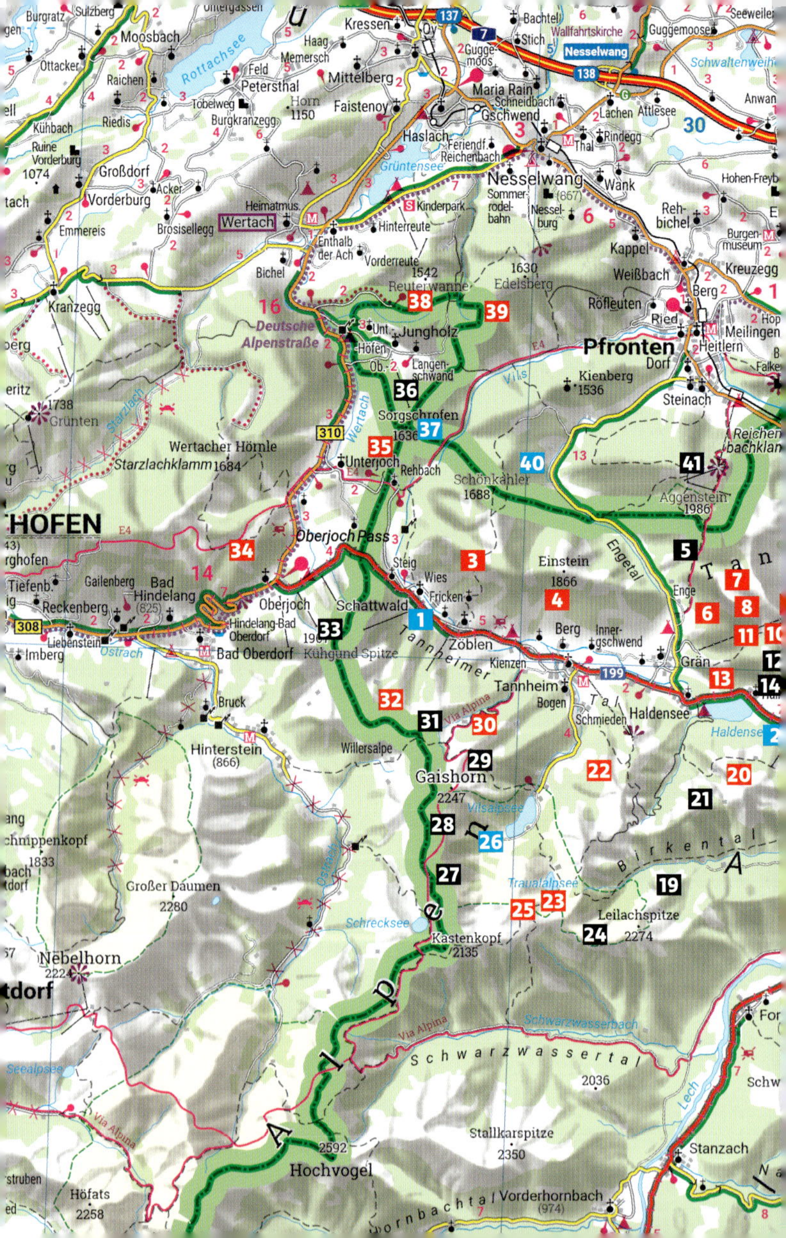
Burgratz
Sulzberg
Moosbach
Ottacker
Raichen
Rottachsee
Kressen
Haag
Memersch
Feld
Petersthal
Mittelberg
Bachtel
Stich
Wallfahrtskirche
Guggemoose
Seeweiler
Nesselwang
Schwaltenweiher
Gugge-moos
Maria Rain
Schneidbach
Tobelweg
Horn
1150
Faistenoy
Burgkranzegg
Gschwend
Lachen
Attlesee
Anwan
Kühbach
Riedis
Ruine Vorderburg
1074
Großdorf
Haslach
Feriendf. Reichenbach
Rindegg
Thal
Grüntensee
Nesselwang
Sommer-rodel-bahn
(867)
Nessel-burg
Wank
Hohen-Freyb
Acker
Vorderburg
Heimatmus.
Wertach
Kinderpark
Hinterreute
Reh-bichel
Burgen-museum
Emmereis
Brosisellegg
Enthalb der Ach
Vorderreute
Kappel
Bichel
1542
Reuterwanne
1630
Edelsberg
Weißbach
Kreuzegg
Kranzegg
Deutsche Alpenstraße
Röfleuten
Berg
Ried
Meilingen
Unt.
Jungholz
Höfen
Ob.
Langen-schwand
Pfronten
Dorf
Heitlern
Kienberg
1536
Steinach
1738
Grünten
Starzlach
Sorgschrofen
1636
Wertach
Reichenbachklamm
Wertacher Hörnle
Starzlachklamm
1684
Unterjoch
Rehbach
Schönkahler
1688
Aggenstein
1986
HOFEN
Oberjoch Pass
Steig
Wies
Einstein
1866
Engetal
Enge
Tiefenb.
Gailenberg
Bad Hindelang
(825)
Reckenberg
Oberjoch
Schattwald
Fricken
Hindelang-Bad Oberdorf
Liebenstein
Ostrach
Imberg
Bad Oberdorf
Kühgund Spitze
Zöblen
Berg
Inner-gschwend
Grän
Tannheimer Tal
Kienzen
Tannheim
Bogen
Schmieden
Haldensee
Bruck
Via Alpina
Hinterstein
(866)
Willersalpe
Gaishorn
2247
Vilsalpsee
Schnippenkopf
1833
Birkental
Großer Daumen
2280
Traualpsee
Leilachspitze
2274
Schrecksee
Kastenkopf
2135
Nebelhorn
2224
Schwarzwasserbach
Schwarzwassertal
2036
Seealpsee
Lech
Allgäuer Alpen
Stallkarspitze
2350
2592
Hochvogel
Stanzach
Höfats
2258
Hornbachtal
Vorderhornbach
(974)
137
7
138
30
310
308
199
16
14
E4

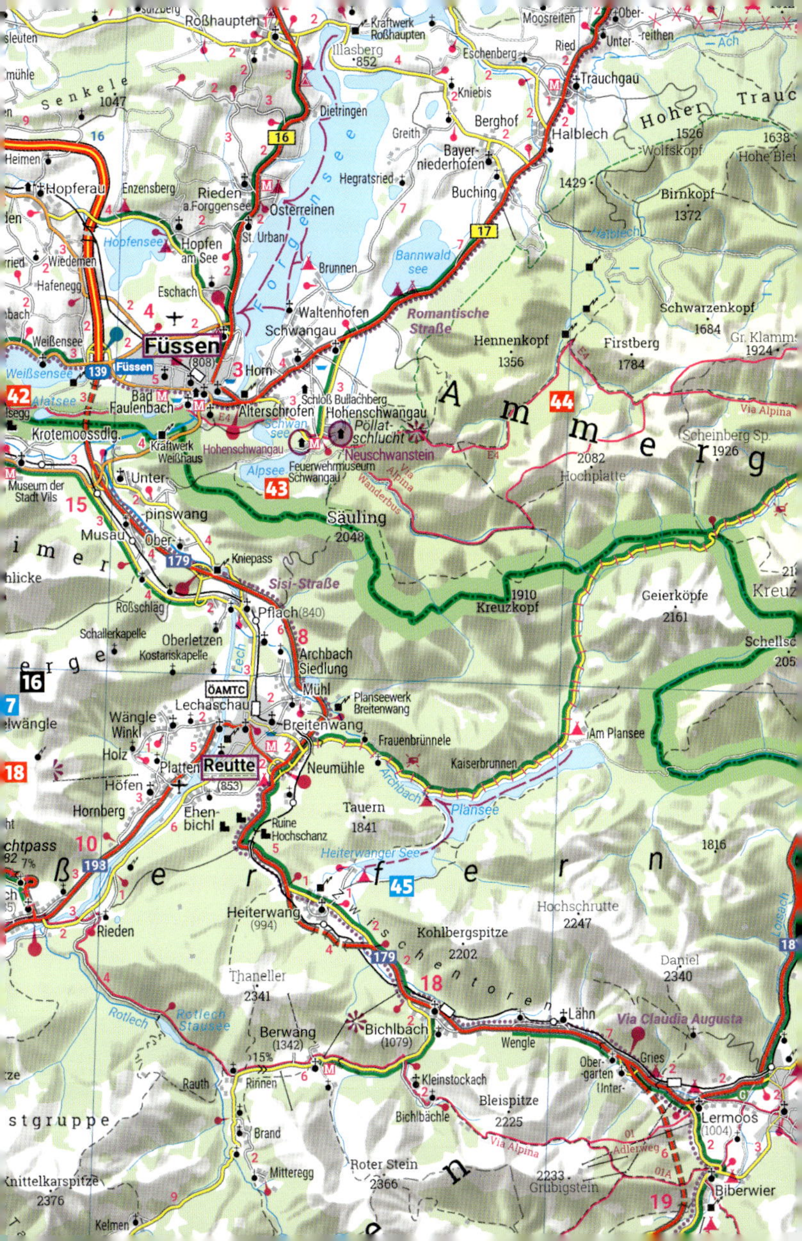
Roßhaupten
Kraftwerk Roßhaupten
Illasberg
852
Moosreiten
Ried
Ober-
Unter- reithen
Ach
Trauchgau
Trauc
Senkele
1047
16
Dietringen
Eschenberg
Kniebis
Berghof
Halblech
Hoher
1526
Wolfskopf
1638
Hohe Blei
Heimen
Greith
Bayer-niederhofen
Hegratsried
Forggensee
Hopferau
Enzensberg
Rieden a.Forggensee
Osterreinen
Buching
1429
Birnkopf
1372
St. Urban
17
Hopfensee
Hopfen am See
Wiedemen
Hafenegg
Halblech
Bannwaldsee
Brunnen
Eschach
Waltenhofen
Romantische Straße
Schwarzenkopf
1684
Weißensee
Füssen
(808)
Schwangau
Hennenkopf
1356
Firstberg
1784
Gr. Klamms
1924
139
Weißensee
Horn
42
Alatsee
Bad Faulenbach
Alterschrofen
Schloß Bullachberg
Hohenschwangau
Ammergebirge
44
Via Alpina
Krotemoossdlg.
Kraftwerk Weißhaus
Schwansee
Hohenschwangau
Pöllatschlucht
Neuschwanstein
Scheinberg Sp.
1926
2082
Hochplatte
Unter-
Museum der Stadt Vils
Alpsee
Feuerwehrmuseum Schwangau
43
Via Alpina Wanderbus
15
pinswang
Säuling
2048
Musau
Ober-
179
Kniepass
Sisi-Straße
1910
Kreuzkopf
Geierköpfe
2161
Kreuz
Roßschläg
Pflach (840)
Schallerkapelle
Oberletzen
Kostariskapelle
Lech
8
Archbach Siedlung
Schellsc
205
16
ÖAMTC
Mühl
Planseewerk Breitenwang
7
Lechaschau
Wängle
Winkl
Breitenwang
Frauenbrünnele
Am Plansee
Holz
Platten
Reutte
(853)
Neumühle
Kaiserbrunnen
18
Höfen
Archbach
Tauern
1841
Plansee
Hornberg
Ehenbichl
Ruine Hochschanz
10
Heiterwanger See
1816
193
45
Lechtaler Alpen ... Ferne
Hochschrutte
2247
Rieden
Heiterwang
(994)
Zwischentoren
Kohlbergspitze
2202
179
18
Daniel
2340
Thaneller
2341
Lähn
Via Claudia Augusta
Rotlech
Rotlech Stausee
Berwang
(1342)
15%
Bichlbach
(1079)
Wengle
Ober-garten
Unter-
Gries
Rauth
Rinnen
Kleinstockach
Bleispitze
2225
Lermoos
(1004)
Bichlbächle
Via Alpina
Adlerweg
Brand
Roter Stein
2366
2233
Grubigstein
Mitteregg
Knittelkarspitze
2376
Biberwier
19
Kelmen
Loisach

TOP-TOUREN

Pirschling und Schönkahler
Die bequeme und landschaftlich abwechslungsreiche Tour führt über weite, freie Weideflächen zum Gipfel des Schönkahler mit einem prächtigen Blick auch ins Alpenvorland. Schon während der Tour gibt es ein herrliches Panorama hinüber zu den Vilsalpseebergen *(Tour 3, 5.00 Std.)*.

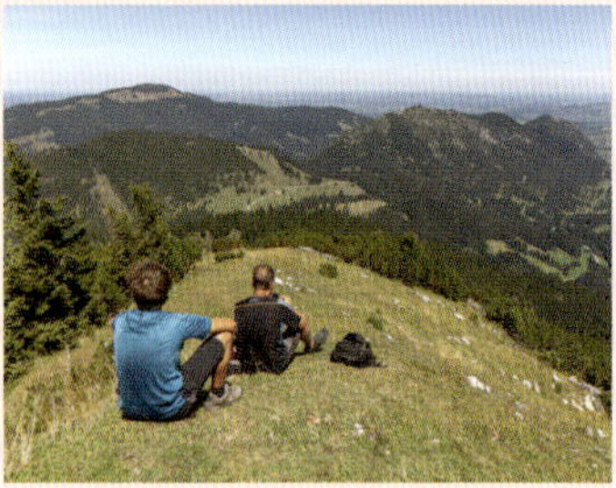

Traumberg Rote Flüh
Mit etwas Glück können wir bei dieser beliebten und anspruchsvollen Tour Kletterern am Westgrat des benachbarten Gimpel zusehen. Von der Roten Flüh öffnet sich ein einzigartiger Blick steil hinab zum Haldensee *(Tour 14, 5.30 Std.)*.

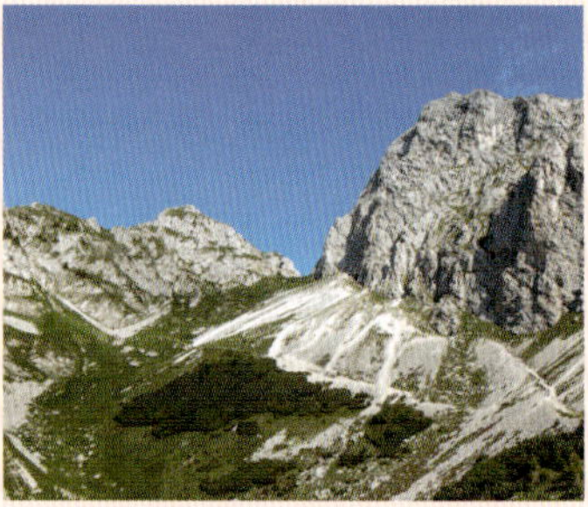

Gräner Höhenweg
Der bekannte und beliebte Gräner Höhenweg ist einer der großen Klassiker im Tannheimer Tal. Durch die Füssener-Jöchle-Bahn ist der Aufstieg gering und wir tauchen ohne große Anstrengung sofort ein in eine faszinierende alpine Umgebung *(Tour 6, 3.45 Std.)*.

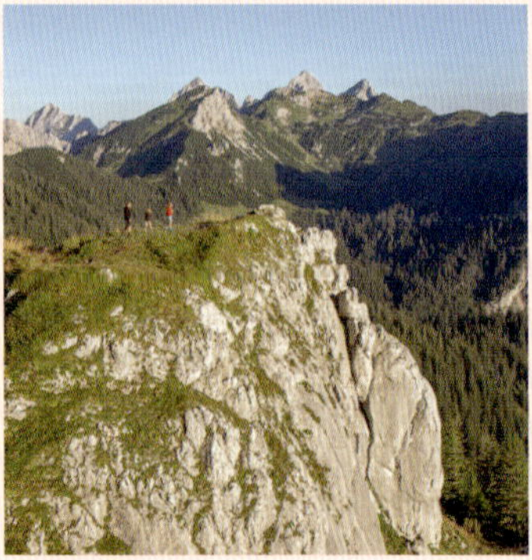

Höhenroute zur Landsberger Hütte
Bei der Wanderung auf dem Saalfelder Höhenweg eröffnen sich immer wieder neue großartige Panoramen. Die Landsberger Hütte lockt mit einer Einkehr, die drei Bergseen an der Route an heißen Tagen mit einem Erfrischungsbad *(Tour 23, 4.30 Std.)*.

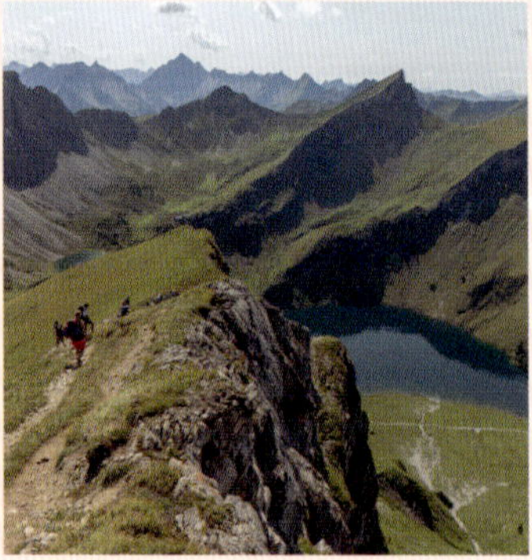

Vilsalpsee und Wasserfall
Bei dieser einfachen und bequemen Wanderung umrunden wir den gesamten Vilsalpsee und genießen spätestens beim Abstecher zum beeindruckenden Bärgacht-Wasserfall die Stille der Bergwelt *(Tour 26, 2.15 Std.).*

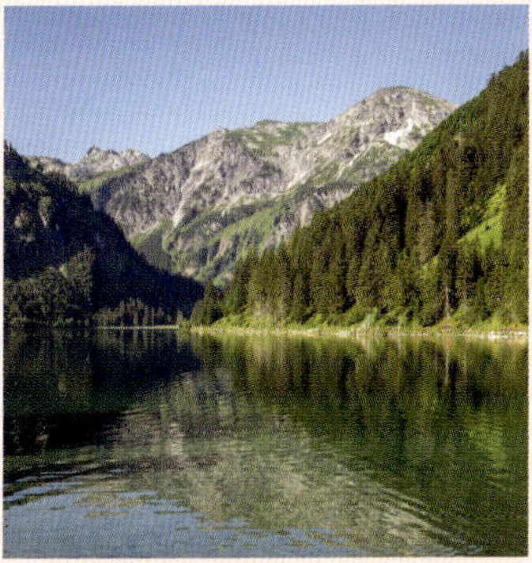

Das Geißhorn über dem Vilsalpsee
Die gewaltige Felspyramide des Geißhorngipfels ist der höchste Punkt im Tannheimer Tal. Bei dieser spannenden und anspruchsvollen Rundtour überschreiten wir den Gipfel von Norden nach Süden *(Tour 29, 6.00 Std.).*

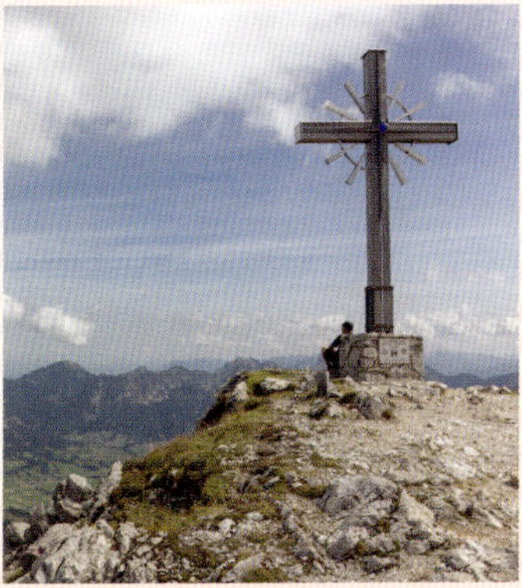

Bschießer und Ponten
Eine Rundtour für Gipfelsammler! Landschaftlich besonders beeindruckend ist der Wegverlauf am Grat entlang vom Bschießer bis hinüber zum Zirleseck *(Tour 32, 5.15 Std.).*

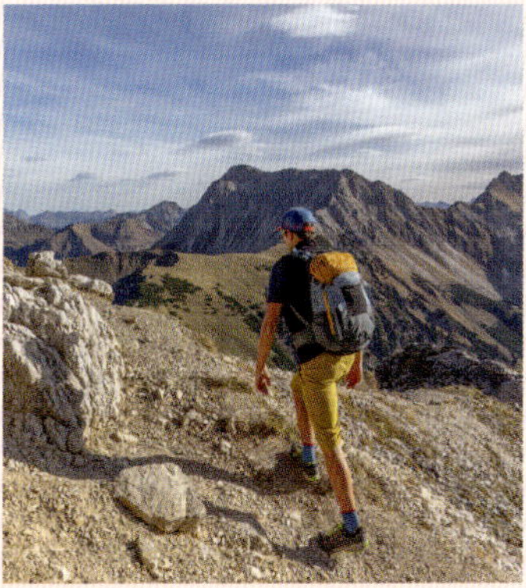

Die Zackenmauer über Jungholz
Die letzten Meter zum Gipfel des Zinken sind durch kurze Felspassagen gewürzt. Das absolute Highlight der Tour ist der Durchschlupf durch ein großes Felsenfenster *(Tour 35, 4.00 Std.).*

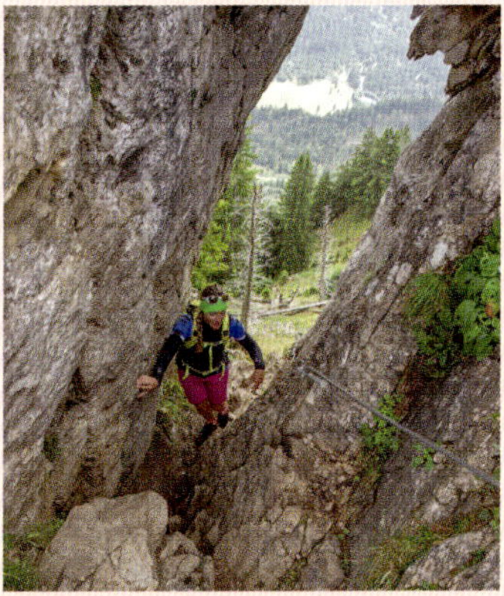

WICHTIGE HINWEISE FÜR UNTERWEGS

Tourenauswahl

Das Tannheimer Tal bietet, trotz der relativ kleinen Gesamtfläche, eine sehr große und bunte Mischung an Tourenmöglichkeiten. Hier findet wirklich jeder etwas für seinen Geschmack. Bei der Tourenauswahl für diesen Wanderführer wurde darauf geachtet, dass eine große Bandbreite abgedeckt wird. Das Spektrum reicht von kurzen und leichten Touren im Tal bis hin zu langen und anspruchsvollen Gipfeltouren. Zudem wurde Wert darauf gelegt, dass sich Touren mit und ohne Bergbahnnutzung abwechseln. Neben den bekannten und oft stark frequentierten Klassikern werden auch noch eher unbekannte und damit etwas ruhigere Touren in dieser beeindruckenden Gebirgswelt vorgestellt.

Anforderungen

Für den ersten groben Überblick wurden alle Touren in die drei üblichen Schwierigkeitsklassen leicht (blau), mittel (rot) und schwer (schwarz) eingeteilt. Diese Einteilung stellt aber nur eine grobe Orientierung dar, da der Schwierigkeitsgrad einer Tour sehr stark von der individuellen Erfahrung, dem persönlichen Können und den aktuellen Bedingungen abhängt. Für eine etwas detailliertere Einschätzung werden anspruchsvollere Stellen, Passagen mit z. B. Drahtseilversicherungen und Abschnitte mit besonderen Herausforderungen jeweils bei den Tourenbeschreibungen aufgenommen.

SCHWIERIGKEITSKATEGORIEN

■ = Leicht

Diese Touren führen über ausreichend breite, gut angelegte Wege, die überwiegend nur mäßig steil sind und keine Gefahrenstellen aufweisen. Sie sind für Wanderer mit wenig Bergerfahrung geeignet und können auch bei schlechtem Wetter begangen werden.

■ = Mittel

Bei diesen Wanderungen ist man auf schmalen, auch felsigen Wegen und Steigen unterwegs, die zum Teil über steileres Gelände führen. Trittsicherheit und festes Schuhwerk werden vorausgesetzt. An kurzen, ausgesetzten Passagen, die mit Drahtseilen gesichert sind, ist zusätzlich Schwindelfreiheit erforderlich. Für manche Touren, die größere Höhenunterschiede überwinden, wird Ausdauer verlangt.

■ = Schwierig

Diese Bergwege erfordern sicheres Gehen in felsigem und schrofigem Gelände. Auf längeren Abschnitten ist Trittsicherheit und Schwindelfreiheit notwendig. Nur geübte Wanderer sollten diese Touren unternehmen.

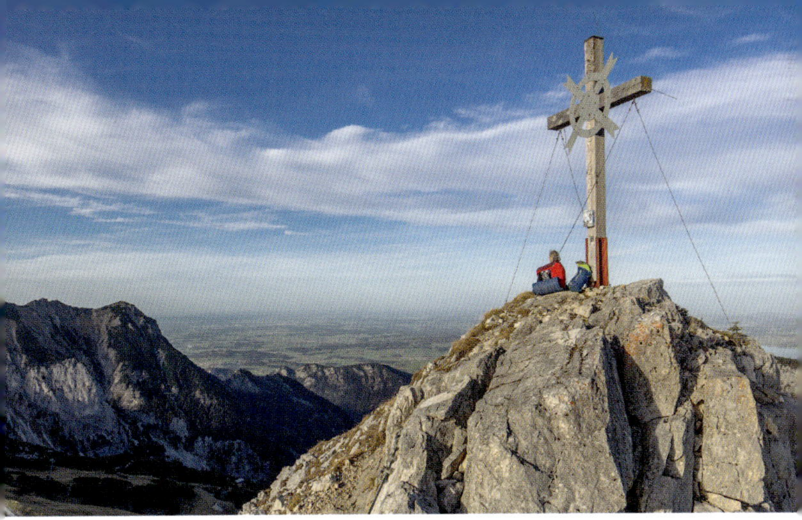

Abendstimmung am Gipfel der Läuferspitze etwas oberhalb vom Füssener Jöchle mit Blick hinaus ins Alpenvorland (Tour 11, Variante).

Gehzeiten

Die bei jeder Tour angegebenen Gehzeiten beziehen sich auf die reinen Gehzeiten ohne Rast und Pausen. Die Gehzeiten können jedoch immer nur eine grobe Hausnummer darstellen, da die individuelle Kondition, Bergerfahrung und Gehgeschwindigkeit stark unterschiedlich sind. Wer sich selbst oder seine Mitwanderer als eher langsam einschätzt oder z. B. mit Kindern unterwegs ist, sollte mindestens ein Drittel zu den Zeitangaben hinzufügen, um wichtige zeitliche Reserven zu haben. Natürlich beeinflussen auch die Wetterbedingungen und der daraus resultierende Zustand der Wege die Gehzeiten.

Höhenunterschiede

Die genannten Höhenunterschiede im Auf- und Abstieg beziehen sich auf die insgesamt zu bewältigenden Höhenmeter einschließlich Gegenanstiege.

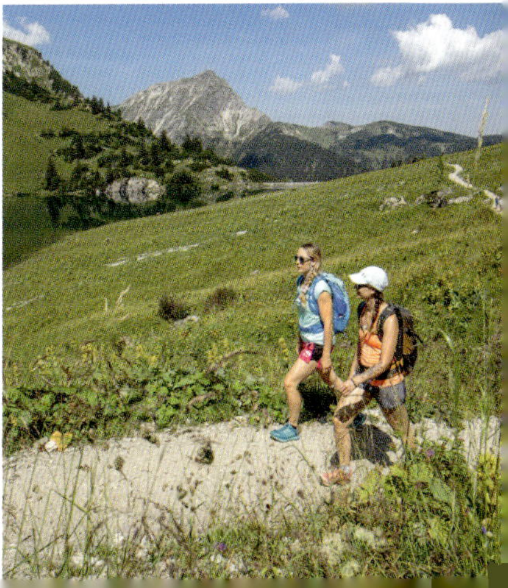

Blick vom Traualpsee hinüber zum Geißhorn (Tour 23–25 und 27).

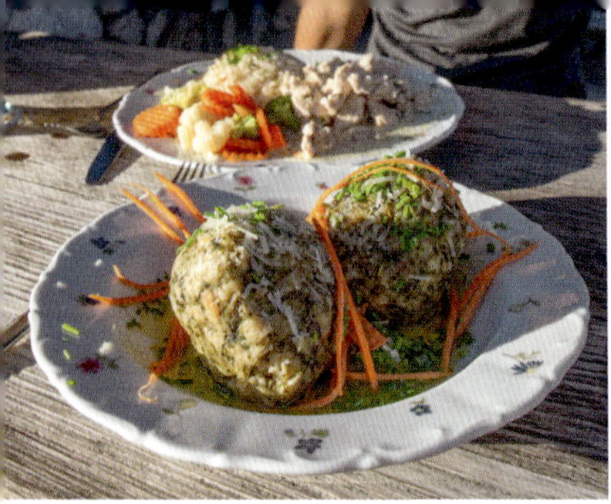

Klassiker der Tiroler Hausmannskost.

Einkehrmöglichkeiten

Das gesamte Tannheimer Tal ist gastronomisch bestens erschlossen. Es gibt kaum eine Wanderung ohne Einkehrmöglichkeit! In der Regel trifft man während einer Wanderung sogar mehrmals auf sehr gute Hütten, Alpen und Gaststätten, die die Gäste meist mit regionalen Köstlichkeiten verwöhnen. Auf die Mitnahme einer eigenen umfangreichen Brotzeit kann also bei vielen Touren verzichtet werden, genügend Getränke und z. B. ein paar Müsliriegel sollte man aber immer dabei haben.

Bei der Tourenplanung sollte man unbedingt auf die Öffnungszeiten und Ruhetage der Hütten, Alpen und Gaststätten achten, die je nach Jahreszeit und Witterung stark variieren können. Die Einkehrmöglichkeiten mit ihren Ruhetagen sind in den Kurzinfos der jeweiligen Touren aufgeführt (Ruhetage können sich kurzfristig ändern!). Zu beachten ist außerdem, dass im Herbst die Wandersaison häufig – und in Zukunft voraussichtlich eher noch häufiger – länger andauert, als die Hütten und Alpen geöffnet haben. Besonders die zahlreichen Alpen mit Gastbetrieb beenden die Saison in der Regel nach dem Viehscheid, also meist im Laufe des Septembers.

Gappenfeldalpe mit Schönkahler (Bildmitte) und Einstein (rechts) im Hintergrund (Tour 22 und 23).

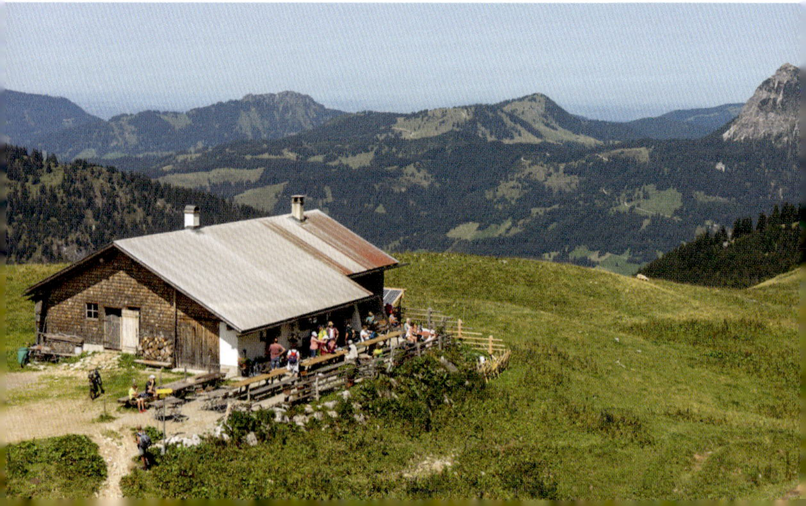

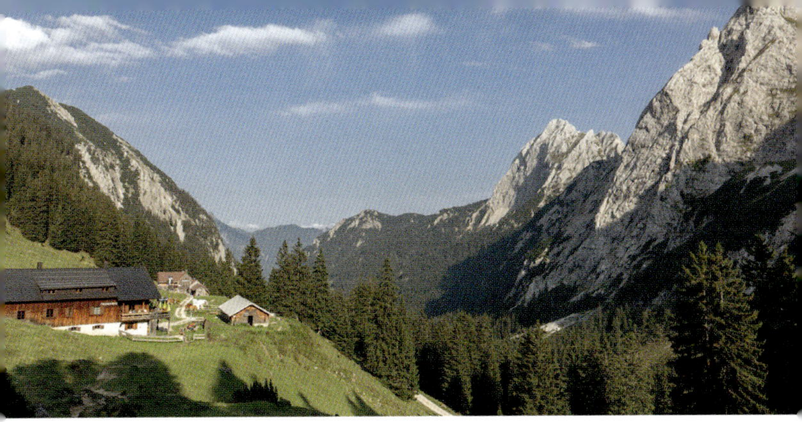

Füssener Hütte und direkt dahinter die Otto-Mayr-Hütte im Raintal (Tour 10).

Anreise

Das Tannheimer Tal ist von verschiedenen Richtungen aus gut zu erreichen. Wer mit öffentlichen Verkehrsmitteln anreist, findet die nächstgelegenen Bahnhöfe in Sonthofen im Oberallgäu, in Pfronten im Ostallgäu oder in Reutte im Lechtal in Tirol. Von allen Bahnhöfen gibt es Busverbindungen ins Tannheimer Tal.

Mit dem Pkw erfolgt die Anreise von Norden häufig über die Autobahn A 7 Ulm – Füssen bis zur Abfahrt »Oy-Mittelberg« und weiter auf der B 310 über Wertach ins Tannheimer Tal. Alternativ dazu gibt es auch die Zufahrt aus dem Illertal im Westen über Sonthofen und den Jochpass oder aus Pfronten im Ostallgäu durch das Engetal oder aus dem Lechtal im Osten über den Gaichtpass.

Mobil vor Ort

Das gesamte Tannheimer Tal wird von Bussen erschlossen, die Verbindungen erfordern im Vorfeld von Wanderungen jedoch gute Planung und manchmal etwas Geduld. Die Ausgangspunkte der meisten Touren sind mit dem Bus erreichbar. Entsprechende Informationen befinden sich bei jeder einzelnen Tour.

Die wesentlichen Buslinien sind:

- Linie 120 Reutte – Weißenbach a. L. – Tannheim – Oberjoch (Haupttal)
- Linie 123 Nesselwängle – Haldensee – Tannheim – Grän – Pfronten
- Linie 121 Tannheim – Vilsalpsee
- Oberjoch – Jungholz

Aktuelle Fahrpläne und Übersichten sind auf folgenden Seiten verfügbar:

- tannheimertal.at (Service und Info, Anreise und Busfahrpläne)
- vvt.at
- smartride.vvt.at

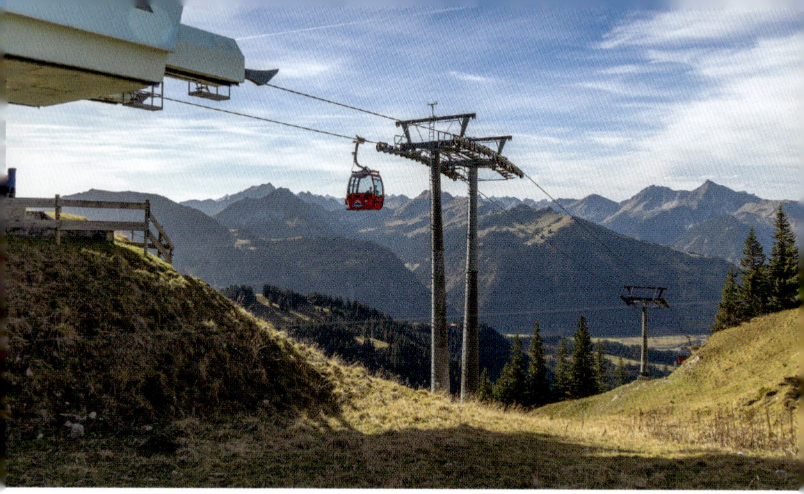

Bergstation der Füssener-Jöchle-Bahn (Tour 6 und 8–12).

Gästekarte

Übernachtungsgäste im Tannheimer Tal erhalten eine Gästekarte, mit der eine Vielzahl von Angeboten im Tal kostenlos bzw. ermäßigt genutzt werden können (z. B. Busse, Bergbahnen). Infos: tannheimertal.com.

Bergbahnen

Direkt im Tannheimer Tal befinden sich mehrere Bergbahnen (z. B. Neunerköpfle, Füssener Jöchle und Wannenjoch). Die Sommersaison startet (wetterabhängig) in der Regel im Mai und endet im Oktober mit täglichen Betriebszeiten von etwa 8.45 Uhr bis 16.00 Uhr. In der Nebensaison sind die Bahnen häufig nur an den Wochenenden bzw. bei gutem Wetter in Betrieb. Genauere Informationen und die Internetadressen der Bergbahnen befinden befinden sich in der Kurzinfo der jeweiligen Wanderung.

Wanderkarten

Die Kartenausschnitte in diesem Wanderführer stammen alle aus Wanderkarten von Freytag & Berndt. Für eine noch bessere Übersicht bzw. eine noch detailliertere oder auch individuelle Tourenplanung sind folgende Karten empfehlenswert:

- Freytag & Berndt, WK352, »Ehrwald, Lermoos, Reutte, Tannheimer Tal, Zugspitze«, 1:50.000
- Alpenvereinskarte, BY5, »Tannheimer Berge, Köllenspitze, Gaishorn«, 1:25.000
- Alpenvereinskarte, BY3, »Allgäuer Voralpen Ost, Grünten, Wertacher Hörnle«, 1:25.000

Ausrüstung

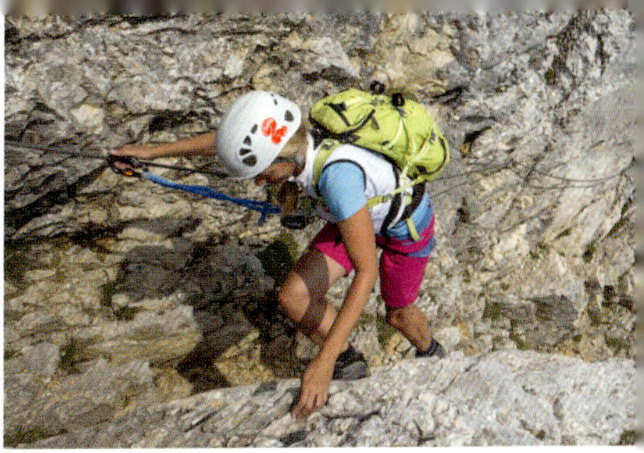

Unterwegs am Friedberger Klettersteig (Tour 12, Variante) mit der üblichen Klettersteigausrüstung: Helm, Gurt und Klettersteigset.

Die Ausrüstung für eine Tour ist stark z. B. vom Tourencharakter, von der Jahreszeit, von den Wetterprognosen und natürlich auch von der persönlichen Erfahrung und den individuellen Bedürfnissen und Vorlieben abhängig. Trotzdem gibt es einige Grundsätze, die bei der Ausrüstung beachtet werden sollten: Stabile und gut passende Wanderschuhe sind die Grundvoraussetzung und der zentrale Ausrüstungsgegenstand für jede Tour. Bei der Bekleidung ist auf jeden Fall zu beachten, dass sich das Wetter und auch die Temperatur im Gebirge sehr schnell und z. T. auch unerwartet verändern können. Ein ausreichender Regen- und Kälteschutz sollte also im Rucksack immer mit dabei sein. Speziell im Frühling und Herbst sollte man auch an eine Mütze oder ein Stirnband und Handschuhe denken. Aufgrund der deutlich erhöhten Sonneneinstrahlung im Gebirge ist ein ausreichender Sonnenschutz unbedingt notwendig. Zudem sollte man vor jeder Tour die notwendige Menge an Proviant und Flüssigkeit kalkulieren. Auch wenn die Wanderung an einer oder mehreren Einkehrmöglichkeiten vorbeiführt, sollten sich im Rucksack für den Fall der Fälle ein Getränk und eine Kleinigkeit zum Essen befinden. Außerdem sollte man stets eine kleine Notfallapotheke mitführen. Für die Orientierung können neben diesem Wanderführer eine Wanderkarte, ein GPS-Gerät oder ein Smartphone mit entsprechender App gute Dienste leisten.

GPS-TRACKS UND KOORDINATEN DER AUSGANGSPUNKTE

Auf **gps.rother.de** stehen zu diesem Wanderführer GPS-Tracks und die Koordinaten der Ausgangspunkte zum kostenlosen Download bereit. Dieser QR-Code führt direkt zum Download. 12. Auflage, Passwort: **422912zvs**

Die GPS-Tracks können in die **Rother App** importiert werden. In der App kann man unterwegs stets sehen, wo man gerade ist und wo es langgeht. **Anleitungen dazu: rother.de/gps**

Trotz sorgfältiger Prüfung können wir Fehler und zwischenzeitliche Veränderungen nicht ausschließen. Verlassen Sie sich für die Orientierung niemals einzig und allein auf die GPS-Daten, sondern beurteilen Sie die Verhältnisse vor Ort.

Der Umwelt zuliebe ...

Auch beim Wandern hinterlassen wir einen ökologischen Fußabdruck, aber im Einklang mit der Natur unterwegs zu sein, ist gar nicht so schwer!

VORBEREITUNG UND ANFAHRT

- Sich vorab informieren, worauf in Bezug auf Natur und Umwelt in der jeweiligen Wanderregion besonders zu achten ist.
- Soweit möglich mit Bahn und Bus anreisen, Wander- und Rufbusse nutzen.
- Ist eine Anfahrt mit dem Auto nötig, Fahrgemeinschaften bilden.
- Bei weiten Anfahrten Mehrtagestouren planen oder von einem Quartier vor Ort aus mehrere Touren absolvieren.
- Flugreisen möglichst reduzieren und durch Beiträge zu Klimaschutzprojekten kompensieren.

KLEIDUNG UND AUSRÜSTUNG

- Beim Kauf von Outdoor-Kleidung auf umweltfreundliche und faire Herstellung achten und Kleidungsstücke möglichst viele Jahre nutzen.
- Ausrüstung kann man eventuell auch gebraucht kaufen oder ausleihen.
- Reparieren statt neu kaufen.

VERPFLEGUNG

- Beim Einkauf Bio-Ware, regionale und saisonale Erzeugnisse bevorzugen.
- Hütten und Gasthäuser auswählen, die regionale Produkte verwenden.
- Auf Einwegflaschen und Plastikverpackungen verzichten, stattdessen wiederverwendbare Trinkflaschen und Brotzeitboxen benutzen.

ÜBERNACHTUNG

- Bei lokalen Anbietern buchen, damit Menschen vor Ort profitieren.
- Auf Hütten und in anderen Unterkünften Strom und Wasser sparen.

UNTERWEGS

- Wege benutzen und Abkürzer vermeiden.
- Sperrungen von Wegen und Schutzgebieten respektieren.
- Keine Blumen pflücken und keine Pflanzen entnehmen.
- Waldbrandgefahr beachten.
- Müll wieder mit nach Hause nehmen und dort entsorgen.
- Toilettengänge in freier Natur möglichst vermeiden.
- Lärm vermeiden.
- Hunde an die Leine nehmen.

ROTHER
BERGVERLAG

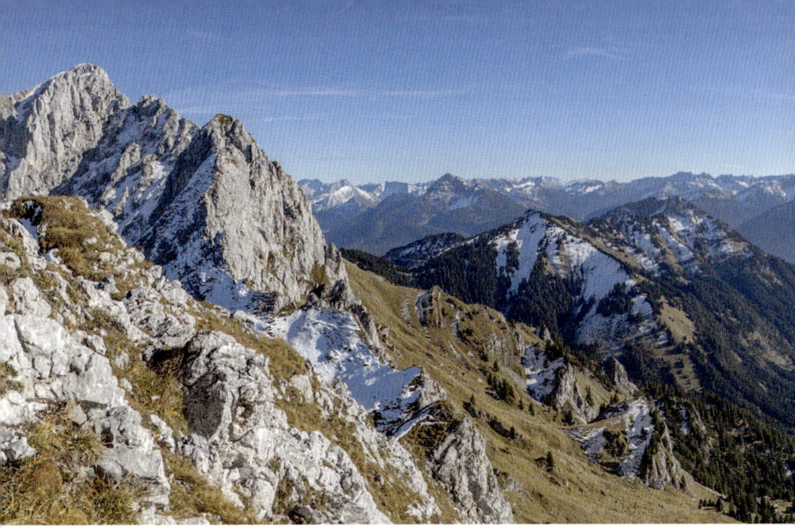

Typisch im Frühling oder Herbst: beste Verhältnisse auf der Südseite und heikler Alt- bzw. Neuschnee auf der Nordseite.

Alpine Gefahren

Die meisten Tourenvorschläge in diesem Buch verlaufen auf gut begehbaren Wanderwegen und liegen in überschaubaren Höhenlagen zwischen 1100 und 2400 Metern. Trotzdem ist natürlich jede Wanderung mit einem gewissen Restrisiko verbunden. Eine der häufigsten Ursachen für Notfallsituationen ist die Selbstüberschätzung bei den technischen bzw. konditionellen Anforderungen. Durch eine gut durchdachte und detaillierte Planung lässt sich dieses Gefahrenpotenzial deutlich reduzieren. Daneben gibt es jedoch auch zahlreiche objektive Gefahren, die bei jeder Bergtour zu berücksichtigen sind und stark von den aktuellen Verhältnissen (z. B. Jahreszeit, Wetter) abhängen:

- Ausgesetzte Passagen:
  Trittsicherheit und auch Schwindelfreiheit sind grundlegende Voraussetzungen bei ausgesetzten Passagen, eine gute Selbsteinschätzung ist also sehr wichtig. Hohe Konzentration und Vorsicht sind hier entscheidend und minimieren die Absturzgefahr.
- Schneefelder:
  Schneefelder stellen bis in den Frühsommer hinein eine nicht zu unterschätzende Gefahr dar. Speziell hartgefrorene Altschneefelder (z. B. auf der Nordseite oder am Vormittag) können sehr tückisch sein, eine solide Trittspur über ein Schneefeld garantiert keine sichere Überquerung. Wanderstöcke können die Gefahr nur zum Teil entschärfen. Bei schwierigeren

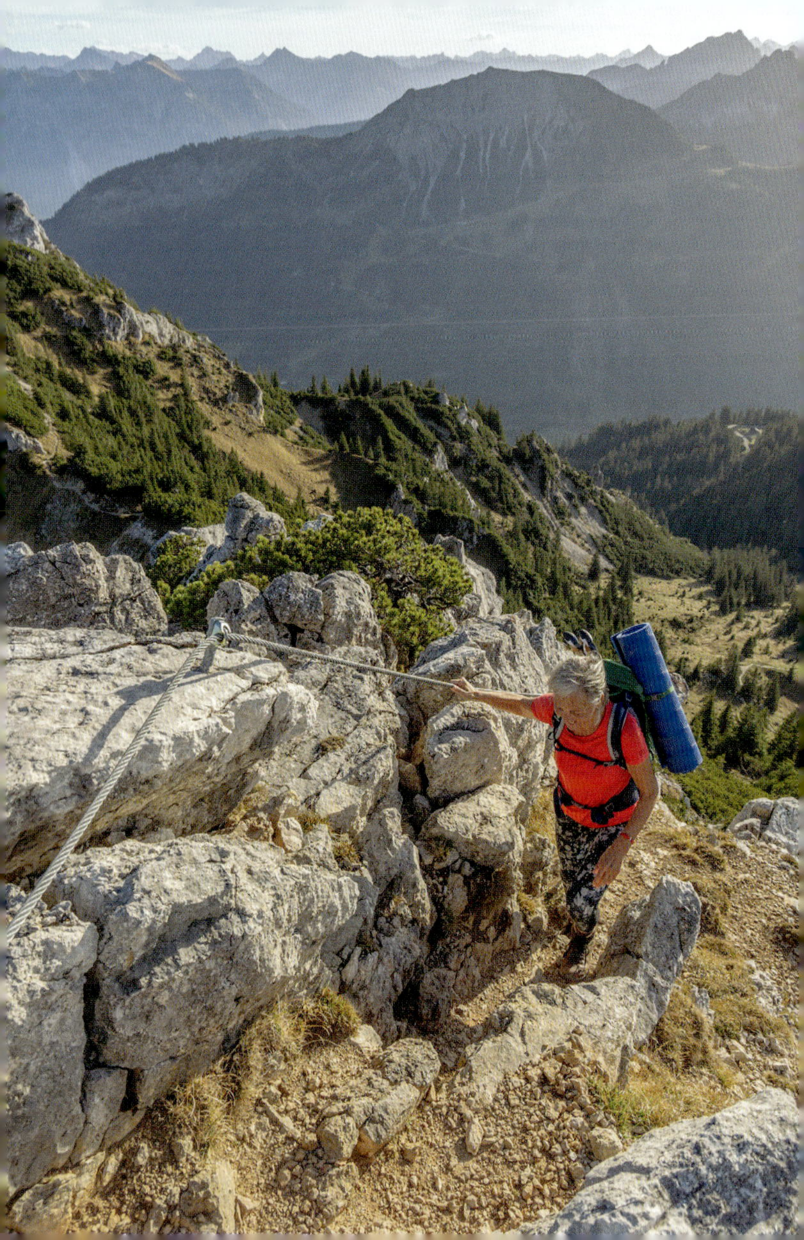

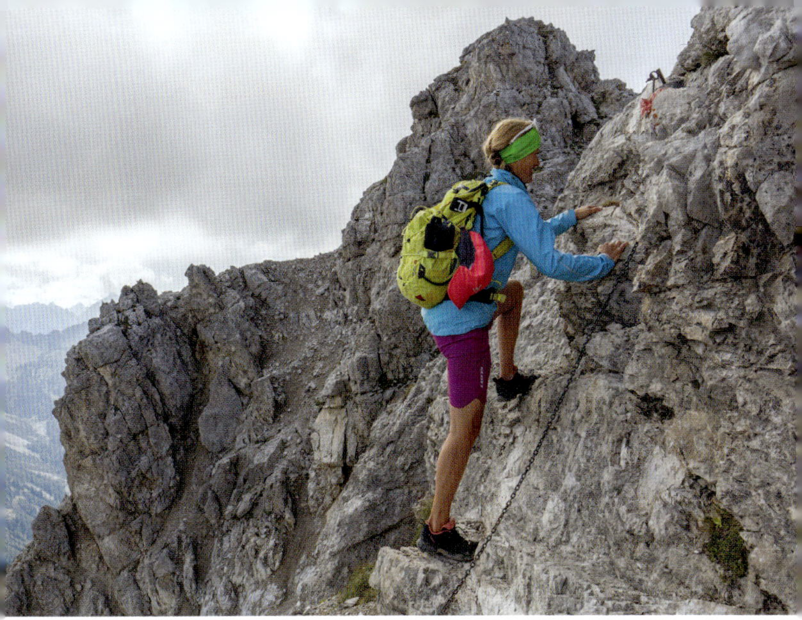

Oben: Steile, etwas ausgesetzte Passage am Gipfelaufbau des Litnisschrofen (Tour 21).
Links: Mit Drahtseil versicherte Passage an der Läuferspitze (Tour 11, Variante).

Verhältnissen sollten auch Grödel, Steigeisen und/oder Pickel zum Einsatz kommen. Da ein Sturz auf einem steilen und harten Schneefeld fatale Folgen haben kann, ist für Wanderer ohne die nötige Erfahrung und Ausrüstung der Abbruch einer Tour die einzig sinnvolle Lösung.

- Steinschlag:
  Steinschlag tritt besonders in steileren und brüchigen Fels- und Schrofenpassagen auf, vor allem in Rinnen und Mulden. Im Frühling ist das Risiko in der Regel noch einmal erhöht. Oft wird Steinschlag von (anderen) Wanderern ausgelöst. Es ist also wichtig, die Gesamtlage zu beobachten, selbst Rücksicht zu nehmen und die entsprechenden Passagen konzentriert, aber zügig zu überwinden.
- Wetter/Gewitter:
  Schlechtes Wetter und besonders Gewitter können schnell und überraschend zu einer großen Gefahr werden. Speziell an heißen Tagen in den Sommermonaten sind Wärmegewitter keine Seltenheit und dürfen auf keinen Fall unterschätzt werden. Oft herrscht in den Morgenstunden noch bestes Bergwetter und wenige Stunden später tobt eine Gewitterfront. An etwas weniger stabilen Tagen ist also ein früher Aufbruch zur Tour entscheidend für die Minimierung des Gefahrenpotenzials. Bei Blitz-

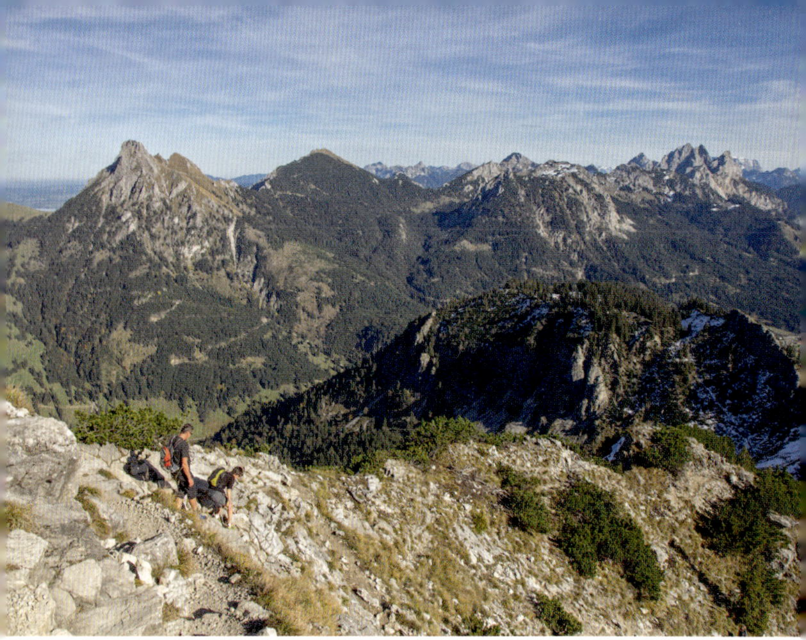

Blick vom Gipfel des Einstein (Tour 4) Richtung Osten: Aggenstein (links) und Gehrenspitze, Kellenspitze, Gimpel und Rote Flüh (rechts).

schlag besteht sofort Lebensgefahr. Exponierte Punkte oder Drahtseilpassagen sollten sofort verlassen werden. Die Berücksichtigung eines soliden Wetterberichts gehört somit zu jeder Tourenplanung. Während der Tour sollte man stets auf übliche Warnsignale (z. B. Quellbewölkung) achten. Zudem ist zu bedenken, dass ein Gewitter in der Regel sofort zu starkem Niederschlag, Abkühlung und eventuell Murenabgängen führen kann.

WICHTIGE TELEFONNUMMERN UND ADRESSEN

Tourismusinformationen
Tourismusverband Tannheimer Tal, Vilsalpseestraße 1, A-6675 Tannheim, Tel. +43 5675 6220-0, tannheimertal.com

Wetterberichte
DAV, alpenverein.de (Service-Bergwetter)
ÖAV, alpenverein.at (Bergsport-Wetter)
ORF, wetter.orf.at (Berg-/Wetterbericht für Tirol)
Deutscher Wetterdienst, dwd.de
Beliebige Wetter-Apps (z. B. Bergfex)

Notrufnummern
Europäische Notrufnummer: 112
Alpin-Notrufnummer in Österreich: 140 (Bergrettung)

GEOGRAFIE UND GESCHICHTE

Das gerade mal gut 15 Kilometer lange Tannheimer Tal ist ein wunderschönes und einzigartiges Hochtal auf etwa 1100 Meter Höhe im Nordwesten Tirols. Es verläuft in Ost-West-Richtung und wird im Osten durch den Gaichtpass, im Westen durch den Oberjochpass begrenzt. Auf der Bundesstraße sind es von Pass zu Pass gerade mal knapp 25 Kilometer durch das gesamte Tal. Die sanften, fast ebenen Wiesenflächen dieser kleinen, in sich geschlossenen Bergregion sind auf allen Seiten von meist steilen Bergen eingeschlossen. So befinden sich beeindruckend viele schöne und meist felsige Gipfel sehr dicht auf einer relativ kleinen Fläche. Höchster Punkt im Tal ist mit 2249 Metern der Gipfel des Geißhorns. Die Berge südlich des Tales werden als Vilsalpseeberge bezeichnet, die eine Untergruppe der Allgäuer Alpen darstellen. Hier dominieren Gipfel mit steilen Grasflanken und einem bunten Blumenschmuck. Auf der Nordseite des Tals ragen die Tannheimer Berge in den Himmel. Besonders auffallend sind die felsigen und wilden Klettergipfel wie Rote Flüh, Gimpel und Kellenspitze. Der helle Wettersteinkalk und die steilen Felswände erinnern etwas an die Dolomiten südlich des Alpenhauptkamms.

Eine Lebensader des Tals ist die Vils. Der kleine Fluss hat einen ungewöhnlichen Verlauf, da er nach seiner Strecke durch das Tannheimer Tal bei Pfronten-Steinach bereits fast den Alpennordrand erreicht, hier jedoch wieder zurück ins Gebirge fließt, um dann schließlich hinter der Ortschaft

Blick hinab auf den Haldensee. In der Bildmitte der Schartschrofen, rechts davon die Rote Flüh und ganz rechts die Kellenspitze.

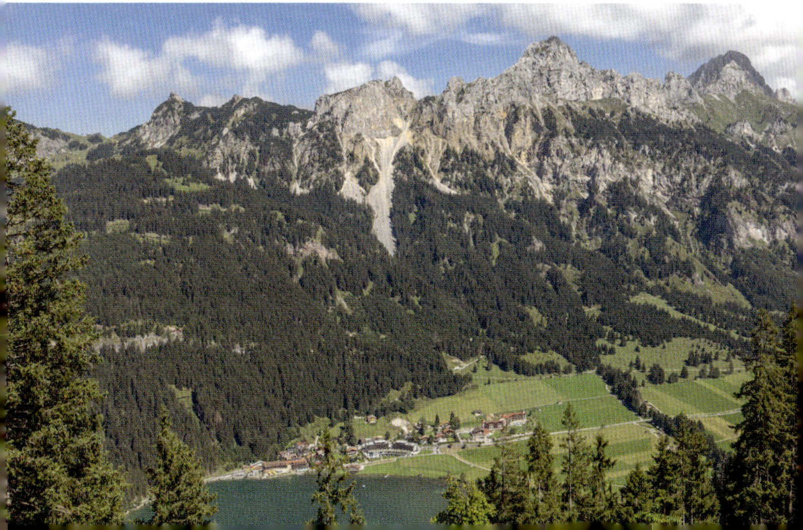

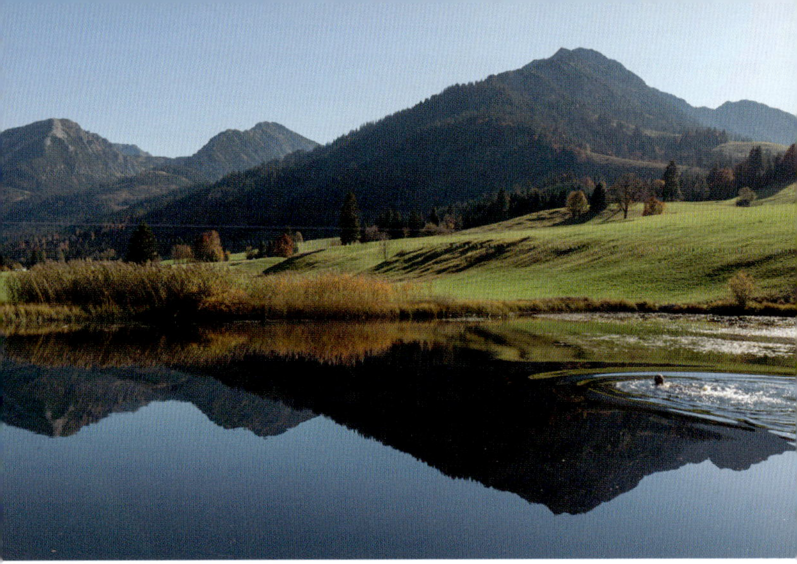

Kurze Pause am Moorweiher zwischen Vilsstausee und Rehbach (Tour 1).

Vils nach insgesamt etwa 35 Kilometern in den Lech zu münden. Ein kleiner östlicher Teil des Tals wird durch die Nesselwängler Ache und den Warpsbach nach Südosten in den Lech entwässert. Etwas unscheinbar zwischen dem Haldensee und der Ortschaft Nesselwängle liegt in etwa 1150 Meter Höhe die Wasserscheide, die jedoch kaum wahrgenommen wird.

Eine besondere Attraktion des Tals sind seine beiden größeren Seen. Der einladende und gut erschlossene Haldensee (1,4 km Länge und 0,73 km² Fläche) füllt fast die gesamte Talbreite zwischen den Orten Haldensee und Nesselwängle aus und bietet in den Sommermonaten mehrere schöne Bademöglichkeiten. Der Vilsalpsee (1,5 km Länge und 0,57 km² Fläche) liegt zwar nur wenige Meter höher, wirkt jedoch durch seine Lage zwischen all den nahen Gipfeln deutlich wilder und alpiner, selbst seine Wassertemperatur ist frischer. 2012 gab es einen gewaltigen Bergsturz am Ostufer des Vilsalpsees. Für längere Zeit waren aus diesem Grund Wegabschnitte gesperrt. Durch den Bau von zwei Schutzwällen und die Verlegung von Wanderwegen sind wieder alle Passagen ohne Einschränkung begehbar.

Die zahlreichen Gletscher in der letzten Eiszeit formten die breite Talwanne aus und sind somit die eigentlichen Architekten des Tannheimer Tals. Später lagerte das Schmelzwasser gewaltige Massen an Moränenschutt ab und immer wieder blockierten Moränen den Verlauf der Vils, die sich daraufhin einen anderen Weg suchte und in den letzten Jahrtausenden das aktuelle Flussbett bildete.

Vor etwa 1000 Jahren bestand das gesamte Tal noch aus dichten und zusammenhängenden Wäldern. Die Allgäuer fingen dann von Westen und Norden an, das Tal für die Almwirtschaft und als Jagdgebiet zu nutzen. Von Osten, also vom Lechtal aus, besiedelten die Tiroler das Tal. Nach und nach wurde so fast der gesamte Wald im Talgrund für die Viehhaltung abgeholzt, die feuchten Böden und Moore wurden größtenteils entwässert. Etwa im 14. Jahrhundert entstanden im Tal die ersten dauerhaften Siedlungen. Im 15. Jahrhundert wurde das Tal an Tirol verkauft. Dies erklärt die Mischung aus bajuwarischen (Tiroler) und gleichzeitig alemannischen (Allgäuer) Einflüssen im Tal, die bis heute die Sprache prägen. Über Jahrhunderte war das einfache und schwere Leben der Einwohner fast ausschließlich auf die Viehhaltung und Landwirtschaft ausgerichtet. Vom 16. bis ins 19. Jahrhundert wurden große Mengen an Salz durchs Tal transportiert, was eine weitere Einnahmequelle darstellte. Seit der ersten Hälfte des 20. Jahrhunderts begannen die Einwohner des Tals, sich neben der Landwirtschaft mit dem Fremdenverkehr eine neue Existenz aufzubauen, der nach dem Zweiten Weltkrieg weiter Fahrt aufnahm. Bereits um 1950 wurden die ersten Skilifte in Betrieb genommen. Heute ist, wie in vielen Regionen Tirols, der Tourismus die Haupteinnahmequelle im Tal.

Nicht nur wir genießen die Sonne und den Ausblick auf dem breiten Wiesenrücken unterhalb des Schönkahler-Gipfels (Tour 3 und 40).

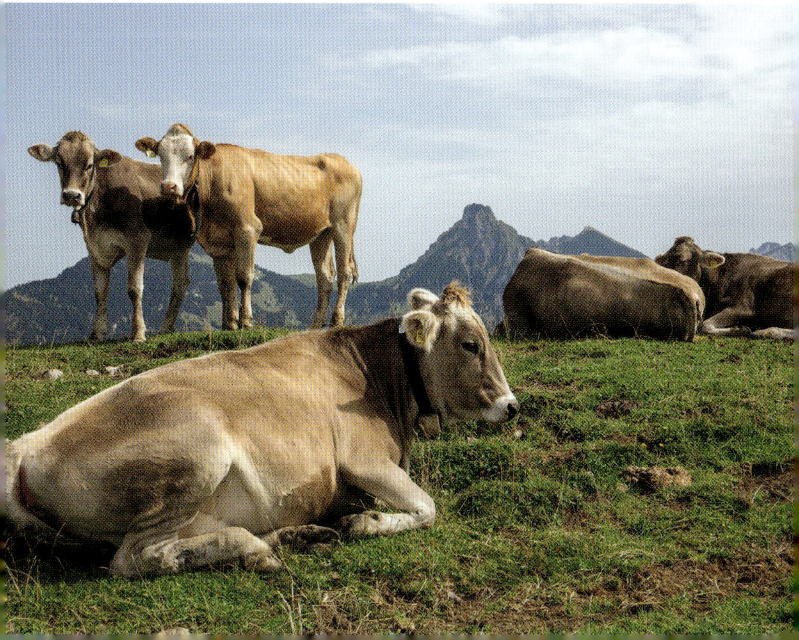

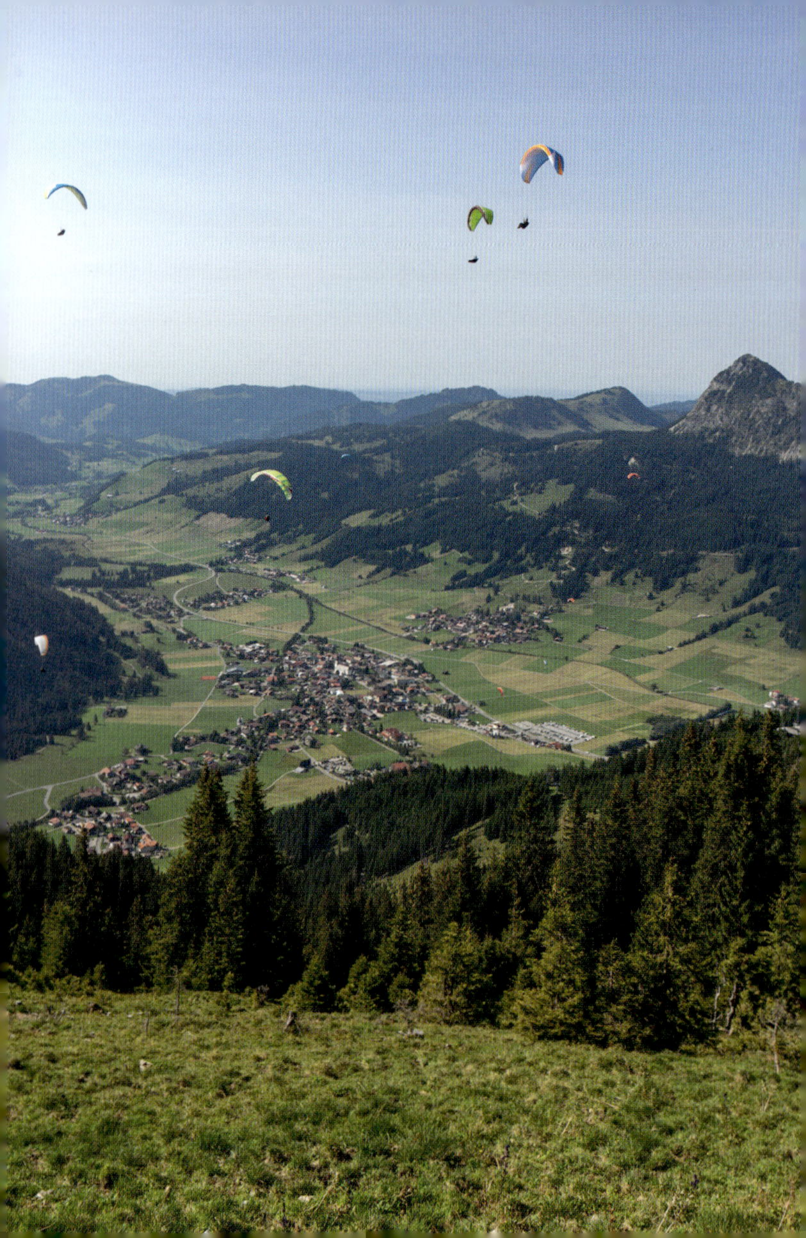

ORTE DER REGION

Die fünf Gemeinden Nesselwängle, Grän, Tannheim, Zöblen und Schattwald sind über das Tannheimer Tal verstreut und bilden zusammen den Tiroler Planungsverband Tannheimer Tal. Zu diesem Verband gehört auch die Gemeinde Jungholz, eine Enklave nordwestlich des Tals. Die einzelnen Orte werden hier kurz vorgestellt.
Im gesamten Tal leben dauerhaft etwa 3200 Einwohner, von denen die meisten voll und ganz auf den Tourismus eingestellt sind. Das Tannheimer Tal ist mit weit über 7000 Gästebetten und jährlich über einer Million Touristen eine der beliebtesten Urlaubsregionen Österreichs.

Tannheim, 1097 m

Das schöne Tannheim (gut 1110 Einwohner), Hauptort und zugleich Namensgeber des Tales, liegt zentral im Tannheimer Tal, direkt an der Einmündung des Vilsalptals. Zur Gemeinde gehören auch kleinere Siedlungen und Weiler wie z. B. Berg, Kienzen, Untergschwend und Innergschwend. Erstmals urkundlich erwähnt wurde Tannheim 1342, damals noch als Alp der Allgäuer. Heute dominiert in der Ortschaft die Tourismusbranche und es gibt zahlreiche gute Restaurants, Unterkünfte, Hotels und die unterschiedlichsten Geschäfte. Sehenswert ist insbesondere die 1722–24 erbaute, reich geschmückte Pfarrkirche St. Nikolaus und z. B. an einem Schlechtwettertag lohnt sich der Besuch des Heimatmuseums (Kienzen 7). Die Talstation der Neunerköpflebahn liegt direkt am östlichen Ortsrand und ist nicht nur bei Wanderern, sondern auch bei Gleitschirmfliegern sehr beliebt.

Grän, 1138 m

Grän (gut 600 Einwohner) ist die höchstgelegene Gemeinde im Tal und liegt etwa zwei Kilometer östlich von Tannheim an der Einmündung des Engetals, das die direkte Verbindung nach Pfronten, also nach Bayern, darstellt. Durch die Hanglage bietet Grän einen herrlichen Blick über das Tannheimer Tal und auf das markante Gaishorn auf der gegenüberliegenden Talseite. Im Ort gibt es zahlreiche Unterkünfte und mehrere einladende Restaurants. Die Füssener-Jöchle-Talstation ist gerade mal einen Kilometer vom Ortskern entfernt und somit auch gut zu Fuß von der Unterkunft erreichbar. Mehrere Baumeisterfamilien und Stukkateure stammen aus dem kleinen Ort Grän und auch die Pfarrkirche zum heiligen Wendelin im Ortszentrum wurde 1789 unter der Leitung des Einheimischen Michael Zobel erbaut. Zur Gemeinde Grän zählt auch das Dorf Haldensee, das sich etwa 300 Meter vom gleichnamigen See entfernt befindet. Am Seeufer gibt es ein Freibad, mehrere Bootsverleihe und einen schönen Campingplatz.

Nahe der Bergstation der Neunerköpflebahn haben wir einen herrlichen Blick hinab nach Tannheim und auf das bunte Treiben der Gleitschirmflieger.

Nesselwängle, 1136 m

Nesselwängle (etwa 450 Einwohner) liegt am südlichen Rand des Tannheimer Tals und ist somit der erste Ort, wenn man vom Lechtal anreist. Durch den Haldensee vom restlichen Tal getrennt, wurde der Ort im 14. Jahrhundert von Tirolern von Reutte her, also vom Lechtal aus, besiedelt. Der Salztransport von Hall im Inntal über den Fernpass und durch das Tannheimer

Zöblen, die kleinste Gemeinde im Tannheimer Tal.

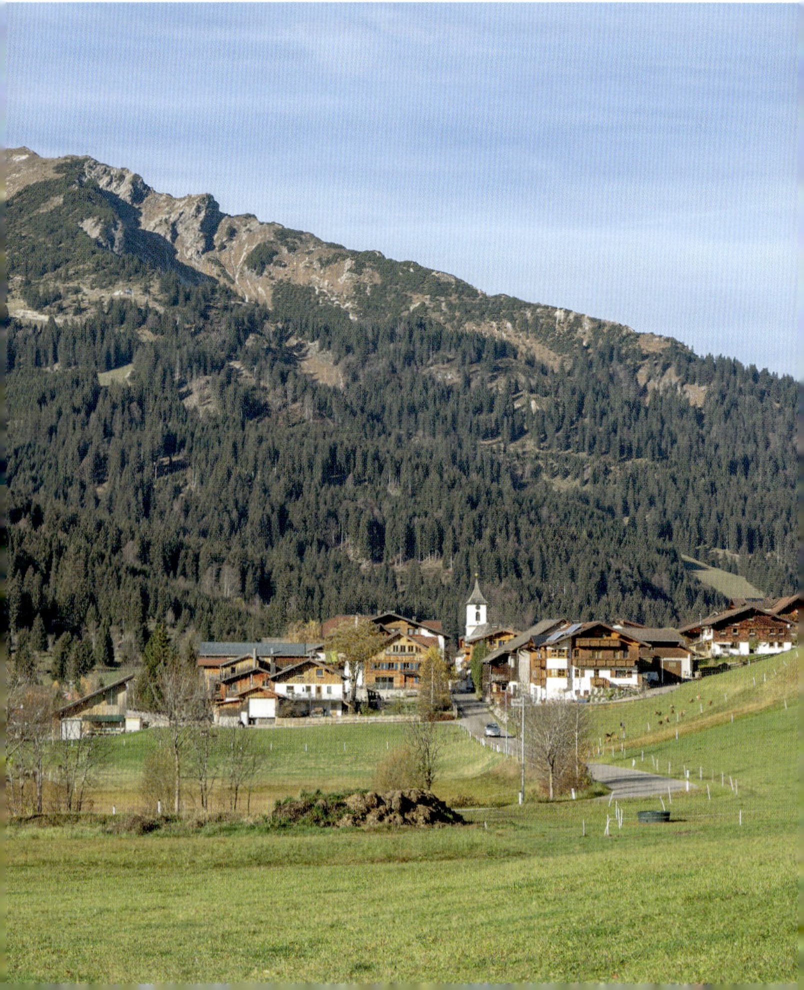

Tal hinüber zum Bodensee brachte der Bevölkerung in Nesselwängle einen gewissen Wohlstand. Heute lebt der Ort wie die anderen Ortschaften fast ausschließlich vom Fremdenverkehr. Die Besucher haben einen grandiosen Blick hinauf zu den steilen Kletterbergen, besonders eindrucksvoll präsentiert sich die glatte und steile Südwand der Roten Flüh, durch die etliche alpine Klettertouren führen. Direkt von der Ortschaft geht es empor zum großen Gimpelhaus am steilen Südhang oberhalb von Nesselwängle. Zur Gemeinde gehört auch der kleine Weiler Rauth, 1140 m, während das gegenüberliegende Gaicht zu Weißenbach gehört.

Zöblen, 1087 m

Zöblen (etwa 250 Einwohner) ist die kleinste Gemeinde im Tannheimer Tal. Die eher dicht gebauten Häuser befinden sich auf der Nordseite des Tals. Oberhalb der Ortschaft auf einer Höhe von etwa 1300 Metern liegt das aussichtsreiche Berghotel Zugspitzblick. Der Ort ist deutlich weniger touristisch erschlossen als z. B. Grän oder Tannheim und macht deshalb einen sehr ruhigen Eindruck.

Schattwald, 1080 m

Schattwald (knapp 500 Einwohner) ist der westlichste Ort im Tannheimer Tal. Etwas nördlich von Schattwald verschwindet die Vils in einer tiefen Schlucht und fließt schließlich weiter Richtung Norden nach Pfronten im Allgäu. Schattwald liegt verteilt auf beiden Seiten der Vils. 1922 wurde hier das Wasserkraftwerk in Betrieb genommen, das das gesamte Tannheimer Tal mit sauberer elektrischer Energie versorgt. Richtung Westen sind es gerade mal zwei Kilometer zur Staatsgrenze und etwa sechs Kilometer nach Oberjoch.

Jungholz, 1058 m

Jungholz (knapp 300 Einwohner) bildet mit seinen gerade mal etwa sieben Quadratkilometern Fläche eine Enklave: Es ist komplett von bayerischem Gebiet umgeben. Eine direkte Verbindung zum restlichen Tirol existiert ausschließlich an einer kleinen Spitze beim Gipfel des Sorgschrofen. Jungholz kann also auf der Straße nur von Deutschland aus erreicht werden. Das ehemals allgäuerische Gebiet wurde 1342 von einem Wertacher an Tirol verkauft. Der Besitzerwechsel führte immer wieder zu Streitigkeiten, abgesehen von einer kurzen Unterbrechung zwischen 1938 und 1945 blieb Jungholz jedoch ein Tiroler Gebiet. Die Häuser der Ortschaft sind weit über eine hügelige Wiesenlandschaft verstreut und in eine eher sanfte Umgebung eingebettet, von der der Jungholzer Hausberg Sorgschrofen sich mit seinem markanten und felsigen Gipfelaufbau deutlich abhebt. In vielen Kräutergärten in der Ortschaft wachsen unterschiedlichste Wild-, Tee- und Duftkräuter besonders gut und so ist Jungholz das einzige »Tiroler Alpenkräuterdorf«.

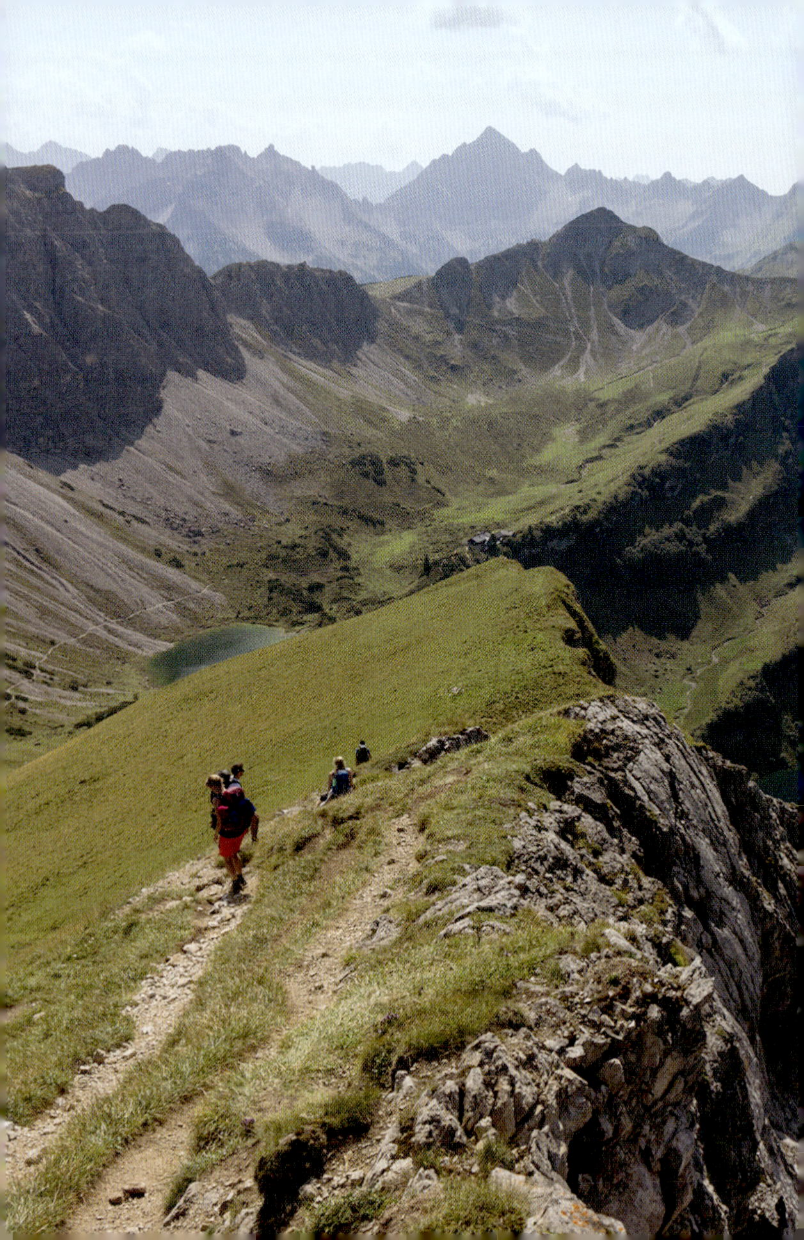

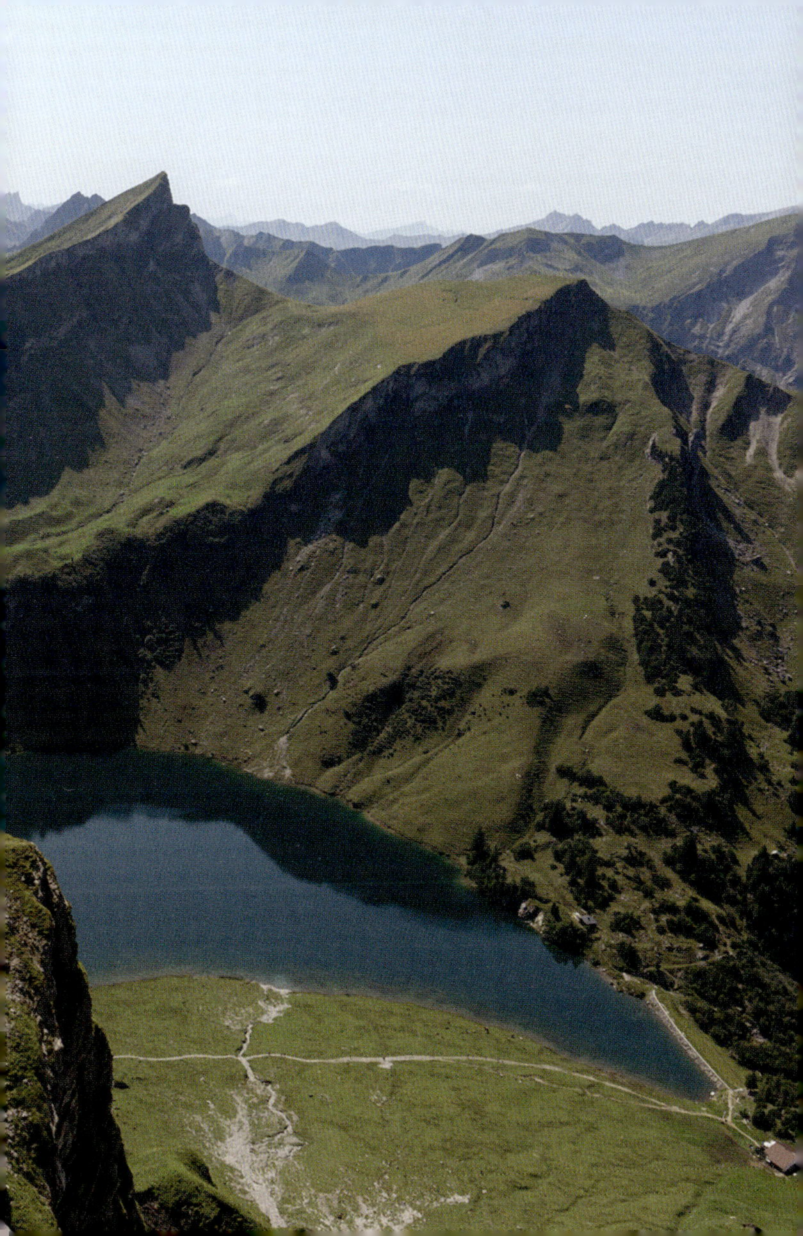

↗ 360 m | ↘ 360 m | 19.4 km

1 Rundwanderweg Tannheimer Tal West

5.45 h

Lange, bequeme Wanderung in Talnähe

Der »Rundwanderweg Tannheimer Tal« ist ein idealer Wanderweg stets in Talnähe. Er meidet nicht nur die Autostraßen fast völlig, er führt auch immer wieder ein Stückchen an den Hängen empor und eröffnet so die schönsten Ausblicke.
Der Weg zieht einmal am Südrand, in der Gegenrichtung am Nordrand des Tals entlang, das stets weniger als einen Kilometer breit ist. Man kann also die Route in beliebig kleine Schleifen zerlegen. Wir stellen hier den westlichen Teil der Tour vor – der andere lässt sich mit der Wanderung »Rundwanderweg Tannheimer Tal Ost« anschließen.

Ausgangspunkt: Tannheim, 1097 m, Parkplatz westlich des Ortes an der Straße »Unterhöfen«, die zum Ortsteil Kienzen führt, von der Umgehungsstraße die Ausfahrt »Kienzen« nehmen (Navi: A-6675 Tannheim, Unterhöfen 87, Parkplatz West).
Bus: Linie 120 Reutte – Oberjoch (ca. alle 60 bis 90 Min.), Haltestelle »Tannheim Neu Kienzen«, ca. 200 m nordwestlich vom Ausgangspunkt.
Anforderungen: Einfache, bequeme, gut ausgeschilderte Wanderwege. Abschnittsweise schmale Asphaltstraßen.
Einkehr: Mehrere Gasthäuser in Schattwald, Zöblen und Tannheim.

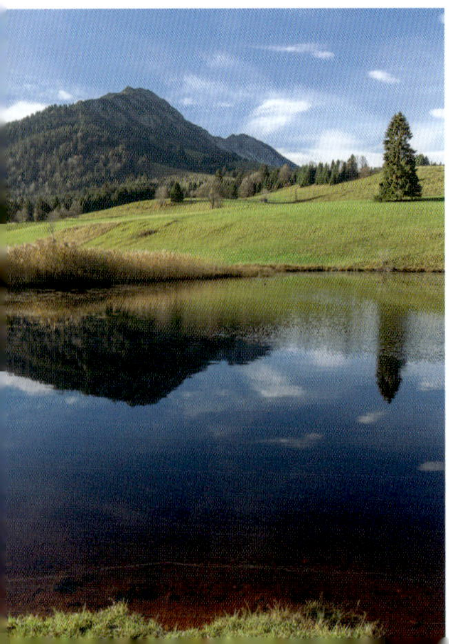

Direkt südlich vom **Parkplatz West** ❶ in **Tannheim** verläuft ein Wanderweg. Wir starten unsere Tour, indem wir diesem Weg Richtung Westen folgen. Schon bald wandern wir links (südlich) an den Häusern vom Ortsteil Neu-Kienzen vorbei und gelangen kurz nach dem Gästehaus Hirsch bzw. Landhaus Wiesle zu einer Weggabelung. Hier halten wir uns rechts und gehen gleich über den Älplebach. Direkt nach der Brücke nehmen wir den linken Weg und im lichten Wald geht es auf einem Fahrweg sanft bergauf. Knapp südlich des Weges versteckt sich der – eher unscheinbare – **Höfersee** ❷, 1192 m, zwischen den Bäumen.

Kurz nach dem Vilsstausee bietet sich ein Abstecher an diesen Moorweiher an.

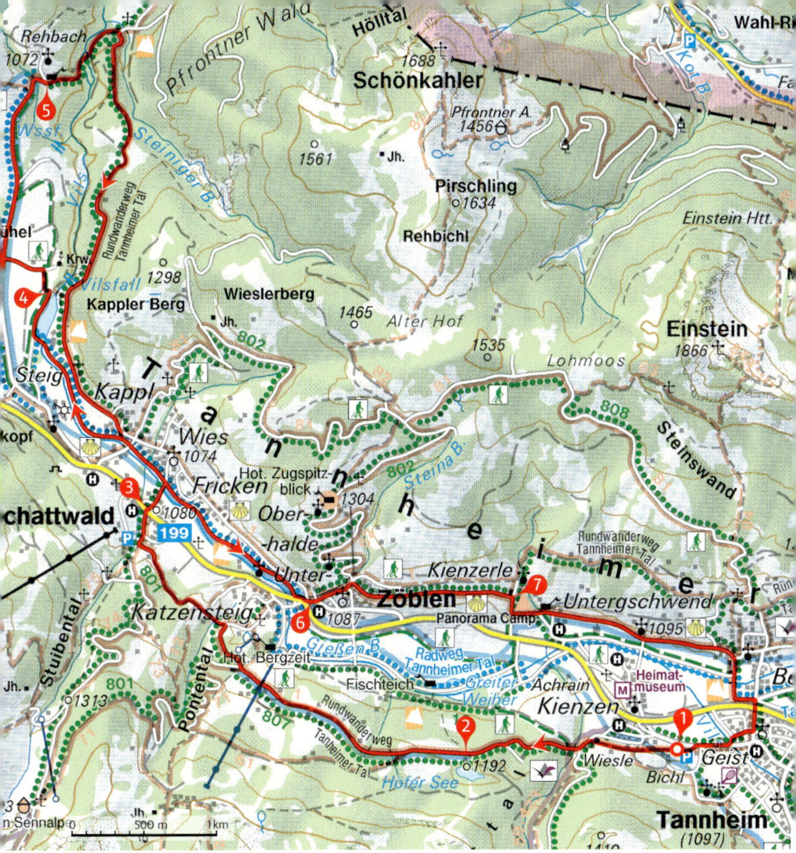

Wir folgen dem Weg etwas oberhalb des Tals weiter Richtung Westen. Nach der kleinen Augsburger Hütte bzw. einer Liftanlage geht es in einem Waldstück leicht bergab. Wieder auf freier Fläche verlassen wir in der folgenden Rechtskurve den Hauptweg und halten uns links (Westen). Eine Kiesgrube lassen wir rechts liegen und nach einem kurzen Waldstück wandern wir an einem Sportplatz am Rande von Schattwald vorbei. An einer Kreuzung (geradeaus ginge es zum großen Parkplatz des Wannenjochlifts) gehen wir rechts und bald wieder links leicht bergab in den Ort **Schattwald 3**, 1080 m.

Beim Gasthof Post überqueren wir die Hauptstraße und wandern weiter geradeaus zu einer Brücke über die Vils. Nach der Brücke halten wir uns

an der Kreuzung links und wandern am nördlichen Ufer entlang Richtung Westen. Wir folgen stets dem Bachlauf der Vils. Direkt bei einer Kläranlage zweigen wir links ab, überqueren die Vils und wandern am Ufer des kleinen **Vilsstausees** entlang. Kurz vor dem Ende des Sees **4**, 1054 m, biegen wir links ab und wenige Meter danach scharf rechts. Bei der folgenden T-Kreuzung gehen wir links und gelangen so auf eine schmale Asphaltstraße. Wir folgen der Straße nach rechts. (An heißen Tagen lohnt sich an dieser Stelle der kurze Abstecher zu einem nahen und schönen Moorweiher. Dazu gehen wir auf der Straße nach links und zweigen wenige Meter später an einem landwirtschaftlichen Gebäude mit Holzkreuz rechts ab zum Weiher.) Für den eigentlichen Weiterweg wandern wir auf der Asphaltstraße Richtung Norden und erreichen so zwischen schönen Wiesen das große **Hotel Rehbach 5**, 1072 m (Bewirtung nur für Hausgäste; Stand 2023).
Hinter dem Gebäude führt ein Wanderweg kurz, aber steil hinab zur nahen Vils (nördlichster und tiefster Punkt der Wanderung, 980 m). Auf zwei kleinen Brücken überqueren wir die beiden Arme des Bachs. Etwa 300 m nach der Brücke gelangen wir im Wald an eine Weggabelung und halten uns hier scharf rechts (wir überqueren also nicht den Steinigerbach). Auf dem Fahrweg teilweise im Wald und teilweise über freie Flächen wandern wir Richtung Süden. Immer wieder geht es leicht bergauf. Nach einer Weile blicken wir rechts tief hinab in eine Schlucht und zum Vilsstausee. Leicht bergab und über freie Flächen kommen wir zum Schattwalder Ortsteil Kappl. An einer Kreuzung im Ort halten wir uns rechts und gelangen zu einer Brücke an der Vils, die wir schon vom Hinweg kennen. Auf dem bekannten Weg wandern wir am Nordufer entlang Richtung Osten. An der folgenden Brücke gehen wir nicht nach rechts in den Ort Schattwald (unser bekannter Weg), sondern bleiben auf dem Wanderweg entlang der Vils. Wenige Meter vor der Brücke der Hauptstraße zweigen wir links ab und gelangen so zum Wanderparkplatz in **Zöblen 6**, 1087 m.

Blick zurück aufs Wannenjoch.

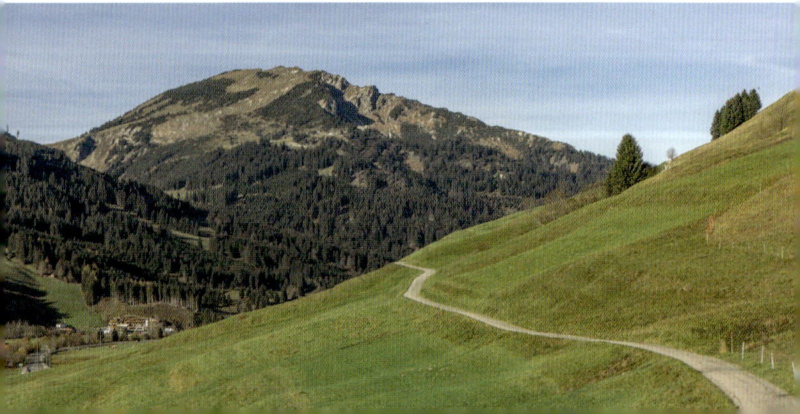

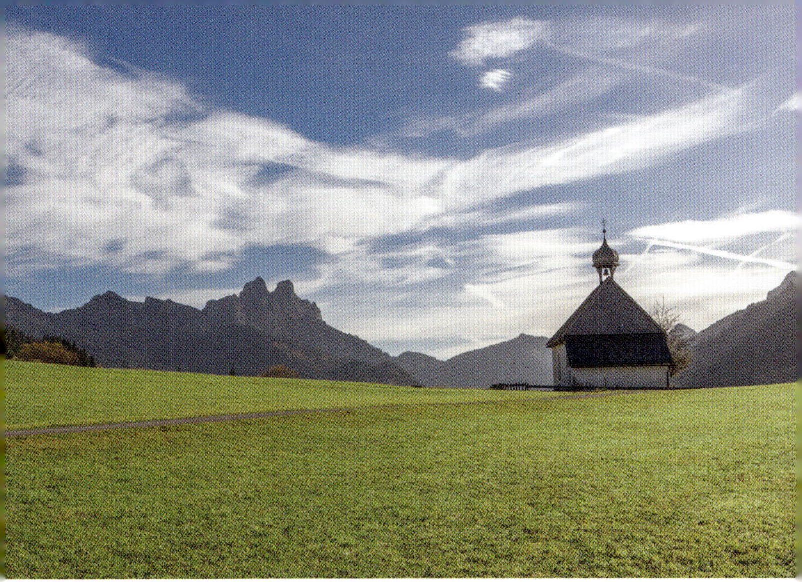

Kapelle St. Leonhard zwischen Kienzerle und Berg mit Blick auf Gimpel und Rote Flüh.

Kurz nach dem Parkplatz gehen wir nach links, folgen so zunächst leicht bergauf dem Steinebach zu den oberen Häusern der Ortschaft. Wir halten uns rechts und verlassen (vorbei am Gästehaus Almhof Nr. 57) den Ort nach Osten. Über aussichtsreiche Wiesen gelangen wir zum **Campingplatz in Kienzerle** 7, 1110 m. Am Campingplatz gehen wir wenige Meter nach rechts bergab, dann nach links und folgen dem Höhenweg weiter Richtung Berg. Erneut über schöne Wiesen und vorbei an einer Kapelle erreichen wir die Ortschaft Berg. Direkt nach Hausnummer 38 wandern wir nach rechts aus dem Ort hinaus und überqueren den Gessebach. An der folgenden Wegverzweigung bei der Bundesstraße gehen wir links und gut 100 m danach rechts durch eine Straßenunterführung in den Ortskern von **Tannheim**. Dort halten wir uns rechts und gelangen so zurück zum **Parkplatz West** 1.

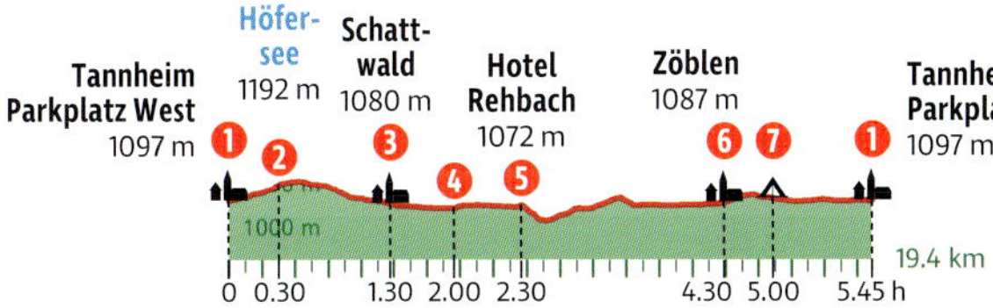

↗ 200 m | ↘ 200 m | 17.1 km

2 Rundwanderweg Tannheimer Tal Ost

4.30 h

Ostschleife mit großem See und schroffen Felsgipfeln

Bei der Ostschleife des »Rundwanderwegs Tannheimer Tal« ist man in einer noch beeindruckenderen Landschaft als bei seiner Westschleife unterwegs. Hier rücken die Berge näher zusammen, führen die Hänge steiler und weiter in die Höhe und der Blick auf die umliegenden Gipfel ist noch eindrucksvoller. Ein größerer Abschnitt der Tour verläuft entlang der weiten Wasserfläche des Haldensees, der an heißen Tagen zu einem Erfrischungsbad einlädt. Doch den ganz besonderen Blickfang bilden die Gipfel Schartschrofen, 1973 m, Gimpel, 2176 m, und Rote Flüh, 2111 m, deren felsige und steile Südwände zum Greifen nah in den Himmel wachsen.

Ausgangspunkt: Tannheim, 1097 m, Parkplatz westlich des Ortes an der Straße »Unterhöfen«, die zum Ortsteil Kienzen führt, von der Umgehungsstraße die Ausfahrt »Kienzen« nehmen (Navi: A-6675 Tannheim, Unterhöfen 87, Parkplatz West).
Bus: Linie 120 Reutte – Oberjoch (ca. alle 60 bis 90 Min.), Haltestelle »Tannheim Neu Kienzen«, ca. 200 m nordwestlich vom Ausgangspunkt.
Anforderungen: Einfache, bequeme, gut ausgeschilderte Wanderwege. Abschnittsweise schmale Asphaltstraßen.
Einkehr: Gasthäuser in Innergschwend, Grän, Haller, Nesselwängle, Haldensee und Tannheim.
Variante: Direkt am Nordufer des Sees (Uferpromenade) und ohne Schleife über Krinnenalplift (ca. 2,3 km bzw. ca. 45 Min. kürzer). Dazu halten wir uns bei der beschriebenen Spitzkehre im Wald nach Grän hinab zum »Haldensee Westufer«. Nach Überqueren der Bundesstraße nehmen wir den gut ausgebauten Wanderweg direkt am Nordufer des Sees entlang. Am Ende des Sees bei einem Hotel bleiben wir am Ufer und wandern schließlich über Wiesengelände zur beschriebenen Rechtskurve 7 am Südostufer des Sees, wo wir wieder auf den Hauptweg stoßen.

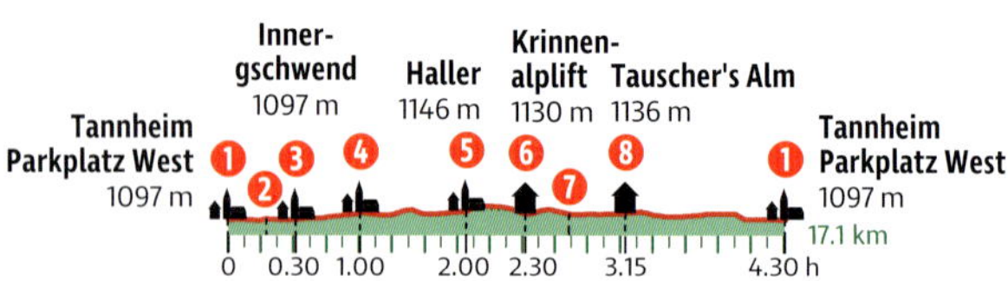

Vom **Parkplatz West** in **Tannheim** 1 gehen wir entlang der Straße Richtung Osten zur Kirche im Ortskern von Tannheim. Hier halten wir uns links und wandern so weiter Richtung Norden. Direkt nach einem großen Supermarkt auf der rechten Straßenseite unterqueren wir die Umgehungsstraße B199 und wandern weiter geradeaus. An einer Kreuzung im Ortsteil **Berg** 2, 1102 m (bei Hausnr. 17), gehen wir rechts (nicht halb rechts) und verlassen den kleinen Ort nach Osten in Richtung Innergschwend. Direkt nach dem Restaurant »Beim Öfner« in **Innergschwend** 3, 1097 m, wandern wir nach links durch den Ort und anschließend weiter nach Richtung Osten, beschildert nach »Grän«.

An der folgenden Gabelung halten wir uns rechts. Nach der Brücke über den Logbach gehen wir an der Kreuzung bei einer kleinen Kapelle geradeaus (mittlere Straße) in den Ortskern von **Grän** 4, 1138 m, beim großen Hotel Engel. Bei der Kreuzung am Hotel wandern wir halb rechts (Schilder »Wiesenweg nach Haldensee«) und folgen dem Angerweg unterhalb der Kirche. Vor der Volksschule geht es nach links und durch eine Unterführung der Umgehungsstraße Richtung Osten aus dem Ort hinaus.

Nach rund 700 m (100 m vor der Brücke über einen kleinen Bach) verlassen wir den Hauptweg in einer Rechtskurve nach links und wandern Richtung Südosten durch ein kleines, bewaldetes Tal. Etwa 150 m später biegen wir rechts ab. Wir queren einen bewaldeten Hügel und gelangen so hinüber zum Haldensee. Bei einer beschilderten Spitzkehre im Wald wandern wir

Blick von Osten zum Haldensee und hinein ins Tannheimer Tal. In der Bildmitte das Wannenjoch oberhalb von Schattwald.

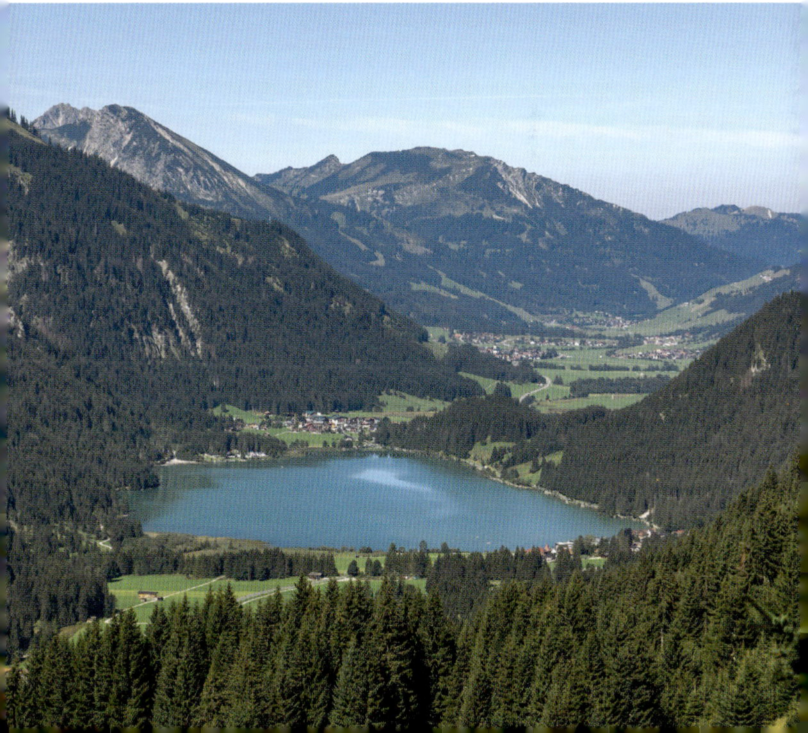

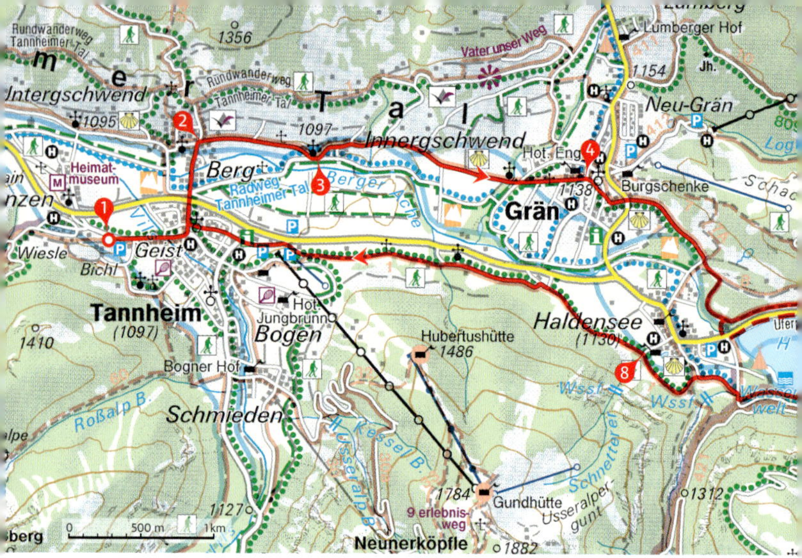

nicht weiter bergab zum »Haldensee Westufer« (siehe Variante), sondern gehen weiter geradeaus in Richtung »Haller, Nesselwängle«. Unser Weg führt oberhalb der Bundesstraße am Nordufer des Haldensees entlang. Kurz vor Ende des Sees erreichen wir, vorbei an massiven Steinschlagverbauungen, die ersten Häuser von Haller. Unser Wanderweg mündet schließlich in eine schmale Asphaltstraße etwas oberhalb von **Haller** ❺, 1146 m. Rechts ginge es hinab in den Ort und zum See, wir folgen jedoch der Straße nach links (Osten).

Nach einem kurzen Anstieg erreichen wir eine beschilderte Weggabelung. Wir nehmen den rechten Fahrweg leicht bergab in Richtung »Nesselwängle«. Kurz nach einer kleinen Liftanlage (Neuschwandlift) erreichen wir eine beschilderte Abzweigung direkt vor einer kleinen Brücke. Hier biegen wir rechts ab Richtung »Sesselbahn Krinnenalpe, Parkplätze« und laufen durch ein Waldstück bergab. Nach dem Waldstück stehen wir direkt vor der Bundesstraße, rechts befindet sich ein Wanderparkplatz. Wir steigen zum Parkplatz ab und nehmen die kleine Unterführung der Bundesstraße. Auf der anderen Straßenseite gehen wir links und nach der kleinen Holzbrücke rechts. Eine schmale Asphaltstraße bringt uns leicht bergab zum Kreisverkehr an der Talstation des **Krinnenalplifts** ❻, 1130 m, und dem Gasthof Schuster.

Am Kreisverkehr halten wir uns rechts (Westen) und an der folgenden Weggabelung leicht rechts Richtung »Haldensee«. Noch kurz vor dem See verlassen wir die schmale Asphaltstraße in einer **Rechtskurve** ❼, etwa

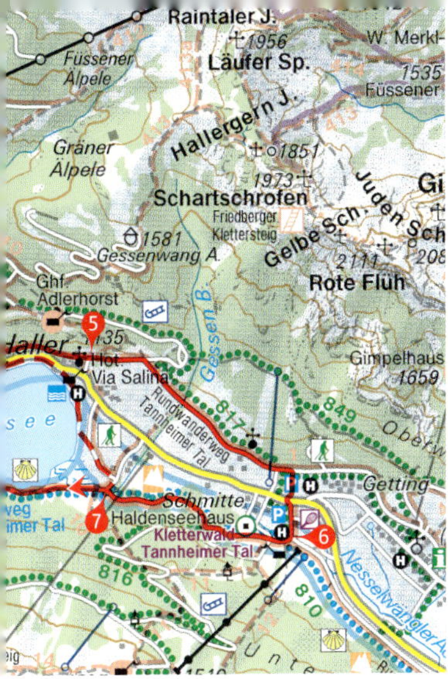

1130 m, und nehmen den Schotterweg geradeaus. Unser Weiterweg verläuft jetzt direkt am Südufer entlang. Kurz nach dem See gehen wir nach rechts über eine Brücke über den Strindenbach und direkt danach links Richtung »Tannheim Talstation Neunerköpfle« an einem kleinen Teich vorbei zu **Tauscher's Alm** 8, 1136 m. In einer Rechtskurve verlassen wir den breiten Weg nach links und steigen ein paar Meter ab zu einem breiten Querweg, an dem wir den Schildern nach »Tannheim« nach halb links folgen. Auf weiterhin gut ausgeschilderten Wegen wandern wir nun etwas oberhalb der Straße Richtung Westen zurück nach Tannheim. Vom breiten Schotterweg steigen wir kurz über einen Wiesenweg hinab zur Talstation der Neunerköpflebahn. Von hier geht es Richtung Westen, über einen Kreisverkehr geradeaus durch den Ort zur Kirche und von hier auf dem bekannten Weg zurück zum **Parkplatz West** in **Tannheim** 1.

Idylle am Westufer des Haldensees mit Blick auf die markante Südwand der Roten Flüh.

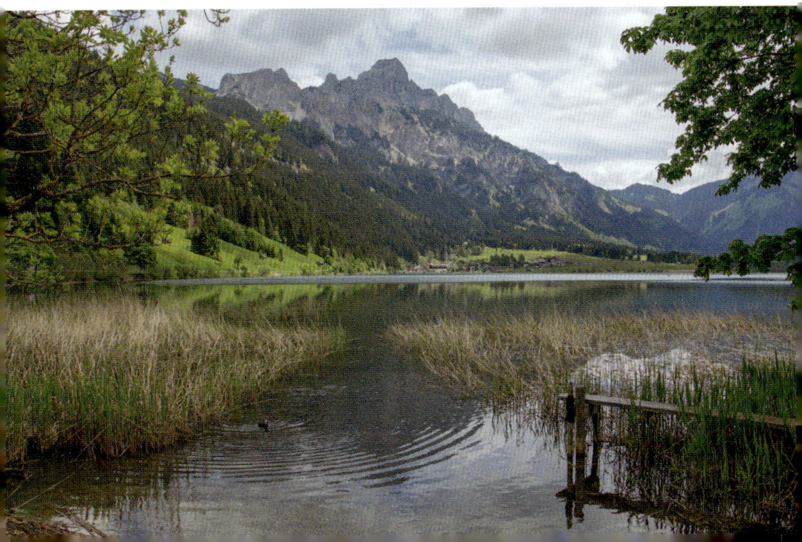

TOP

3

↗ 700 m | ↘ 700 m | 13.7 km

Schönkahler, 1688 m, vom Tannheimer Tal

5.00 h

Wanderung durch Wald, über Lichtungen und Bergwiesen

Der erste Teil des Ausflugs führt über einen steilen, völlig freien Wiesenhang. Zu Füßen breitet sich das Tannheimer Tal aus und gegenüber reihen sich die Gipfel der Vilsalpseeberge wie ein Panorama aneinander. Der Ponten, 2045 m, mit seinem dunklen, felsigen, gezackten Nordgrat fällt dabei besonders ins Auge. Der zweite Teil des Anstiegs führt durch eine Landschaft ganz anderer Art. Lauschige, abgeschiedene Lichtungen wechseln mit kurzen Waldpassagen. Das Gelände ist flach und wellig, selbst die beiden Gipfel zeigen runde und weitläufige Formen.

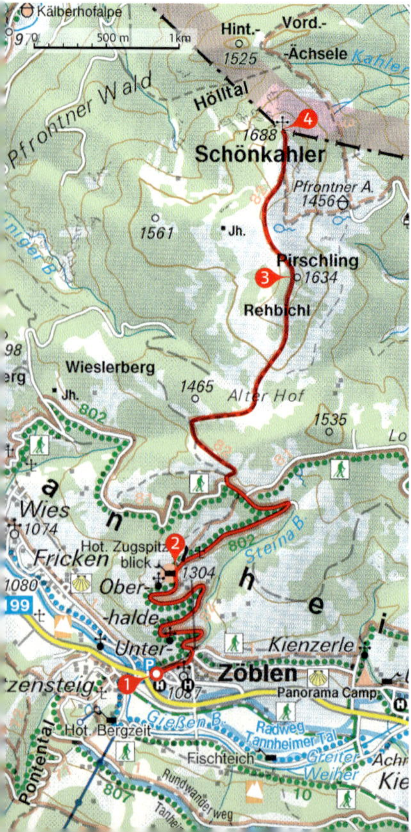

Ausgangspunkt: Zöblen, 1087 m, Parkplatz direkt an der Umgehungsstraße am westlichen Ortsende (Navi: A-6677 Zöblen, Zöblen 30).
Bus: Linie 120 Reutte – Oberjoch (ca. alle 60 bis 90 Min.), Haltestelle »Zöblen Gemeindeamt«, ca. 200 m östlich vom Ausgangspunkt.
Anforderungen: Anfangs breite Wirtschaftswege, sonst Wiesenwege und Trampelpfade.
Einkehr: Berghotel Zugspitzblick, 1304 m (Di Ruhetag); Gasthaus in Zöblen.

Vom Parkplatz in **Zöblen** ❶ wandern wir auf der Straße zum oberen Teil des kleinen Ortes und gelangen über die Steinebachbrücke nach links zu den wenigen Häusern von Unterhalde. Auf dem asphaltierten Sträßchen gelangen wir in fünf lang gezogenen Kehren über die steilen Wiesenhänge empor nach Oberhalde mit dem **Berghotel Zugspitzblick** ❷, 1304 m. Die Aussicht von hier hinab ins Tal, auf die nahen Gipfel und zur Zugspitze ist beeindruckend.
Nach dem Berghotel mit Parkplatz wandern wir auf dem breiten Wirtschaftsweg in Richtung Nordosten

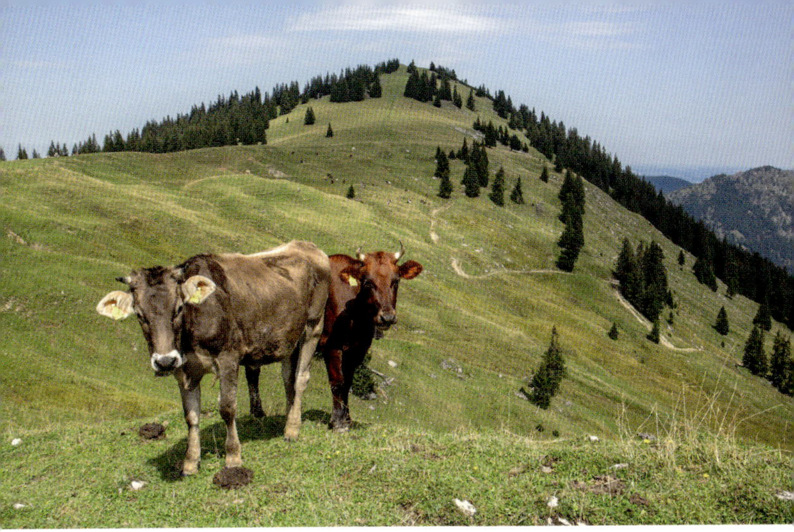

Beim kurzen Abstieg vom Pirschling haben wir einen guten Blick auf den Weiterweg über den grasigen Rücken zum Gipfel des Schönkahler (Bildmitte).

bequem leicht bergauf. Der Weg führt bald durch ein Waldstück. In einer Kehre folgen wir weiter dem Hauptweg nach links. Bei einer Lichtung (etwa 1390 m) nehmen wir an einem beschilderten Abzweig den Weg weiter geradeaus. Gut 100 m danach biegen wir nach rechts (Nordwesten) vom Hauptweg ab. Unser Weg führt durch Almweiden leicht bergauf. Etwa 15 Min. nach dem letzten Abzweig verlassen wir den Weg erneut nach rechts (etwa 1420 m) und nehmen so einen deutlich schmaleren Weg Richtung Osten. Es geht erneut leicht bergauf und schließlich erreichen wir über einen kleinen Hochmoor-Wiesen-Buckel die Wiesensenke des »Alten Hofes«. Von hier steigen wir Richtung Norden den mäßig steilen Hang hinauf, überqueren bald einen Fahrweg und erreichen über den etwas steileren Südhang den Gipfel des **Pirschling** ❸, 1634 m.

Wir folgen weiter dem Rücken und steigen so ab in einen Sattel. Von hier geht es über freies Wiesengelände Richtung Norden aufwärts zu einer Schulter und weiter über den Rücken zum aussichtsreichen Gipfel des **Schönkahler** ❹, der nach Norden steil ins Achental abfällt.

Rückweg auf derselben Route.

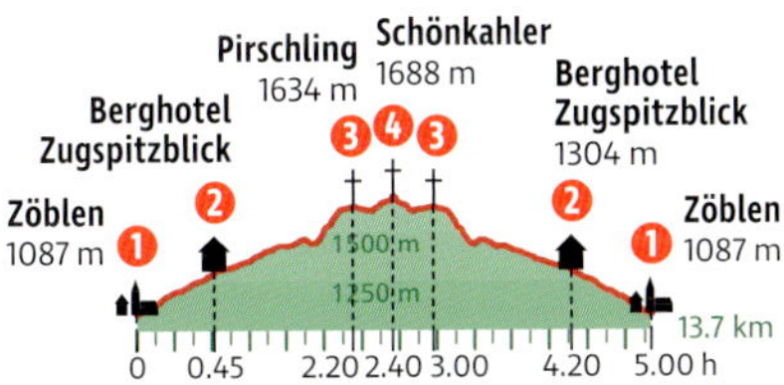

↗ 770 m | ↘ 770 m | 6.5 km

4 Einstein, 1866 m

4.00 h

Ein Individualist unter den Tannheimer Bergen

Der Name Einstein sagt schon viel über das Besondere dieses Berges aus. Mit »Stein« benennt man hervortretende und auffallende Felsgipfel, und das »Ein« deutet auf die völlig isolierte Lage hin. Ganz allein steht dieser Berg nördlich von der Ortschaft Tannheim. Das stempelt ihn natürlich auch zum Aussichtsgipfel der Extraklasse. Vor allem die Berge südlich des Tales liegen schön ordentlich aufgereiht genau gegenüber; man kann sie alle studieren vom Wannenjoch über das Geißhorn bis hin zur Krinnenspitze. Die Hauptgipfel der Tannheimer hingegen schieben sich stark hintereinander und bilden eine enge Gruppe recht wilder Hörner.
Der angelegte Steig klettert zwar über ein paar steilere Stellen, bereitet jedoch keine echten Schwierigkeiten. Die Südlage sorgt für Trockenheit und Wärme im Sommer, ermöglicht dadurch aber auch eine Besteigung schon früh und noch recht spät im Jahr. Man kann von der Ostschulter in abwechslungsreichem Gelände mit schönem Mattenboden auch nach Norden ins Achental absteigen. Doch die Rückkehr mit öffentlichem Verkehr nach Tannheim ist umständlich (besser ist die Positionierung eines zweiten Autos).

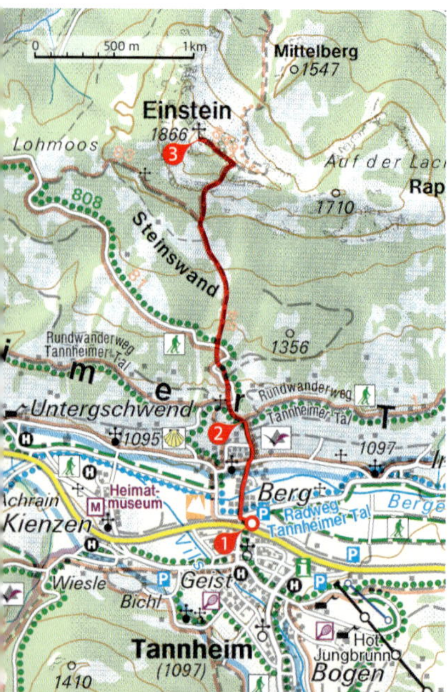

Ausgangspunkt: Tannheim-Berg, 1097 m, kleiner Parkplatz nördlich der Umgehungsstraße der Ortschaft Tannheim, direkt bei Ausfahrt Tannheim/Berg an Zufahrtsstraße zum Ortsteil Berg (Navi: A-6675 Tannheim, Tannheimer Str. 124).
Bus: Linie 120 Reutte – Oberjoch (ca. alle 60 bis 90 Min.), Haltestelle »Tannheim Gemeindeamt«, ca. 200 m südlich vom Ausgangspunkt; Linie 123 Pfronten – Nesselwängle (ca. alle 2 Std.), Haltestelle »Tannheim Kreisverkehr«, ca. 500 m südöstlich vom Ausgangspunkt.
Anforderungen: Steile An- und Abstiege, meist schmale Wege, im Gipfelbereich etwas ausgesetzt. Trittsicherheit erforderlich, Teleskopstöcke sind sehr hilfreich.
Einkehr: Schäferhütte, 1142 m (Mo, Di und Mi Ruhetag); Gasthäuser in Tannheim.

Vom **Parkplatz Tannheim-Berg** ❶ wandern wir zunächst Richtung Norden hinüber in den Ort Berg. Wir

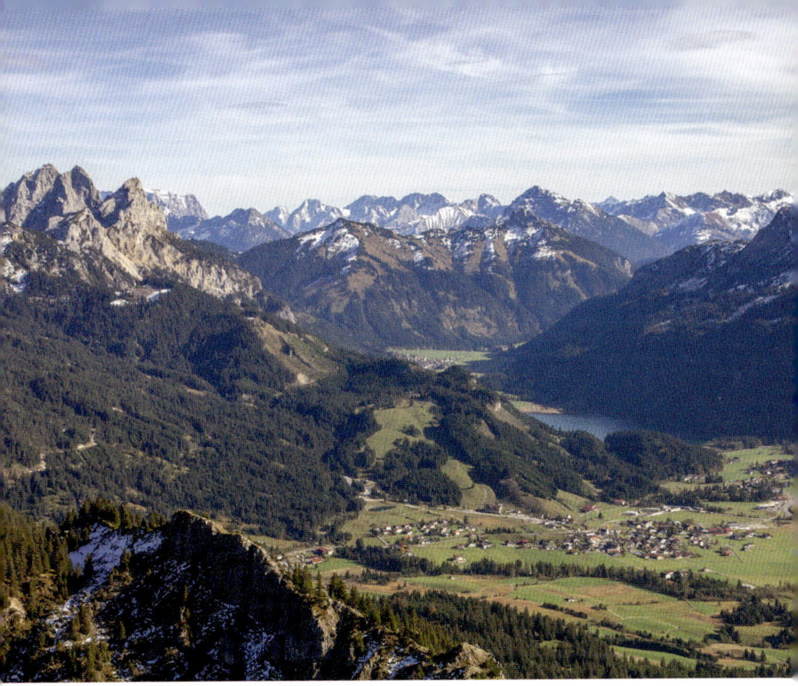

Blick vom Einstein-Gipfel Richtung Osten hinab zum Haldensee und Zugspitzmassiv (hinten links).

spazieren geradeaus durch den Ort zur **Schäferhütte** ❷, 1142 m, wo die Asphaltstraße endet. Ab hier geht es auf einem Wanderweg über weite Weideflächen leicht empor und wir genießen stets einen schönen Blick zurück auf Tannheim. Über mehrere Lichtungen erreichen wir weiter nur leicht ansteigend den eigentlichen Bergfuß. Auf dem nun deutlich schmaleren Pfad steigen wir die steile, teilweise grüne und teilweise von Schutt bedeckte Flanke über Serpentinen empor und gelangen so zu einer Lücke im Hauptgrat. Unser Weg führt gleich wieder links in die Südflanke. Wir überwinden eine Schrofenstufe und steigen schließlich teilweise zwischen Latschen und über kleine Felsstufen steil empor auf den Gipfel des **Einstein** ❸, der von einer kleinen Hochfläche gebildet wird, die fast in alle Richtungen in steile Wände abbricht.

Der Rückweg erfolgt auf derselben Route.

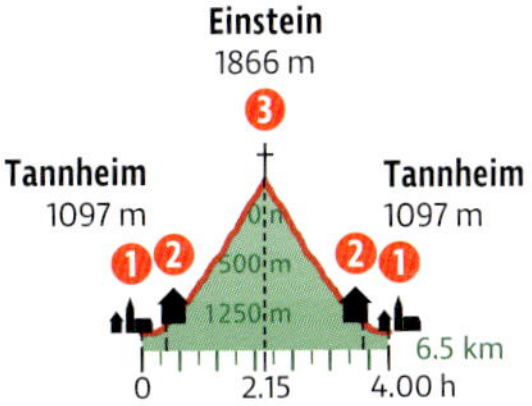

↗ 830 m | ↘ 830 m | 8.8 km

5 Aggenstein, 1987 m, von Süden

4.45 h

Der nordwestliche Eckpfeiler der Tannheimer Berge

Der Aggenstein mit seiner ungewöhnlichen, asymmetrischen Form ist der besondere Blickfang und Schmuck über dem Gebiet von Pfronten. Auch aus dem Engetal fällt der elegante Felsgipfel auf. Von Grän im Tannheimer Tal aber ist der Berg kaum wiederzuerkennen, besteht er doch auf der Südseite aus fast felsfreien, allerdings sehr steilen Graspleisen. Schon vom Parkplatz aus erkennt man den Weg, der dort in Kehren hinaufführt. Und rechts, etwas unterhalb, sieht man die auf ihrer kleinen Felskanzel thronende Bad Kissinger Hütte. Ein so »offenherziger« Berg steht natürlich auf der Wunschliste jedes Tannheimer Gastes an einer der ersten Stellen, zumal der Blick nach Norden ins Ostallgäu und hinab in das so weit verstreute Pfronten beeindruckt. Man kann die Gipfelbesteigung auch mit dem Gräner Höhenweg kombinieren.

Ausgangspunkt: Grän-Enge, 1160 m, großer Parkplatz etwas oberhalb der Straße Richtung Pfronten ca. 1,5 km nördlich von Grän (Navi: A-6673 Grän, Parkplatz Grän/Enge).
Bus: Linie 120 Reutte – Oberjoch (ca. alle 60 bis 90 Min.), Haltestelle »Grän Obergrän«, ca. 700 m südlich vom Ausgangspunkt; Linie 123 Pfronten – Nesselwängle (ca. alle 2 Std.), Haltestelle »Grän Lumberg/Campingplatz«, ca. 500 m südlich vom Ausgangspunkt.
Anforderungen: Bis zur Hütte steiler Anstieg durch Wald, zum Gipfel steiler, schmaler Pfad, ganz oben kurze felsige Passagen, schrofig, teils mit Sicherungen.

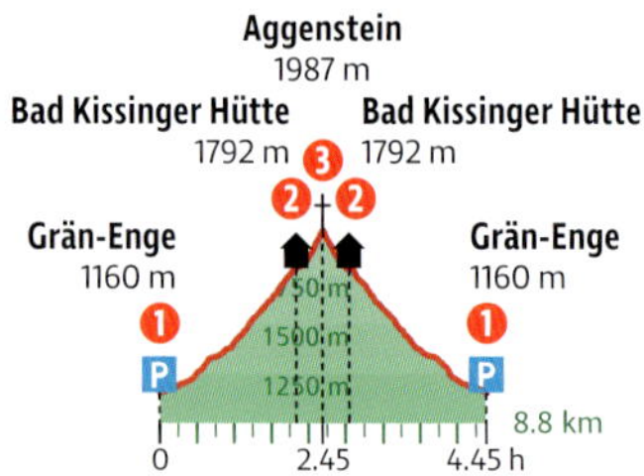

Einkehr/Übernachtung: Bad Kissinger Hütte, 1792 m (DAV, etwa 50 Schlafplätze, Tel. +43 676 3731 166, badkissinger-huette.at); Gasthäuser in Grän.

Vom großen **Parkplatz Grän-Enge** ❶ gehen wir zunächst wenige Meter Richtung Osten leicht bergan zu einer schmalen asphaltierten Straße. Auf dieser wandern wir fast eben ein kurzes Stück nach links (Norden) und schon bald zweigt nach rechts ein Forstweg Richtung

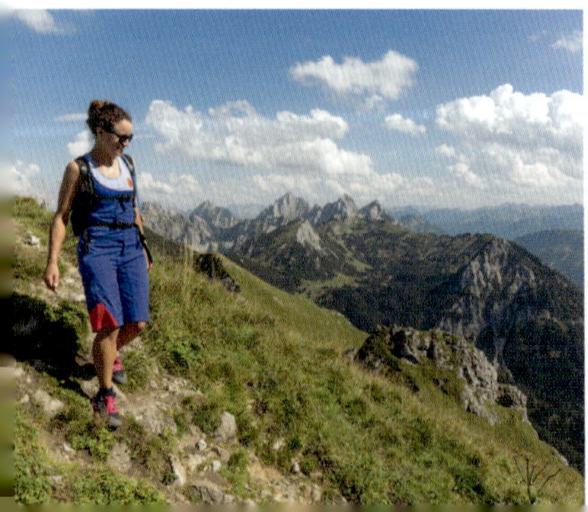

Abstieg knapp unterhalb des Gipfels, im Hintergrund der Gräner Höhenweg.

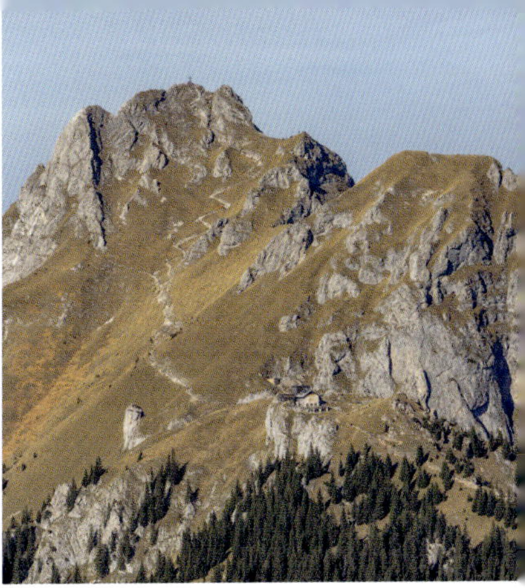

Blick von Süden auf den Aggenstein-Gipfel. Von der Bad Kissinger Hütte geht es über die gut sichtbaren Serpentinen empor zum Grat und weiter zum Gipfel.

Bad Kissinger Hütte ab. Auf diesem breiten Weg geht es zunächst über schöne Almwiesen leicht bergauf. In der nächsten Rechtskehre (nahe der Materialseilbahn) können wir die folgende Kehre auf einem Steig abkürzen. Anschließend kreuzen wir den Forstweg, im lichten Bergwald geht es weiter empor. An der nächsten Weggabelung, etwa 1340 m, gehen wir geradeaus und kreuzen erneut den Forstweg. Nach einer kurzen Querung steigen wir hinab zum Seebach. Über einen Rücken gelangen wir zu einem zweiten Bacheinschnitt. Nun wird der Wanderweg im Bergwald etwas steiler und schließlich erreichen wir einen beschilderten Abzweig (Böser Tritt, 1750 m) oben am Gratverlauf. Hier halten wir uns links und erreichen schon bald die **Bad Kissinger Hütte** ❷, 1792 m.

Für den Weiterweg lassen wir die Hütte links liegen, queren die steilen Grashänge auf einem guten Wanderweg Richtung Westen und erreichen so die Steilmulde unterhalb des Gipfelaufbaus. Auf zahlreichen Kehren steigen wir empor zum schmalen Grat, wo auch der Steig von Pfronten heraufkommt. Hier halten wir uns links in die Schrofenflanke, überwinden mithilfe von Stahlketten einen steilen und felsigen Aufschwung (schwierigste Stelle der Tour) und stehen schon gleich am Gipfelkreuz des **Aggenstein** ❸.

Zurück zum **Parkplatz Grän-Enge** ❶ geht es auf demselben Weg.

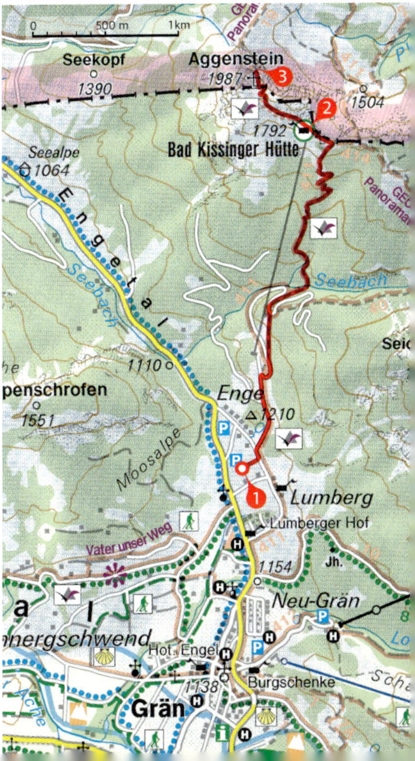

TOP

6 Gräner Höhenweg

↗ 315 m | ↘ 930 m | 9.6 km

3.45 h

Vom Füssener Jöchle zur Bad Kissinger Hütte

Diese abwechslungsreiche Höhenwanderung im nördlichen Teil der Tannheimer Berge findet viele Liebhaber. Man ist in Höhen zwischen 1600 und 1900 Metern unterwegs und hat dabei stets einen freien Blick nach Südwesten. Die erste Zwischenstation, die Westschulter der Sefenspitze, entpuppt sich als besonders schönes Aussichtseck. Gewaltig präsentieren sich von dort aus die Hauptgipfel der Tannheimer Berge, der Gimpel, 2176 m, die Köllenspitze, 2238 m, und die Gehrenspitze, 2164 m. Nach der Schulter kommt man dann über malerische Böden mit Felsblöcken, kleinen Wiesenflecken und einem Mini-Karstbecken. Schließlich gelangt man – teilweise auch im Wald – zum Ziel der Tour, der Bad Kissinger Hütte. Konditionsstarke können von dort aus noch den Aggenstein besteigen.

Ausgangspunkt: Grän, großer Parkplatz an der Talstation der Füssener-Jöchle-Bahn, 1205 m, etwas oberhalb/östlich des Ortes, direkte Zufahrt von der Umgehungsstraße (Navi: A-6673 Grän, Füssener-Jöchle-Straße 8).
Bus: Linie 120 Reutte – Oberjoch (ca. alle 60 bis 90 Min.) und Linie 123 Pfronten – Nesselwängle (ca. alle 2 Std.), Haltestelle »Grän Füssener Jöchle Bahn«.
Füssener-Jöchle-Bahn: Betriebszeiten Mitte Mai – Anfang November, 8.45–16.30 Uhr, Tel. +43 5675 6363, lifte-graen.com, Talstation 1205 m, Bergstation 1818 m.
Anforderungen: Alpines Gelände, ungefährlich, recht steiler Abstieg am Tourende.
Einkehr/Übernachtung: Sonnenalm, 1818 m (an der Bergstation); Bad Kissinger Hütte, 1792 m (DAV, etwa 50 Schlafplätze, Tel. +43 676 3731 166, badkissingerhuette.at); Restaurant an der Talstation.
Variante: Aufstieg zum Aggenstein (knapp 200 Hm im Auf- und Abstieg, gut 1 Std.): hinter der Bad Kissinger Hütte 4 in Serpentinen unschwierig den Wiesenhang empor zum Grat, dann über kurze, aber etwas ausgesetzte und versicherte Felspassage zum aussichtsreichen Gipfel.

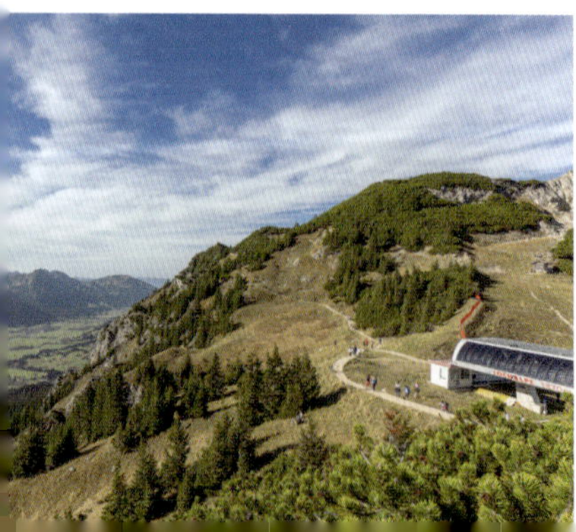

Von der **Talstation** der **Füssener-Jöchle-Bahn** 1 bei **Grän** geht es zunächst bequem mit der Gondelbahn hinauf zur **Bergstation** 2, 1818 m, die direkt am Füssener Jöchle liegt. Von hier wandern wir auf einem breiten Weg (Beschilderung »Bad Kissinger Hütte, 414«) bergan Richtung Nordwesten, vorbei am Gams-

Nach der Bergstation »Jochalpe« verlassen wir das Pistengebiet und queren die aussichtsreichen Südhänge.

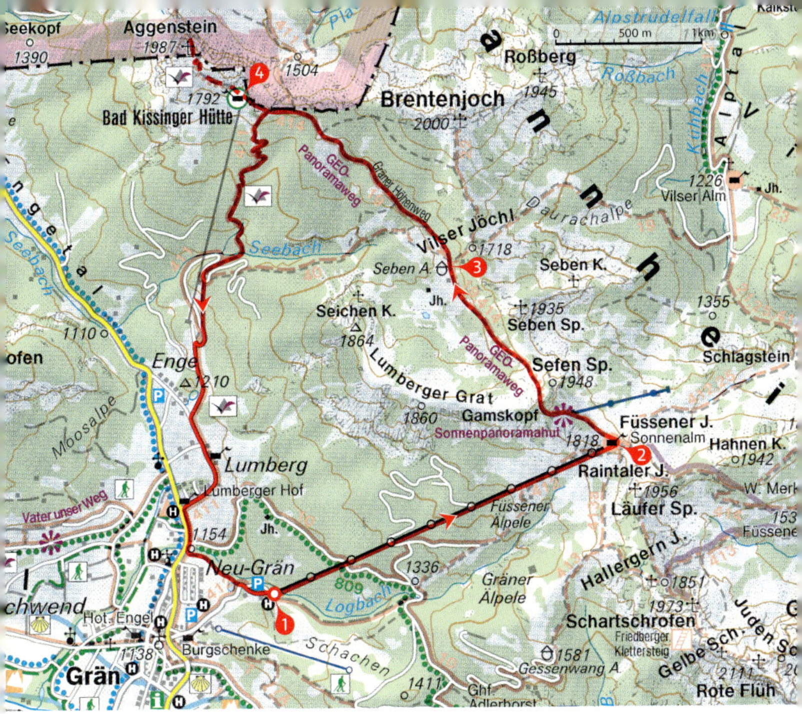

kopf und einer weiteren kleinen Bergstation (»Jochalpe«). Weiter oben nehmen wir einen schönen Wanderweg nach links, queren auf diesem die südseitigen Latschenhänge und gelangen so in einen aussichtsreichen Sattel, etwa 1900 m, westlich der Sefenspitze. Auf der anderen Seite steigen wir zunächst etwas steiler über die mit Felsen durchsetzten Matten hinab und wandern dann bequem zur schön gelegenen **Sebenalpe** ❸, 1640 m. An der Alpe gehen wir weiter geradeaus und steigen so leicht bergab zum mit etwa 1620 m tiefsten Punkt des Höhenweges. Von hier steigen wir wieder bergauf quer durch die Hänge und erreichen einen beschilderten Sattel (Böser Tritt, 1750 m) direkt am Gratverlauf. Wir folgen dem Grat weiter Richtung Westen empor und erreichen nach wenigen Metern die herrlich gelegene **Bad Kissinger Hütte** ❹, 1792 m.

Auf dem bekannten Weg steigen wir von der Hütte wieder bergab. Kurz vor dem beschilderten Sattel nehmen wir jetzt den Wanderweg nach rechts (Süden) steil bergab. Nach einem Bacheinschnitt, etwa 1390 m, folgt ein kurzer Gegenanstieg über einen Rücken und wir steigen wieder ab zu einem zweiten Bacheinschnitt über den Seebach. Ab hier ist der folgende

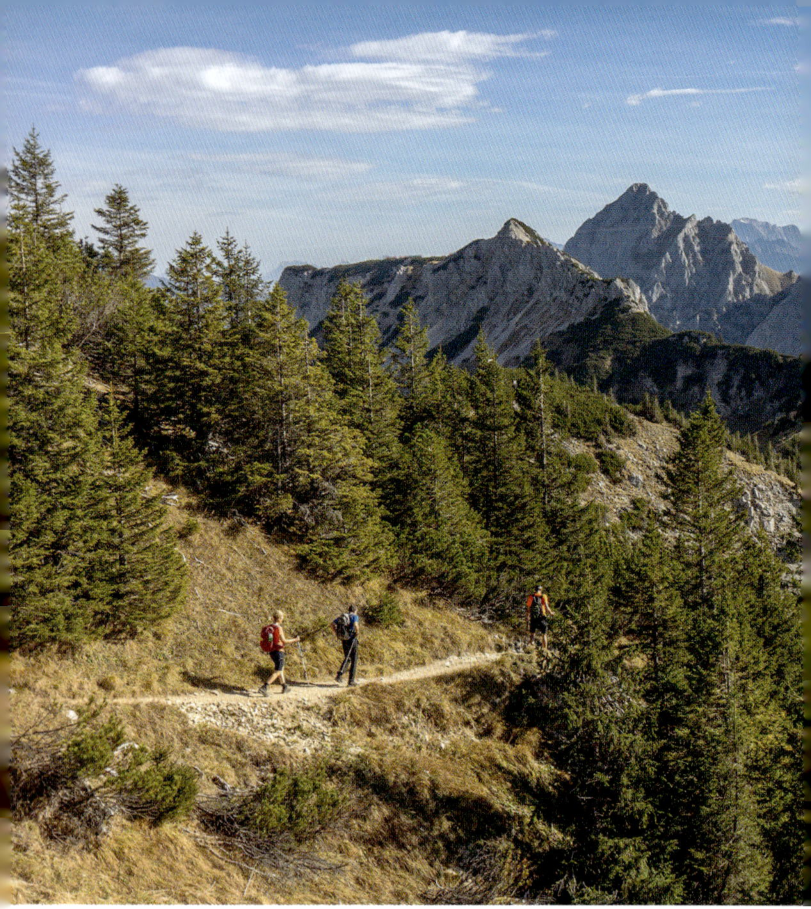

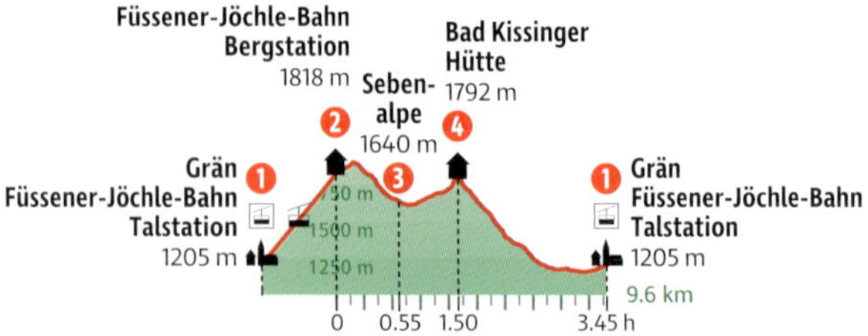

Füssener-Jöchle-Bahn
Bergstation
1818 m
Seben-
alpe
1640 m
Bad Kissinger
Hütte
1792 m
1
Grän
Füssener-Jöchle-Bahn
Talstation
1205 m
2
3
4
1
Grän
Füssener-Jöchle-Bahn
Talstation
1205 m
1500 m
1250 m
9.6 km
0
0.55
1.50
3.45 h

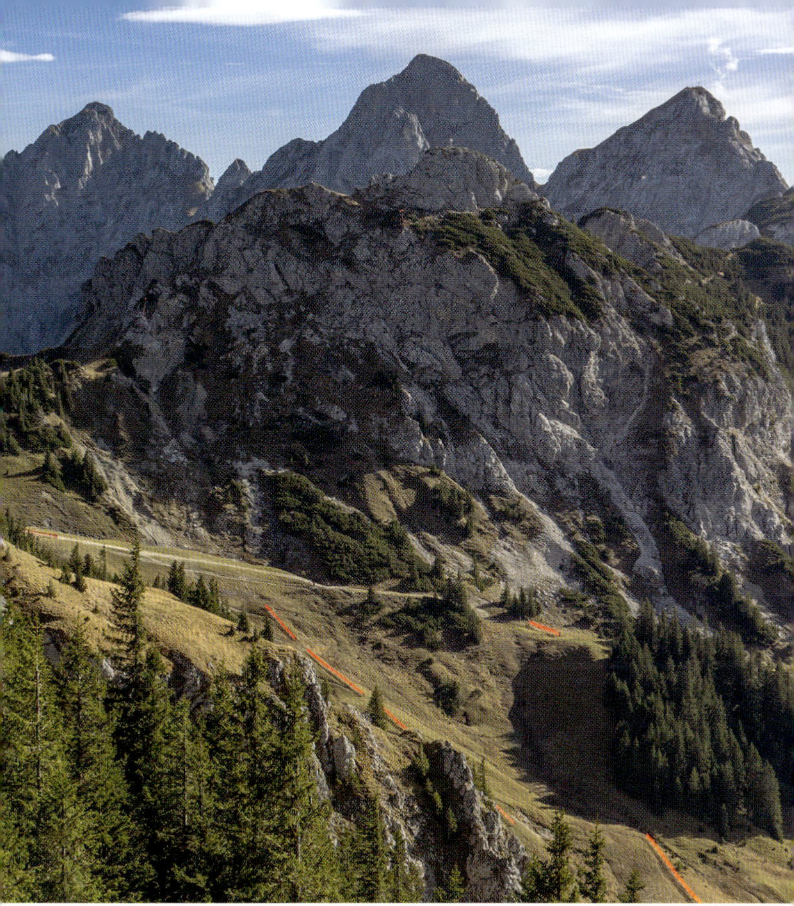

Blick zurück vom Sattel westlich der Sefenspitze zum Raintaler Joch (Bildmitte).

Abstieg weniger steil und wir erreichen schon bald die freien Wiesen in Talnähe. Über einen Forstweg gelangen wir auf eine schmale, asphaltierte Straße etwas oberhalb eines großen Wanderparkplatzes. Wir folgen der schmalen Straße nach links (Süden) und steigen auf dieser vorbei an den Häusern von Lumberg ab zur großen Straße. Am Straßenrand entlang gehen wir für gut 250 m nach links bis hinter die Brücke des Logbachs. Hier nehmen wir links einen Fußweg und wandern hinauf zum Parkplatz an der **Talstation** der **Füssener-Jöchle-Bahn** ❶.

↗ 840 m | ↘ 840 m | 9.7 km

7 Brentenjoch, 2000 m

4.45 h

Stille Tour auf einen mächtigen Gipfel

Zwischen den sonst felsigen, kantigen Gipfeln der Tannheimer Berge fällt das genau 2000 m hohe Brentenjoch als breite Scheibe mit ganz regelmäßigen Graten auf. Es stürzt nach Süden mit steilen Grashängen, nach Norden mit einer mächtigen, bis zu 500 m hohen, stark zerklüfteten Flanke ab. Trotz eines kleinen Steigs wird dieser Gipfel verhältnismäßig selten bestiegen. Wer Spannendes liebt, kann sich seinen Rückweg durch die Gassen in den Latschenfeldern auf dem im Norden felsigen Westrücken suchen. Apropos Felsen: Im Ostgrat der fast unbekannten Sebenspitze stehen erstaunlich eindrucksvolle Türme.

Ausgangspunkt: Grän-Enge, 1160 m, großer Parkplatz etwas oberhalb der Straße Richtung Pfronten ca. 1,5 km nördlich von Grän (Navi: A-6673 Grän, Parkplatz Grän/Enge).
Bus: Linie 120 Reutte – Oberjoch (ca. alle 60 bis 90 Min.), Haltestelle »Grän Obergrän«, ca. 700 m südlich vom Ausgangspunkt; Linie 123 Pfronten – Nesselwängle (ca. alle 2 Std.), Haltestelle »Grän Lumberg/Campingplatz«, ca. 500 m südlich vom Ausgangspunkt.
Anforderungen: Teilweise schmale Bergwege, in relativ stiller Landschaft.
Einkehr: Keine unterwegs; Gasthäuser in Grän; evtl. Abstecher zur Bad Kissinger Hütte am Aggenstein (s. Variante).
Variante: Variante für den Rückweg (schwarze Route, nur für alpin Erfahrene geeignet, ca. 45 Min. zusätzlich). Sorgfältig auf die Pfadspuren achtend wandern wir vom Brentenjoch ❹ über den latschenreichen, nach Norden teilweise fast senkrecht abbrechenden Westgrat hinab, bis wir schließlich auf den Gräner Höhenweg treffen. Evtl. Abstecher zur nahen Bad Kissinger Hütte, dann Abstieg auf der üblichen Hüttenroute.

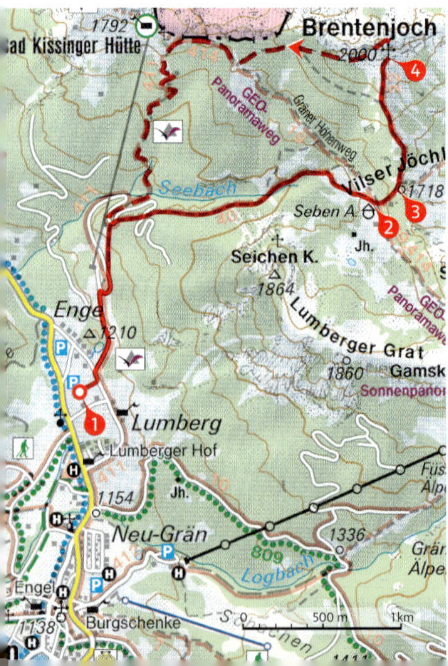

Vom großen **Parkplatz Grän-Enge** ❶ gehen wir zunächst wenige Meter Richtung Osten leicht bergan zu einer schmalen asphaltierten Straße. Auf dieser wandern wir fast eben ein kurzes Stück nach links (Norden) und schon bald zweigt nach rechts ein Forstweg Richtung Bad Kissinger Hütte ab. Auf diesem breiten Weg geht es zunächst über schöne

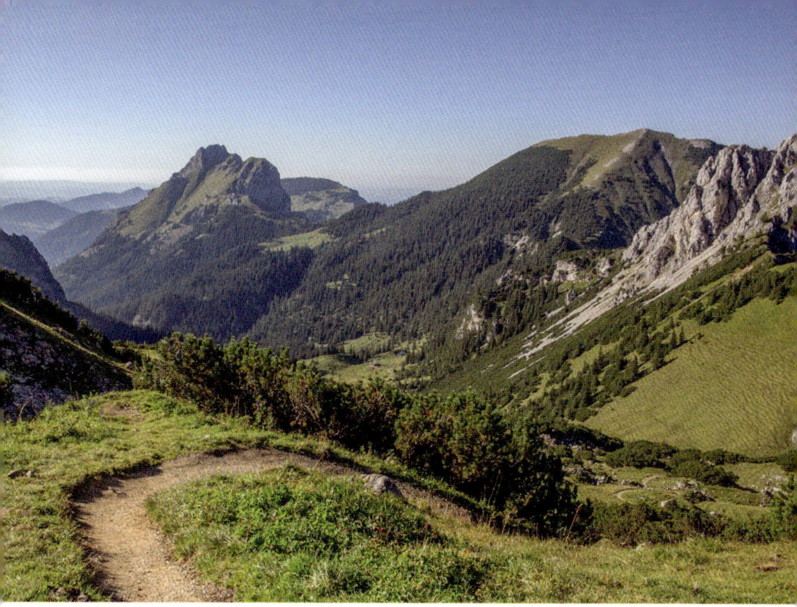

Links Aggenstein und rechts Brentenjoch. Der Aufstieg erfolgt über den gut sichtbaren und nicht bewaldeten Südrücken.

Almwiesen leicht bergauf. In der nächsten Rechtskehre (nahe der Materialseilbahn) können wir die folgende Kehre auf einem Steig abkürzen. Anschließend kreuzen wir den Forstweg, im lichten Bergwald geht es weiter empor. An der nächsten Weggabelung, etwa 1340 m, gehen wir nicht weiter geradeaus zur Bad Kissinger Hütte, sondern halten uns rechts Richtung Osten. Im Bergwald queren wir die Hänge oberhalb des Seebachs. Nach einer Weile überqueren wir den Bach und gelangen so zu stark gegliederten Weideflächen und schließlich zur kleinen **Sebenalpe** 2, 1640 m.

Von der Alpe steigen wir zwischen ein paar Bäumen Richtung Nordosten rasch hinauf in das **Vilser Jöchl** 3, 1718 m. Hier halten wir uns geradeaus (Norden) und wandern an den ersten Köpfen rechts vorbei. Dann steigen wir über den glatten, freien Südrücken auf Gras und Schutt empor zum **Brentenjoch** 4 mit seinem Gipfelkreuz.

Zurück geht es auf demselben Weg (oder Variante).

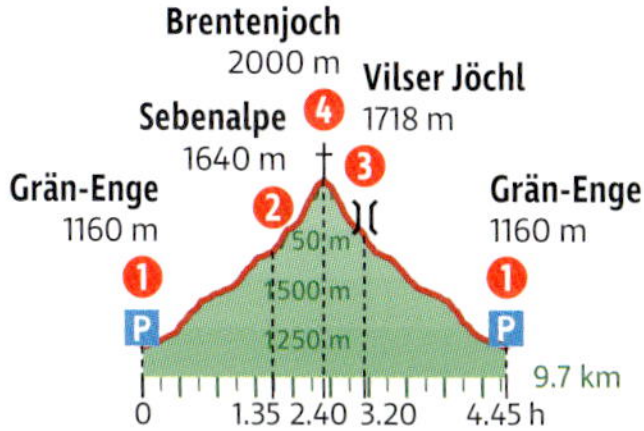

↗ 550 m | ↘ 1160 m | 11.4 km

8 Rundtour Vilser Alm

5.15 h

Malerischer Talboden und Jochüberschreitung

Dies ist unsere »Tour verkehrt«. Sie beginnt nämlich mit einem längeren Abstieg. Aber ein Besuch des schönen Vilser Talbodens mit der einladenden Vilser Alm und seiner beeindruckenden Bergkulisse lohnt sich immer! Beim Rückweg sollte man das Brentenjoch »mitnehmen«, einen schönen, runden Kegel und eine feine Aussichtswarte für das Ostallgäu.

Ausgangspunkt: Grän, großer Parkplatz an der Talstation der Füssener-Jöchle-Bahn, 1205 m, etwas oberhalb/östlich des Ortes, direkte Zufahrt von der Umgehungsstraße (Navi: A-6673 Grän, Füssener-Jöchle-Straße 8).
Bus: Linie 120 Reutte – Oberjoch (ca. alle 60 bis 90 Min.) und Linie 123 Pfronten – Nesselwängle (ca. alle 2 Std.), Haltestelle »Grän Füssener Jöchle Bahn«.
Füssener-Jöchle-Bahn: Betriebszeiten Mitte Mai – Anfang November, 8.45–16.30 Uhr, Tel. +43 5675 6363, lifte-graen.com, Talstation 1205 m, Bergstation 1818 m.
Anforderungen: Teils recht schmale Bergwege, ungefährlich, bei Nässe schmierig.
Einkehr/Übernachtung: Sonnenalm, 1818 m (an der Bergstation); Vilser Alm, 1226 m (Mo Ruhetag, ca. 40 Schlafplätze, Tel. +49 173 5690966, vilseralm.at); Restaurant an der Talstation.
Variante: Einfacher Gipfelabstecher vom Vilser Jöchl 4 zum Brentenjoch, 2000 m: Dem von Gras überzogenen und von Latschen eingerahmten Gratrücken nach Norden (rechts) bis zum Gipfel folgen (1.30 Std. hin und zurück).

Sonnenterrasse bei der Vilser Alm.

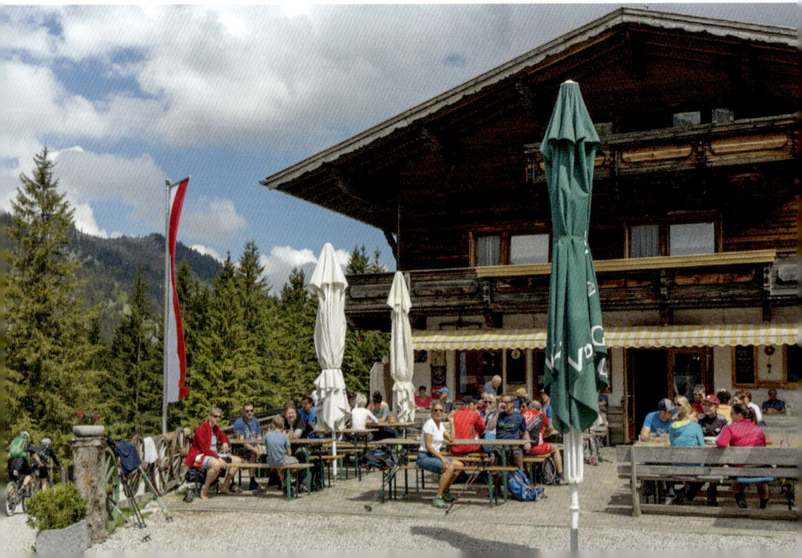

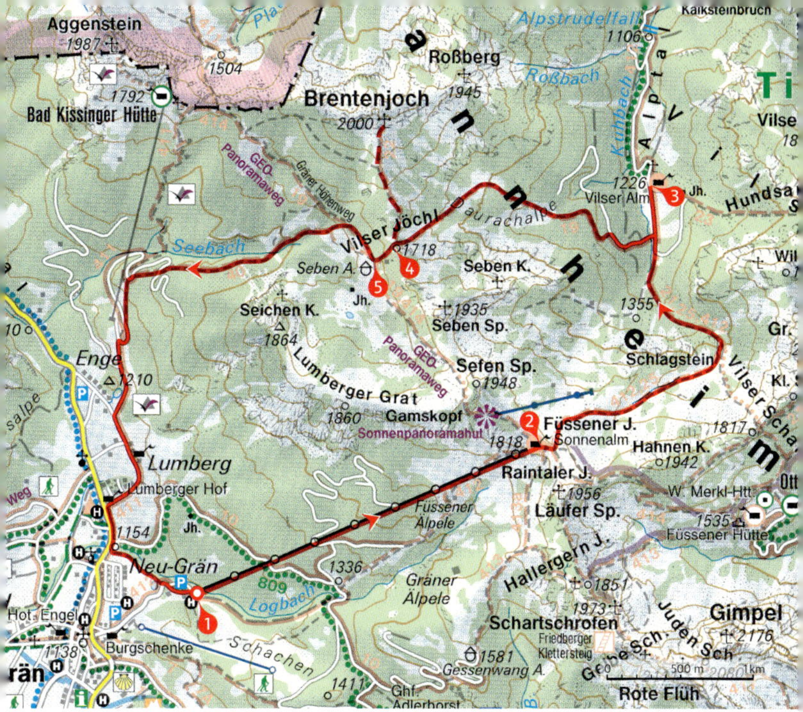

Von der **Talstation** der **Füssener-Jöchle-Bahn** ❶ bei **Grän** geht es zunächst bequem mit der Gondelbahn hinauf zur **Bergstation** ❷, 1818 m, die direkt am Füssener Jöchle liegt. Von der Bergstation wandern wir (Beschilderung »Vilser Alpe und Vils, 412«) Richtung Osten bergab über Weidehänge und durch ein kleines Tal in einen schönen, aber etwas sumpfigen Boden, etwa 1550 m. Bald überqueren wir den Bach und erreichen eine beschilderte Wegverzweigung. Rechts ginge es hier hinauf zur Vilser Scharte. Für den Weiterweg bleiben wir im Talboden und folgen weiter dem Bachverlauf. Zwischen Buschwerk und Bäumen geht es auf einem recht steinigen Steig hinab in das weite Becken der Vilser Alm. Am ersten Abzweig halten wir uns rechts und überqueren den Bach, etwa 1270 m. Auf einem breiten Weg gelangen wir zur schön gelegenen **Vilser Alm** ❸, 1226 m. Das Bergpanorama ist beeindruckend und besonders fällt der überhängende Sebenkopf auf.

Nach der verdienten Pause an der Alm gehen wir ein kurzes Stück auf dem bekannten Weg zurück in Richtung Süden. Bei der ersten Möglichkeit biegen wir dann rechts ab und überqueren den Bach. Kurz darauf verlassen wir die Schotterstraße und nehmen links haltend einen Waldweg. Durch

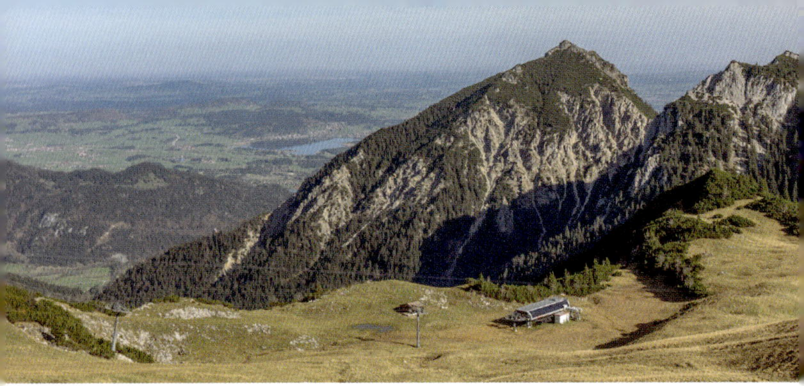

Blick vom Füssener Jöchle Richtung Nordosten zum Vilser Kegel (rechts von Bildmitte).

Bergwald geht es Richtung Westen eine Stufe empor und wir erreichen die Weideböden der Daurachalm, etwa 1400 m (kein Almgebäude). Von hier steigen wir die Hänge weiter empor, dann zieht unser Weg nach links (Westen) oberhalb vom scharfen Bacheinschnitt entlang und führt schließlich ins **Vilser Jöchl** ❹, 1718 m (Abstecher zum Brentenjoch möglich). Vom Jöchl steigen wir kurz nach links Richtung Westen hinab zur nahen **Sebenalpe** ❺, 1640 m.
Von hier nehmen wir absteigend (rechts) den Weg Richtung Nordwesten und zweigen beim nächsten Bachlauf links ab. Wir folgen im Bergwald dem Verlauf des Seebachs. Schließlich gelangen wir auf einer Höhe von etwa 1340 m auf den Zustiegsweg zur Bad Kissinger Hütte, wo wir uns links bergab halten. Ab hier wird der Abstieg etwas flacher und wir erreichen schon bald die freien Wiesen in Talnähe. Über einen Forstweg treffen wir auf eine schmale asphaltierte Straße etwas oberhalb eines großen Wanderparkplatzes. Wir folgen der schmalen Straße nach links (Süden) und steigen auf dieser vorbei an den Häusern von Lumberg ab zur großen Straße. Am Straßenrand entlang gehen wir gut 250 m nach links bis hinter die Brücke des Logbachs. Hier nehmen wir links einen Fußweg und wandern hinauf zum Parkplatz an der **Talstation** der **Füssener-Jöchle-Bahn** ❶.

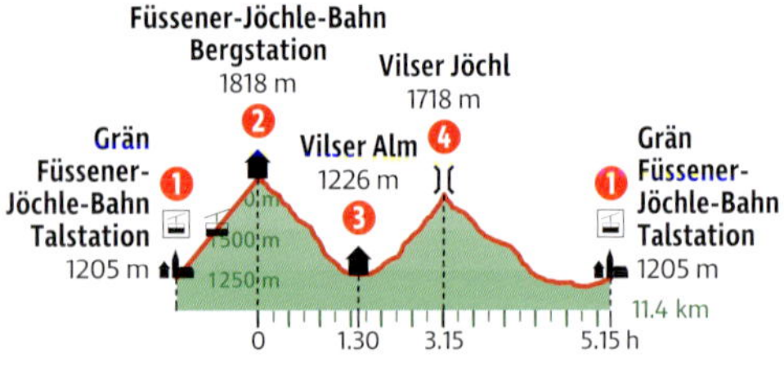

↗ 350 m | ↘ 350 m | 5.7 km

2.30 h

Große Schlicke, 2059 m

9

Ein Abstecher in die östlichen Tannheimer

Die Schlicke ist ein mächtiger, von Norden gesehen auffallend runder Gipfel in einem weit nach Osten ziehenden Nebenkamm der Tannheimer Berge. Auf der einen Seite stürzen hohe Schrofenwände ab, von Süden hingegen ziehen begrünte, allerdings steile Hänge bis zum Gipfelkreuz hinauf, die zudem von einem Steig »gebändigt« sind. Ihren besonderen Akzent erhält die Schlicke-Tour durch den Blick auf die wilden, bis zu 700 Meter hohen Wände der großen Tannheimer Berge wie Gimpel, 2176 m, und Köllenspitze, 2238 m. Neben dem üblichen Weg gibt es noch eine etwas längere Variante (Nordroute), die mehr Spannung bietet. Den Höhepunkt bildet dabei das Erreichen der wie ein Tor geschnittenen Vilser Scharte.

Ausgangspunkt: Grän, großer Parkplatz an der Talstation der Füssener-Jöchle-Bahn, 1205 m, etwas oberhalb/östlich des Ortes, direkte Zufahrt von der Umgehungsstraße (Navi: A-6673 Grän, Füssener-Jöchle-Straße 8).
Bus: Linie 120 Reutte – Oberjoch (ca. alle 60 bis 90 Min.) und Linie 123 Pfronten – Nesselwängle (ca. alle 2 Std.), Haltestelle »Grän Füssener Jöchle Bahn«.
Füssener-Jöchle-Bahn: Betriebszeiten Mitte Mai – Anfang November, 8.45–16.30 Uhr, Tel. +43 5675 6363, lifte-graen.com, Talstation 1205 m, Bergstation 1818 m.
Anforderungen: Alpine Steige ohne Probleme.
Einkehr: Sonnenalm, 1818 m (an der Bergstation); Restaurant an der Talstation.
Variante: Für den Hin- oder Rückweg vom Füssener Jöchle ❷ zur Großen Schlicke ❹ bietet sich diese Nordroute an, die Wanderung wird damit zu einer Rundtour. Achtung: Unterhalb der Vilser Scharte (NW) sehr steile Wegpassagen, z. T. mit Drahtseil versichert. Verwenden wir für den Hinweg die Variante und wandern auf dem Hauptweg zurück, so ergeben sich folgende Tourendaten: etwa 3 Std., 680 Hm Anstieg und Abstieg. Von der Bergstation ❷ bzw. vom Füssener Jöchle steigen wir für die Variante Richtung Osten bergab über Weidehänge und durch ein kleines Tal in einen etwas sumpfigen Boden, etwa 1550 m, und zu einer beschilderten Wegverzweigung, etwa 1530 m. Hier halten wir uns rechts (Süden) und steigen wieder bergan bis unter die Felswände der Kleinen Schlicke. Der Weiterweg führt durch einen schmalen Einschnitt mit einer schrofigen Steilstufe und einer Leiter. Schließlich geht es über schöne Graspolster in die Vilser Scharte ❸. Von hier folgen wir dem beschriebenen Hauptweg.

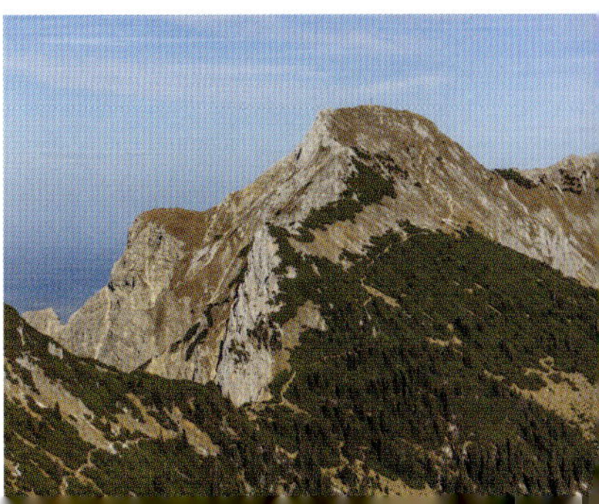

Gipfelaufbau der Großen Schlicke und unten in der Bildmitte die Vilser Scharte.

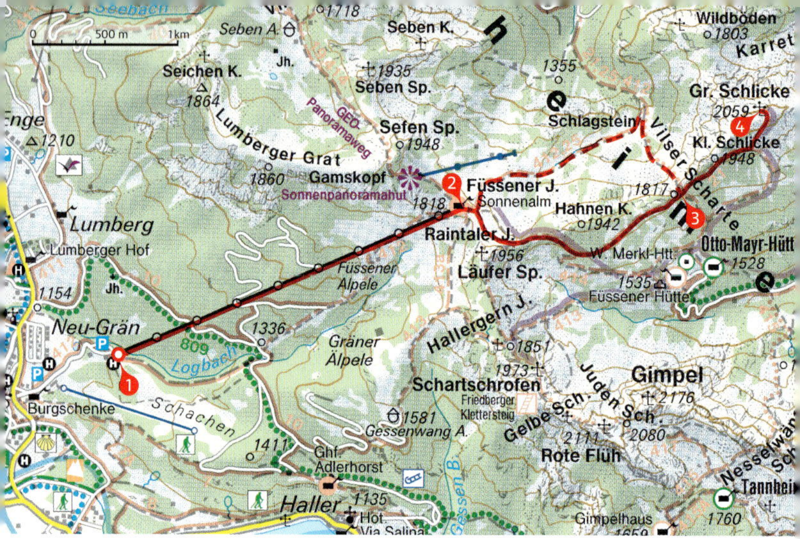

Von der **Talstation** der **Füssener-Jöchle-Bahn** ❶ bei **Grän** geht es zunächst bequem mit der Gondelbahn hinauf zur **Bergstation** ❷, 1818 m, die direkt am Füssener Jöchle liegt. Von hier queren wir auf einem Bergweg durch

Blick vom Füssener Jöchle zur markanten Großen Schlicke mit der abstoßenden Nordwestwand.

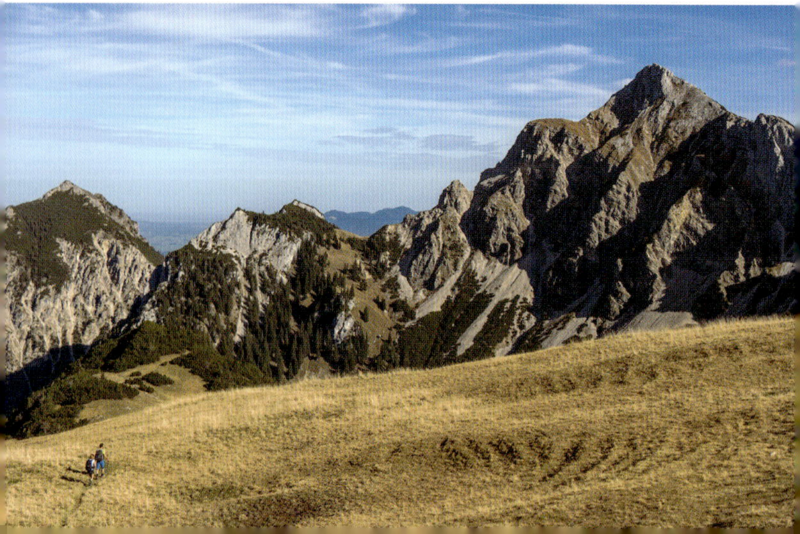

Grasgelände Richtung Südosten (»Schartschrofen, Otto-Mayr-Hütte, 414«) und erreichen bald darauf nach einem kurzen Anstieg das Raintaler Joch, 1840 m, östlich von der Läuferspitze. Hier öffnet sich ein faszinierender Blick auf die wilde und steile Nordwand des Gimpel (2176 m).
Am Joch halten wir uns links (»Große Schlicke, 414«), queren so leicht bergab Richtung Osten und gelangen an eine Wegverzweigung, etwa 1780 m. Hier könnten wir rechts Richtung Raintal und somit zur Otto-Mayr-Hütte absteigen. Wir wandern hier jedoch weiter geradeaus (»Große Schlicke«) und nehmen somit den oberen Steig. Unser eher flacher und damit wenig anstrengender Weg verläuft durch Latschenfelder, quert die Südhänge des Hahnenkopfes und führt schließlich nach einem kurzen Anstieg direkt zur **Vilser Scharte** 3, 1817 m.

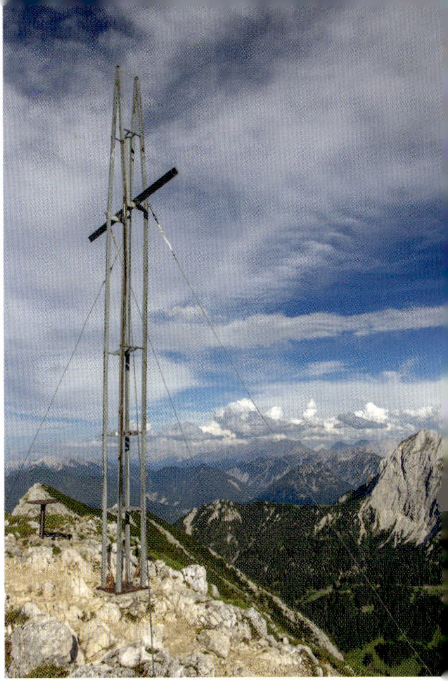

Gipfelkreuz der Großen Schlicke, rechts die felsige Gehrenspitze.

An der Scharte halten wir uns geradeaus (Nordosten, »Große Schlicke«) und bleiben auf der Südseite des Gratverlaufs. Der Weg wird steiler und steiler. Stets etwas unterhalb des Grates gewinnen wir so in den Südhängen rasch an Höhe und gelangen zum eigentlichen Gipfelaufbau. Über einen finalen südseitigen Steilhang erreichen wir schließlich den abgerundeten und mächtigen Gipfel der **Großen Schlicke** 4.
Der Rückweg verläuft auf derselben Strecke.

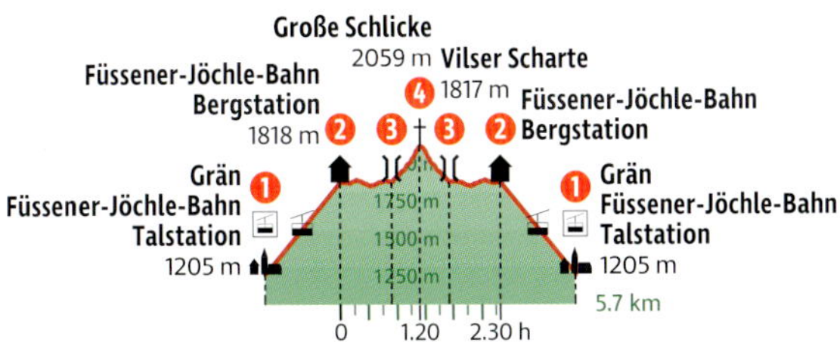

↗ 660 m | ↘ 660 m | 6.4 km

10 Otto-Mayr-Hütte und Schartschrofen, 1973 m

3.15 h

Genussvolle Rundtour im Herzen der Tannheimer Berge

Bei dieser Rundtour wird man mit großartigen Ausblicken geradezu verwöhnt. So kommt man der 500 Meter hohen und sehr beeindruckenden Gimpel-Nordwand ganz nahe. Bei Brotzeit oder Kaffee und Kuchen können wir von der Terrasse der Otto-Mayr-Hütte oder der Füssener Hütte die steilen Felswände in Ruhe bestaunen.

Ausgangspunkt: Grän, großer Parkplatz an der Talstation der Füssener-Jöchle-Bahn, 1205 m, etwas oberhalb/östlich des Ortes, direkte Zufahrt von der Umgehungsstraße (Navi: A-6673 Grän, Füssener-Jöchle-Straße 8).
Bus: Linie 120 Reutte – Oberjoch (ca. alle 60 bis 90 Min.) und Linie 123 Pfronten – Nesselwängle (ca. alle 2 Std.), Haltestelle »Grän Füssener Jöchle Bahn«.
Füssener-Jöchle-Bahn: Betriebszeiten Mitte Mai – Anfang November, 8.45–16.30 Uhr, Tel. +43 5675 6363, lifte-graen.com, Talstation 1205 m, Bergstation 1818 m.
Anforderungen: Mittelschwere Bergwege.
Einkehr/Übernachtung: Sonnenalm, 1818 m (an der Bergstation); Otto-Mayr-Hütte, 1528 m (DAV, ca. 60 Schlafplätze, Tel. +49 160 4592237, ottomayrhuette.com); Füssener Hütte, 1535 m (50 Schlafplätze, Tel. +49 8388 3329867, fuessener-huette.at); Restaurant an der Talstation.

Füssener Hütte, im Hintergrund der Gipfel des Schartschrofen und links davon die Gelbe Scharte.

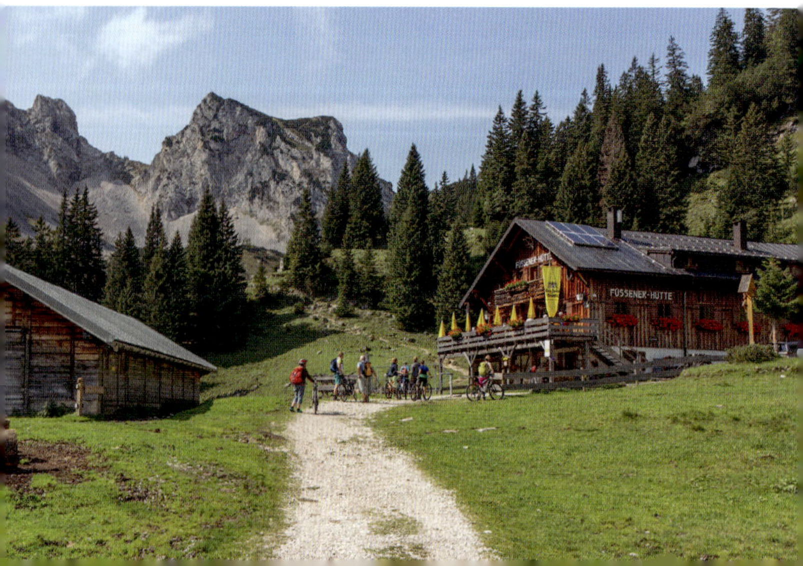

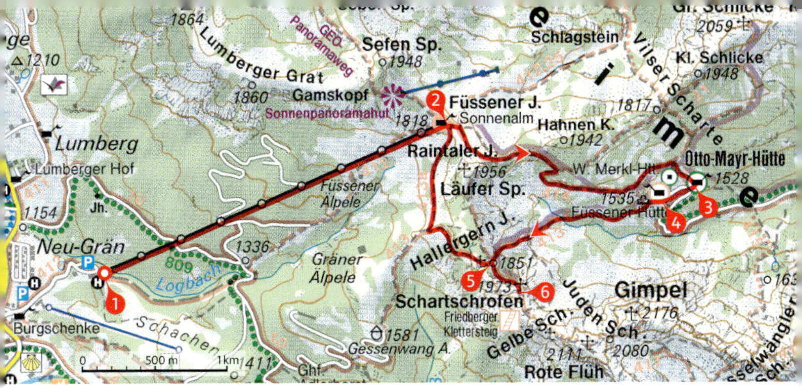

Von der **Talstation** der **Füssener-Jöchle-Bahn** ❶ bei **Grän** geht es zunächst bequem mit der Gondelbahn hinauf zur **Bergstation** ❷, 1818 m, die direkt am Füssener Jöchle liegt. Von hier queren wir auf einem Bergweg durch Grasgelände Richtung Südosten (»Schartschrofen, Otto-Mayr-Hütte, 414«) und erreichen bald darauf nach einem kurzen Anstieg das Raintaler Joch, 1840 m, östlich von der Läuferspitze. Hier öffnet sich ein faszinierender Blick auf die wilde und steile Nordwand des Gimpel (2176 m).

Am Joch halten wir uns links (»Große Schlicke, 414«), queren so leicht bergab Richtung Osten und gelangen an eine Wegverzweigung, etwa 1780 m. Hier geht es scharf rechts und es folgt ein Linksbogen. Nach dem Bogen queren wir leicht abwärts die Hänge im Bergwald Richtung Osten und wandern beim nächsten beschilderten Abzweig, etwa 1670 m, weiter geradeaus. Bei der folgenden Kreuzung, etwa 1600 m, gehen wir ebenfalls geradeaus und steigen schon bald bergab zur **Otto-Mayr-Hütte** ❸.

Von der Hütte nehmen wir den breiten und fast ebenen Weg Richtung Westen zur bereits sichtbaren **Füssener Hütte** ❹, 1535 m. Von der Hütte gehen wir weiter in Richtung Westen und erreichen schon bald eine Gabelung, an der wir uns links halten. Wir erreichen den hinteren

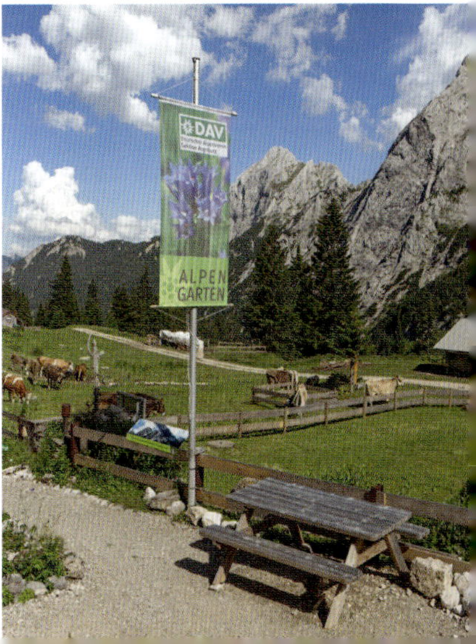

In der Nähe der Otto-Mayr-Hütte liegt der von der DAV Sektion Augsburg angelegte und gepflegte Alpengarten.

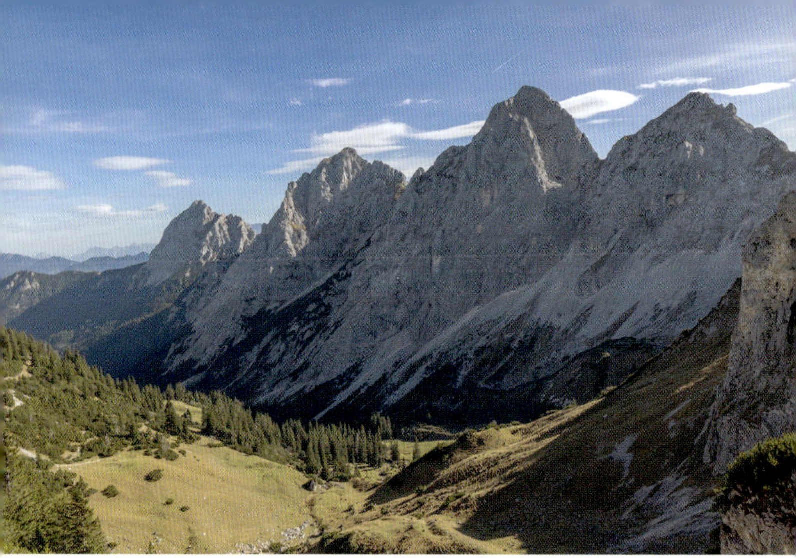

Oben: Raintal und die Nordwände von Gehrenspitz, Köllenspitz, Gimpel und Roter Flüh. Rechts: Viele Wege treffen sich am Füssener Jöchle.

Talboden und steigen geradeaus über mehrere Serpentinen bergauf zum **Hallergehrenjoch** ❺, 1851 m.
Von hier lohnt sich auf jeden Fall der Abstecher zum Schartschrofen. Dazu gehen wir am Joch nach links (Süden) und wandern auf einem Steig ohne Probleme in etwa 15 Min. zum Gipfel des **Schartschrofen** ❻, 1973 m, mit einem herrlichen Panorama. Auf dem bekannten Weg geht es zurück ins **Hallergehrenjoch** ❺.
Wir steigen nach links (Westen) kurz bergab Richtung »Adlerhorst, 413«. Dann folgen eine Querung und ein kurzer Gegenanstieg unterhalb der Läuferspitze und schließlich gelangen wir zurück zur **Bergstation** der **Füssener-Jöchle-Bahn** ❷, 1818 m. Mit der Bahn geht es hinab zur **Talstation** ❶.

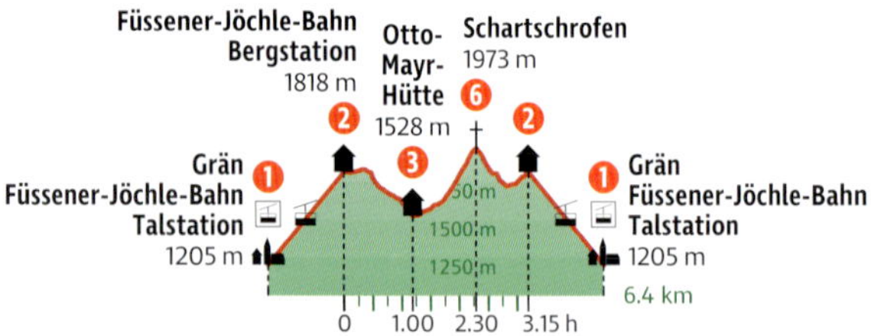

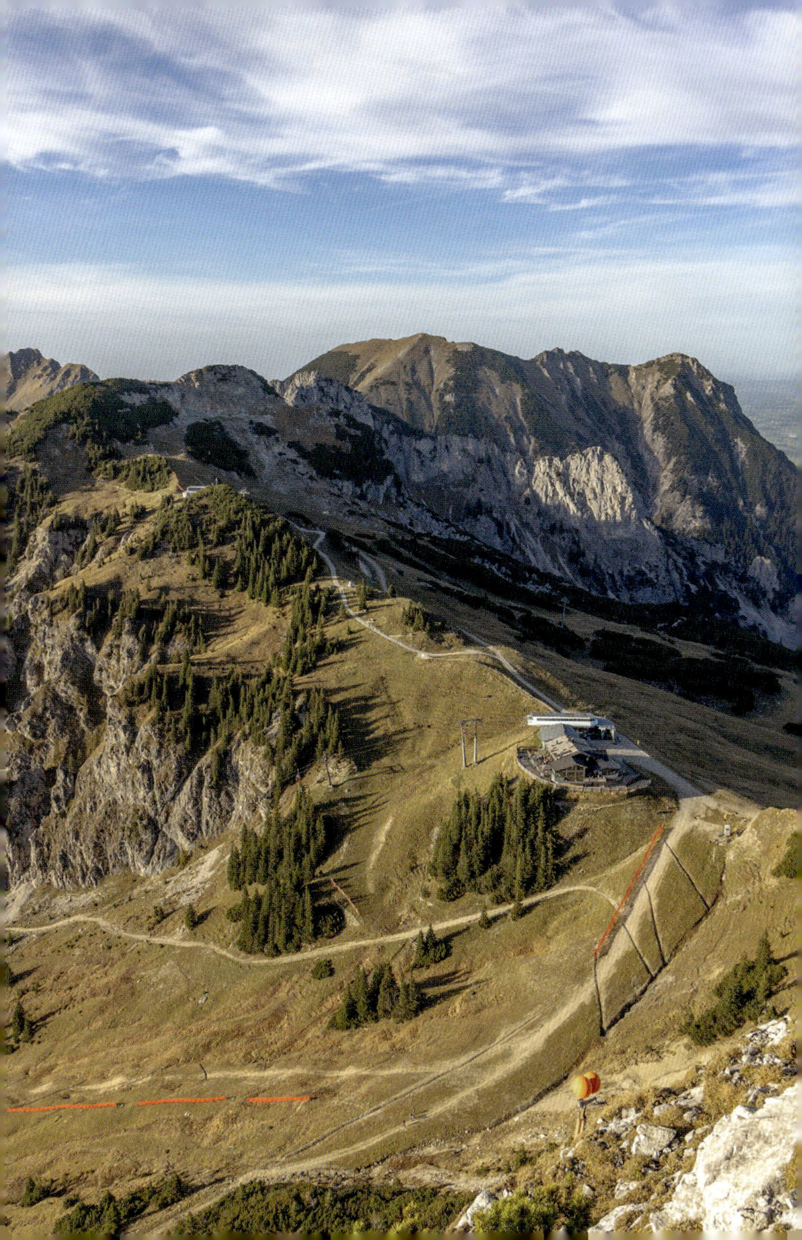

↗ 280 m | ↘ 895 m | 7.8 km

11 Schartschrofen, 1973 m

3.15 h

Reizvolle Gipfel beim Füssener Jöchle

Bevor der Kamm südlich des Füssener Jöchles zu den Tannheimer Hauptgipfeln hinaufzieht, wirft er zwei markante Berge mittlerer Größe auf. Die Läuferspitze und der Schartschrofen lassen sich zu einer netten spritzigen Tour verbinden. Und besonders vom Schartschrofen aus begeistert der Blick: Ganz nahe sind die hohen Wände des Gimpel, 2176 m, und zu Füßen liegt der Haldensee. Kurze, aber anspruchsvolle Kraxelpassagen mit Klettersteigcharakter würzen den Weg bei Überschreitung der Läuferspitze (Variante), die bei der eigentlichen Tour jedoch ostseitig umgangen wird.

Ausgangspunkt: Grän, großer Parkplatz an der Talstation der Füssener-Jöchle-Bahn, 1205 m, etwas oberhalb/östlich des Ortes, direkte Zufahrt von der Umgehungsstraße (Navi: A-6673 Grän, Füssener-Jöchle-Straße 8).
Bus: Linie 120 Reutte – Oberjoch (ca. alle 60 bis 90 Min.) und Linie 123 Pfronten – Nesselwängle (ca. alle 2 Std.), Haltestelle »Grän Füssener Jöchle Bahn«.
Füssener-Jöchle-Bahn: Betriebszeiten Mitte Mai – Anfang November, 8.45–16.30 Uhr, Tel. +43 5675 6363, lifte-graen.com, Talstation 1205 m, Bergstation 1818 m.
Anforderungen: Meist gute Wege, teils matschig und durch Latschen sehr holprig.
Einkehr: Sonnenalm, 1818 m (an der Bergstation); Restaurant Burgschenke; Restaurant an der Talstation.
Variante: Überschreitung der felsigen Läuferspitze anstatt der ostseitigen Umgehung über das Raintaler Joch (ca. 30 Min. und 100 Hm mehr im Auf- und Abstieg und deutlich anspruchsvoller!). Absolute Trittsicherheit und Schwindelfreiheit unbedingt notwendig, steiles und schrofiges Gelande, mehrere kurze, aber ausgesetzte und anspruchsvolle Felspassagen mit Drahtseilversicherung (Klettersteigcharakter A/B, nordseitiger Aufstieg einfacher als südseitiger Abstieg). Von der Bergstation ❷ wandern wir nicht zum Raintaler Joch, sondern steigen über den Nordgrat direkt empor zur Läuferspitze, 1956 m. Am Anfang führt der Weg durch teils sehr schrofiges Gelände mit viel losem Schutt. Vor dem Gipfel sind ein paar felsige Passagen mit Drahtseilversicherungen zu überwinden. Vom Gipfel folgt man dem felsigen Grat wenige Meter Richtung Süden. Dann folgt ein Abstieg über eine senkrechte Felspassage. Diese Schlüsselstelle der Überschreitung ist mit einem Drahtseil und mit Stahlbügeln sehr gut versichert, aber nicht zu unterschätzen. Nach der Schlüsselstelle steigen wir über den Rücken im wieder sehr schrofigen Gelände weiter hinab zur Läuferspitzscharte, wo wir auf die Hauptroute stoßen.

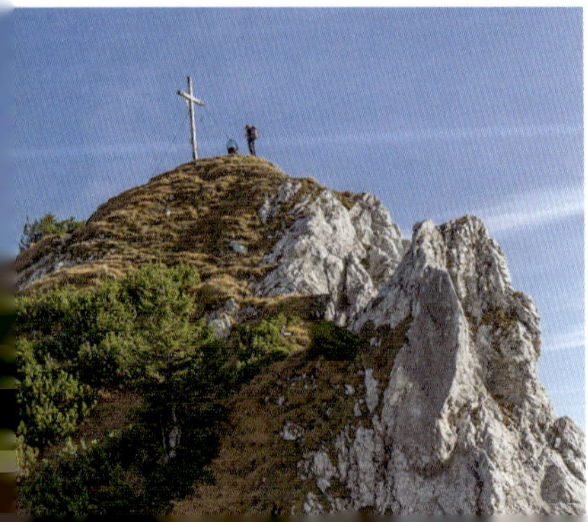

Gipfelaufbau am Schartschrofen.

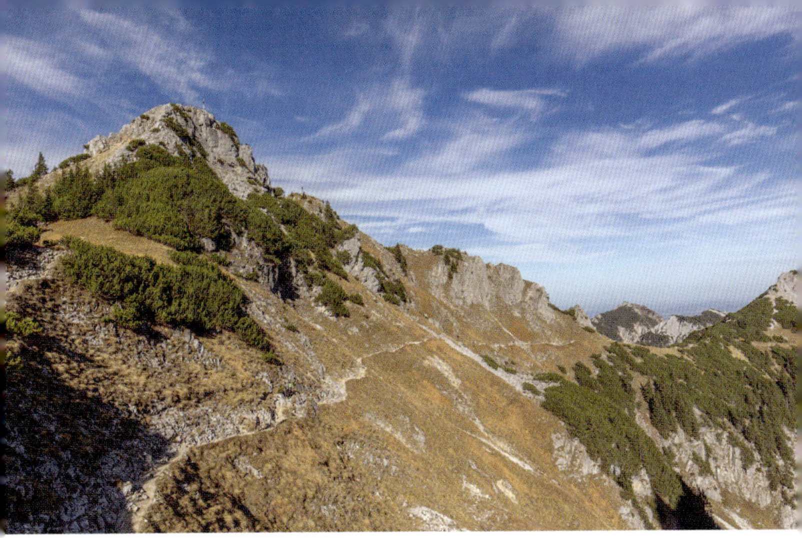

Blick von der Läuferspitzscharte empor zum Gipfelkreuz der Läuferspitze, rechts das Raintaler Joch.

Von der **Talstation** der **Füssener-Jöchle-Bahn** ❶ bei **Grän** geht es zunächst bequem mit der Gondelbahn hinauf zur **Bergstation** ❷, 1818 m, die direkt am Füssener Jöchle liegt. Von hier queren wir auf einem Bergweg durch Grasgelände Richtung Südosten (»Schartschrofen, Otto-Mayr-Hütte, 414«) und erreichen bald darauf nach einem kurzen Anstieg das Raintaler Joch, 1840 m, östlich von der Läuferspitze. Hier öffnet sich ein faszinierender Blick auf die wilde und steile Nordwand des Gimpel (2176 m).

Am Joch halten wir uns rechts (»Schartschrofen«), folgen zunächst dem Rücken bergauf und wandern dann nach links. Wir queren so die steilen Osthänge der Läuferspitze und gelangen in die Läuferspitz-

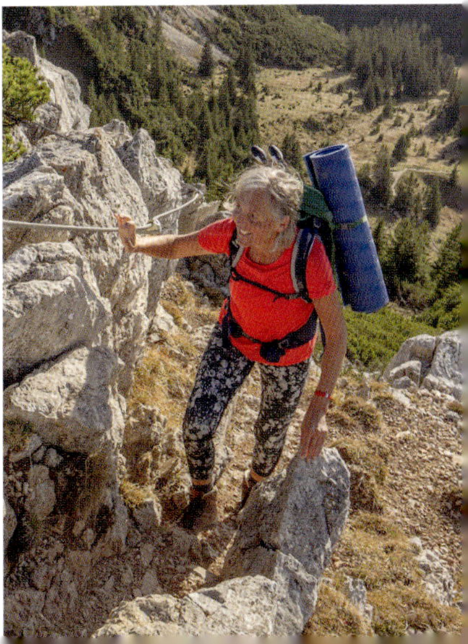

Mit Drahtseil versicherte Wegpassage auf der Südseite der Läuferspitze (Variante).

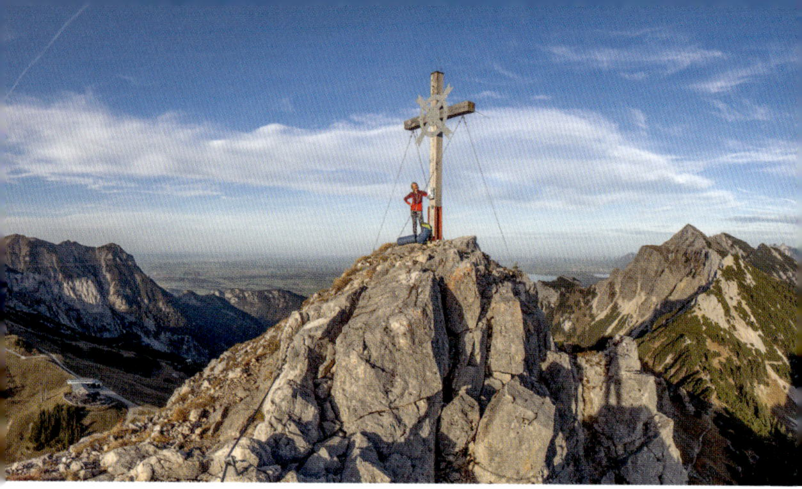

Gipfelkreuz der Läuferspitze, links unten das Füssener Jöchle, rechts die Große Schlicke.

scharte, etwa 1880 m. Hier halten wir uns Richtung Süden (»Schartschrofen«), wechseln so die Gratseite (toller Blick hinab ins Tannheimer Tal) und wandern durch Latschen auf einem wurzligen und zeitweise matschigen Weg zum **Hallergehrenjoch ❸**, 1851 m. Vom Joch erfolgt der kurze, aber lohnende Abstecher zum Schartschrofen. Dazu gehen wir weiter geradeaus und steigen durch eine Latschengasse und über Rasenflecken empor zum aussichtsreichen **Schartschrofen ❹**, 1973 m.

Nach der Gipfelrast geht es auf dem bekannten Weg zurück zum **Hallergehrenjoch ❸**. Vom Joch steigen wir jetzt nach links (»Adlerhorst, 413«) bergab und unser Weg zieht dann über stark gegliederte Hänge Richtung Nordwesten hinab auf eine Rippe im Gelände mit einer Weggabelung, etwa 1730 m. Von hier könnte man in einer knappen halben Stunde zurück zur Bergstation am Füssener Jöchle wandern. Wir halten uns an der Gabelung links (weiter Richtung Westen) und steigen weiter ab über teilweise feuchte Weideflächen zur **Gessenwangalpe ❺**, 1581 m. Von der Alm führt eine

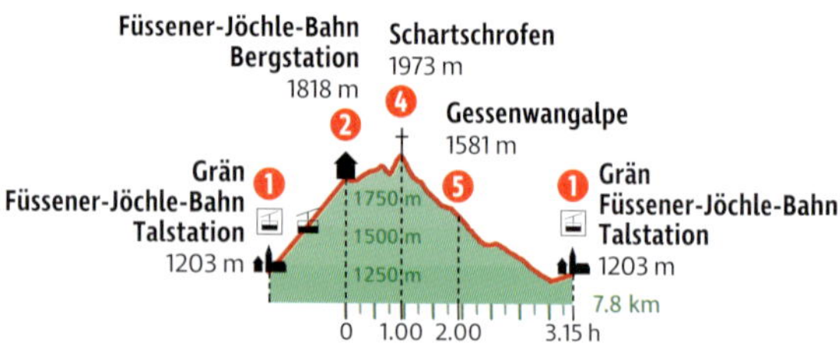

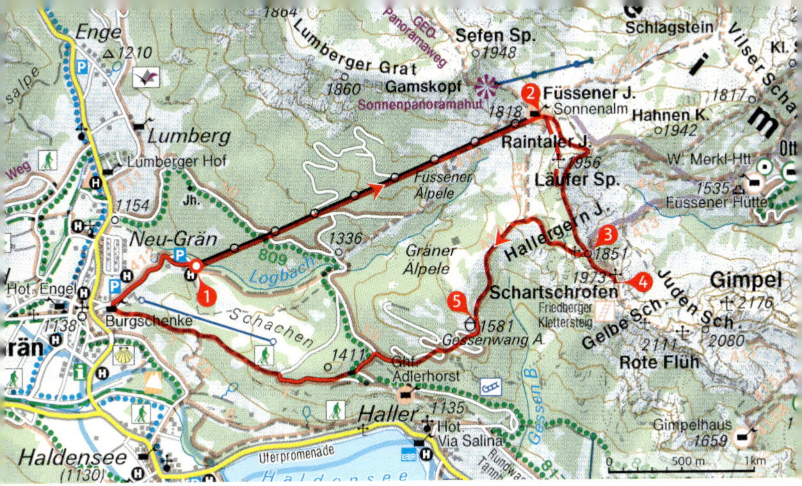

breite Forststraße weiter hinab ins Tal. Wir können diese jedoch immer wieder auf einem Wanderweg abkürzen. Wenige Meter vor einer scharfen Linkskehre (direkt beim Erreichen einer Lichtung) verlassen wir die Forststraße nach rechts, etwa 1380 m, und nehmen einen Wanderweg Richtung Westen über die Lichtung. Auf diesem abwechslungsreichen Wanderweg geht es nun, oft zwischen Bäumen, immer auf oder neben dem Grat zum Schlösschen (Burgschenke) von Grän. Vom Schlösschen laufen wir auf der schmalen Teerstraße bergauf und gelangen so zurück zur **Talstation** der **Füssener-Jöchle-Bahn** ❶.

Beim Abstieg vom Schartschrofen mit Blick Richtung Nordwesten, links hinten der Aggenstein und etwa in Bildmitte die Läuferspitze.

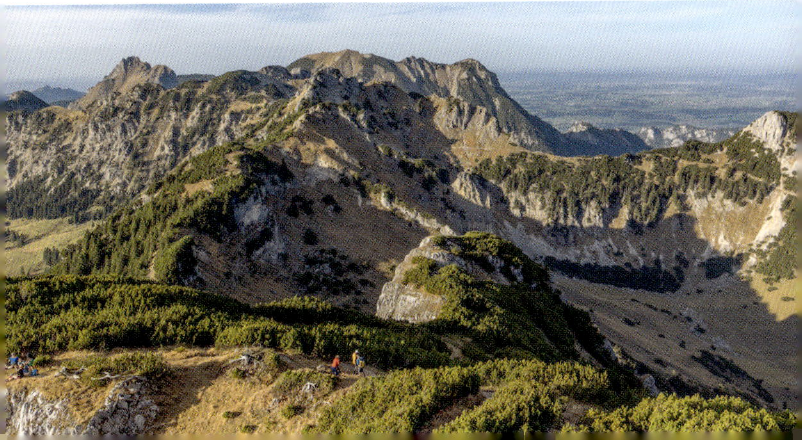

↗ 515 m | ↘ 1195 m | 7.8 km

12 Rote Flüh, 2111 m – Klettersteige

4.15 h

Spannende und sehr abwechslungsreiche Tour für Könner

Die Überschreitung der Roten Flüh – neben der Köllenspitze die spannendste Tour im Bereich des Tannheimer Tales – erfordert Erfahrung am Berg. Der Weg führt immer wieder durch steiles und ausgesetztes Felsgelände, das an den wichtigsten Stellen jedoch gut gesichert ist. Und zum wirklich Anspruchsvollen zählt der Friedberger Klettersteig am Schartschrofen (Variante!). Der Blick auf die hohen Wände des Klettergipfels Gimpel, 2176 m, ist der ständige Begleiter bei dieser Tour.

Ausgangspunkt: Grän, großer Parkplatz an der Talstation der Füssener-Jöchle-Bahn, 1205 m, etwas oberhalb/östlich des Ortes, direkte Zufahrt von der Umgehungsstraße (Navi: A-6673 Grän, Füssener-Jöchle-Straße 8).
Bus: Linie 120 Reutte – Oberjoch (ca. alle 60 bis 90 Min.) und Linie 123 Pfronten – Nesselwängle (ca. alle 2 Std.), Haltestelle »Grän Füssener Jöchle Bahn«.
Füssener-Jöchle-Bahn: Betriebszeiten Mitte Mai – Anfang November, 8.45–16.30 Uhr, Tel. +43 5675 6363, lifte-graen.com, Talstation 1205 m, Bergstation 1818 m.
Endpunkt: Nesselwängle, 1136 m.
Bus: Linie 120 Reutte – Oberjoch (ca. alle 60 bis 90 Min.) und Linie 123 Pfronten – Nesselwängle (ca. alle 2 Std.), Haltestelle »Nesselwängle GH Köllenspitze«, an der Ortsdurchgangsstraße etwa 150 m südöstlich der Kirche. Mehrere Direktverbindungen zurück zum Ausgangspunkt.

Anforderungen: Zwischen Gelber Scharte und Roter Flüh steiles, felsiges Gelände mit Sicherungen (Drahtseil und Stahlbügel), unbedingt alpine Erfahrung erforderlich, leichte Kletterei, Steinschlaggefahr.
Einkehr/Übernachtung: Sonnenalm, 1818 m (an der Bergstation); Gimpelhaus, 1659 m (190 Schlafplätze, Tel. +43 5675 8251, gimpelhaus.at); Tannheimer Hütte, 1713 m (kleiner Umweg, DAV, vorübergehend geschlossen, nach Abriss der alten und Bau einer neuen Hütte Wiedereröffnung Saison 2024 geplant); Restaurant an der Talstation.
Variante: Schartschrofen und Friedberger Klettersteig (Klettersteig nur mit Klettersteigset und nur für Könner; ca. 30 Min. länger als Hauptweg): Vom Hallergehrenjoch ❸ weiter geradeaus zum Schartschrofen aufsteigen, Abstieg über den Friedberger Klettersteig in die Gelbe Scharte ❹.

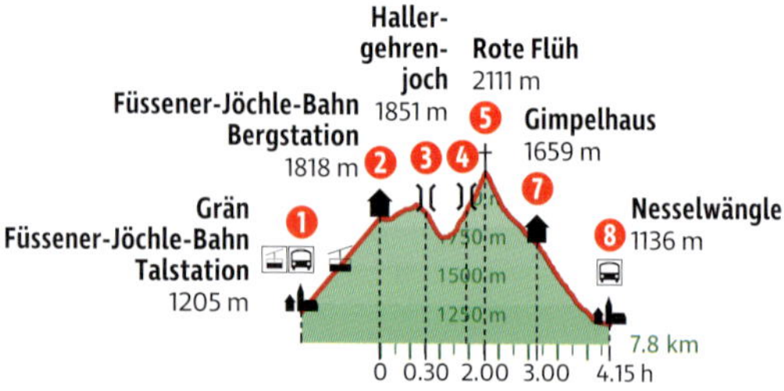

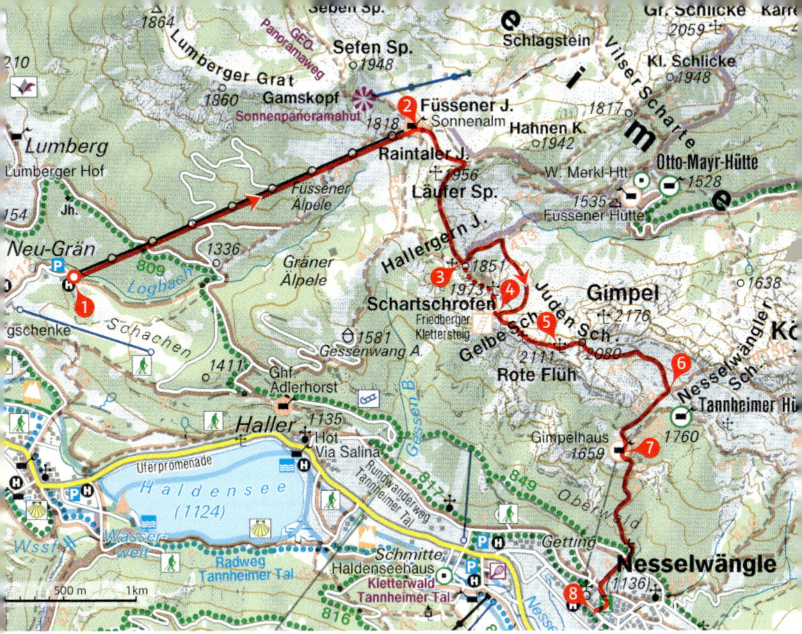

Von der **Talstation** der **Füssener-Jöchle-Bahn** ❶ bei **Grän** geht es zunächst bequem mit der Gondelbahn hinauf zur **Bergstation** ❷, 1818 m, die direkt am Füssener Jöchle liegt. Von hier queren wir auf einem Bergweg durch Grasgelände Richtung Südosten (»Schartschrofen, Otto-Mayr-Hütte, 414«) und erreichen bald darauf nach einem kurzen Anstieg das Raintaler Joch, 1840 m, östlich von der Läuferspitze. Hier öffnet sich ein faszinierender Blick auf die wilde und steile Nordwand des Gimpel.

Blick vom Schartschrofen zum mächtigen Gimpel (links) und zur Roten Flüh (Bildmitte).

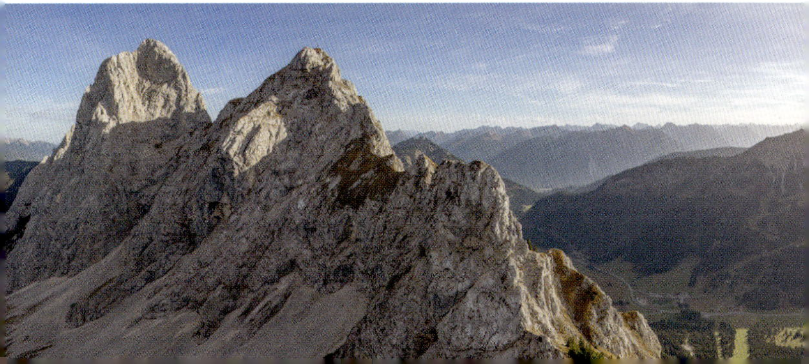

Am Joch wandern wir nach rechts (»Schartschrofen«), folgen zunächst dem Rücken bergauf, halten uns dann links. Wir queren so die steilen Osthänge der Läuferspitze und gelangen in die Läuferspitzscharte, etwa 1880 m. Hier orientieren wir uns nach Süden (»Schartschrofen«), wechseln so die Gratseite (toller Blick hinab ins Tannheimer Tal) und wandern durch Latschen auf einem wurzligen und zeitweise matschigen Weg zum **Hallergehrenjoch** 3, 1851 m.

Am Joch halten wir uns links Richtung »Füssener Hütte, 413« (Variante geradeaus) und steigen nach Osten ein Stück ab bis zu einem Abzweig, etwa 1700 m. Hier gehen wir nach rechts und queren unter den wilden Ostwänden des Schartschrofen hindurch und steigen schließlich steil im etwas brüchigen Gelände empor in die **Gelbe Scharte** 4, 1860 m. Von hier erfolgt der anspruchsvolle Aufstieg zur Roten Flüh. Zunächst geht es im splittrigen Fels über eine erste Stufe, dann rechts um den Gilmenkopf und der Steig führt weiter am Rücken entlang empor. Weiter oben zieht der Steig in die rechte Flanke und es folgen ein paar kurze Kletterstellen, die z. T. mit Drahtseilen und Stahlbügeln versichert sind. Der Weg flacht etwas ab und wir erreichen den Gipfel der **Roten Flüh** 5 mit einem tollen Rundumblick.

Friedberger Klettersteig zwischen dem Gipfel des Schartschrofen und der Gelben Scharte (siehe Variante) mit einem prachtvollen Tiefblick zum Haldensee.

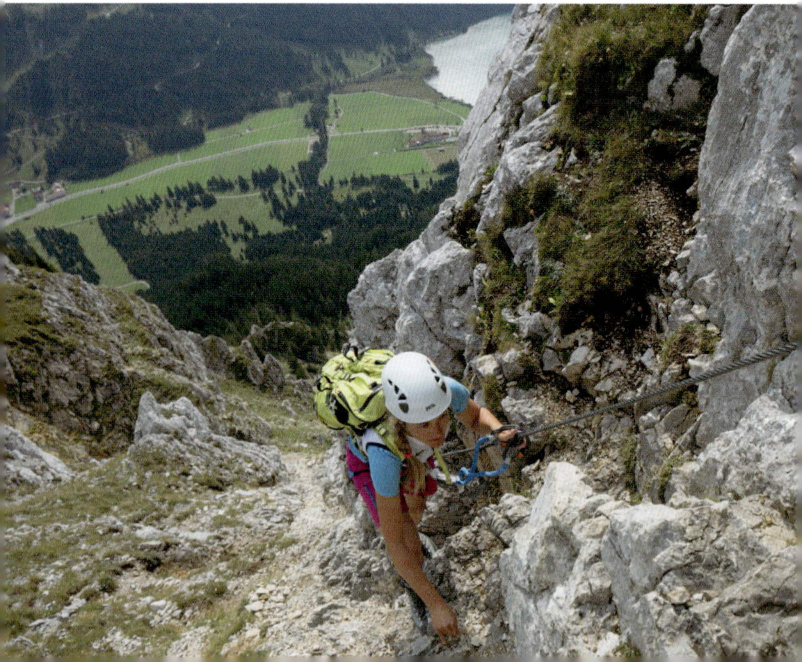

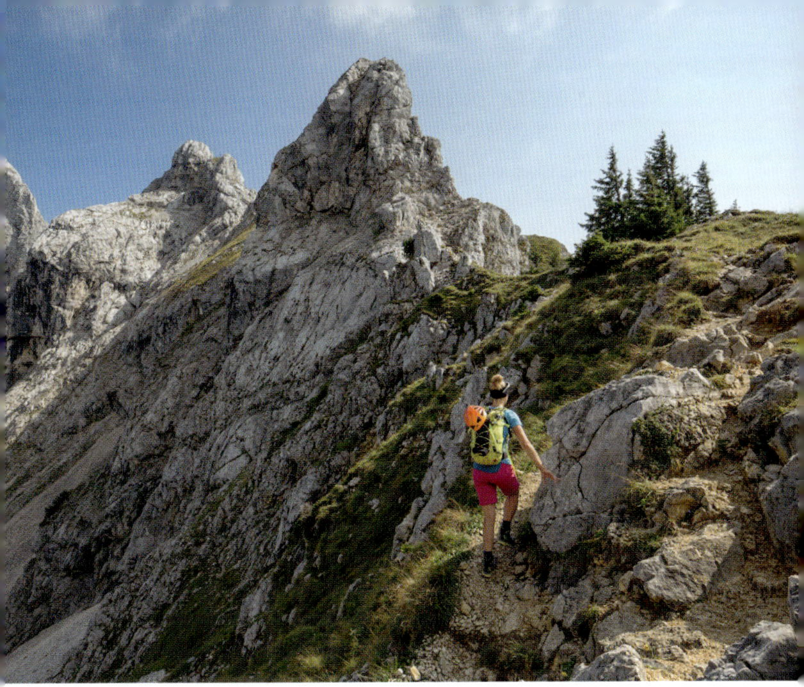

Von der Gelben Scharte geht es weiter in Richtung Rote Flüh.

Vom Gipfel steigen wir Richtung Osten zunächst über Wiesengelände und dann über eine kurze Felspassage mit Drahtseilversicherung ab in die Judenscharte, 1970 m, zwischen Roter Flüh und Gimpel. Durch ein breites Kar zunächst über Serpentinen, dann querend über Schuttfelder steigen wir weiter ab bis zu einem beschilderten **Abzweig** ❻, 1765 m, im Wiesengelände. Hier halten wir uns rechts und wandern auf einem guten Weg leicht bergab zum **Gimpelhaus** ❼, 1659 m. Über den Hüttenzustieg steigen wir Richtung Süden bergab ins Tal. Wir verlieren auf dem steilen Weg schnell an Höhe. Unten mündet der Steig in einen breiten Fahrweg, dem wir jedoch nur gut 100 m bergab folgen, bevor wir scharf links abzweigen. Direkt vor der folgenden Brücke bei der Materialseilbahn der Tannheimer Hütte biegen wir rechts ab und wandern über eine Wiese hinab zur Materialseilbahn des Gimpelhauses mit kleinem Parkplatz. Von hier wandern wir links haltend in den Ortskern von **Nesselwängle** ❽. Die Bushaltestelle »Gasthof Köllenspitze« befindet sich an der Ortsdurchgangsstraße etwas südöstlich der Kirche. Mit dem Bus geht es schließlich zurück nach Grän und zur **Talstation** der **Füssener-Jöchle-Bahn** ❶.

↗ 320 m | ↘ 320 m | 8.1 km

13 Rund um den Haldensee

2.45 h

Gemütlicher Ausflug im Talbereich

Die erste Hälfte der Tour führt von Grän leicht bergauf durch einen herrlichen Bergwald zur Gaststätte Adlerhorst oberhalb des Haldensees. Die Einkehr ist aktuell (Stand Herbst 2023) leider geschlossen. Trotzdem haben wir von hier, 130 Meter oberhalb des Sees, einen völlig freien Blick auf die umliegenden Gipfel. Die zweite Hälfte unserer Wanderung führt um den Haldensee, der das Tal hier in voller Breite ausfüllt. Trotz seiner Höhenlage von immerhin 1124 Metern eignet sich der See in warmen Zeiten auch zum Baden, da das Wasser nicht allzu tief ist und es nur wenige kalte Zuflüsse gibt. Und noch ein Detail, das vielen nicht bewusst wird: Das flache Gelände beim kleinen Ort Schmitte, 1150 m, etwas östlich vom Haldensee, bildet die Wasserscheide zwischen Vils und Lech.

Ausgangspunkt: Grän, Restaurant Burgschänke, 1150 m, am unteren Ende der Straße zur Talstation der Füssener-Jöchle-Bahn, direkte Zufahrt von der Umgehungsstraße (Navi: A-6673 Grän-Haldensee, Füssener Jöchle Straße 1), mehrere kleine Parkplätze am Restaurant.
Bus: Linie 120 Reutte – Oberjoch (ca. alle 60 bis 90 Min.) und Linie 123 Pfronten – Nesselwängle (ca. alle 2 Std.), Haltestelle »Grän Kohlbichl«, ca. 150 m westlich vom Ausgangspunkt.
Anforderungen: Bis zum Adlerhorst gute Wanderwege mit Anstiegen, um den Haldensee bequeme Wanderwege.
Einkehr: Berghütte Adlerhorst, 1350 m (seit 2023 auf unbestimmte Zeit geschlossen); jeweils mehrere Gasthäuser in Haller, Haldensee (kleiner Umweg) und Grän.
Variante: Alternativ kann man die Tour auch an einem der Parkplätze direkt am Westufer des Haldensees starten: am kleinen Parkplatz mit Bushaltestelle »Seeparkplatz« an der Hauptstraße oder am großen Parkplatz beim Strandbad.

Blick vom Seeparkplatz am Nordwestzipfel des Sees Richtung Osten zur Roten Flüh.

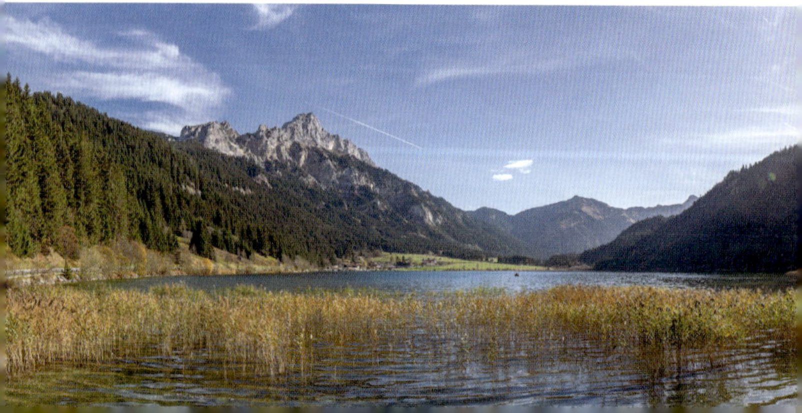

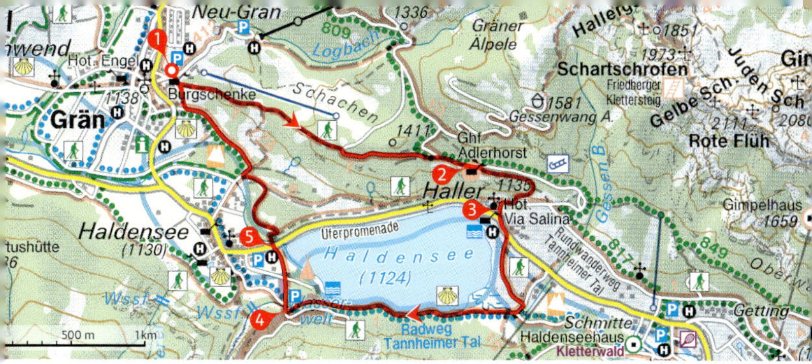

Vom Parkplatz in der Nähe des Restaurants Burgschenke in **Grän** ❶ gehen wir auf einem breiten Fahrweg links am Restaurant vorbei Richtung Süden. Direkt nach dem Restaurant macht der Fahrweg einen Linksknick und führt uns ab jetzt stets in der Nähe des Bergrückens in Richtung Südosten. Schon bald tauchen wir in einen Wald ein. Teilweise im dichten Wald und teilweise über freie Lichtungen wandern wir auf dem Rücken bergauf. Wir treffen auf einen breiten Forstweg, etwa 1340 m, dem wir nach rechts weiter Richtung Osten folgen. Stets geradeaus und vorbei an mehreren Aussichtspunkten hinab zum Haldensee erreichen wir die aktuell unbewirtschaftete Berghütte **Adlerhorst** ❷, 1350 m.

Über einen Steig (oder bequem und etwas weiter) über den breiten Fahrweg steigen wir ab zur kleinen Kapelle an der Hauptstraße in **Haller** ❸, 1135 m. Vorbei am großen Hotel Haldensee folgen wir der Straße ein kurzes Stück in Richtung Osten. Beim Parkplatz nach dem Hotel zweigen wir rechts ab und ein Wirtschaftsweg bringt uns zum Ostufer des Haldensees. Zunächst entlang des Ostufers, dann entlang des Südufers gelangen wir schließlich rechts über eine Brücke zum großen **Strandbad-Parkplatz** ❹, 1130 m, bei der Tauscher's Alm. Wir folgen der asphaltierten Straße am Westufer entlang und erreichen den Nordwestzipfel des Sees, wo sich an der Hauptstraße der kleine **Seeparkplatz** ❺, 1125 m, befindet. Auf einem Zebrastreifen überqueren wir die Hauptstraße. Direkt nach der folgenden Brücke wandern wir nach rechts und steigen im Wald auf einem Wanderweg bergauf (den Abzweig in einer Spitzkehre ignorieren wir). Nach einem kurzen Abstieg halten wir uns an der T-Kreuzung links. Bei der nächsten Gabelung geht es rechts und ein breiter Weg bringt uns über Wiesengelände und vorbei an Häusern zur großen Landesstraße bei Grän. Kurz vor Erreichen der Landesstraße zweigen wir nach rechts ab und wandern über einen Wiesenweg hinauf zum Restaurant Burgschenke in **Grän** ❶.

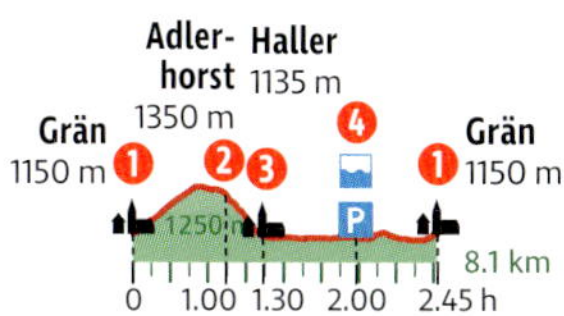

TOP

14 Rote Flüh, 2111 m, über die Judenscharte

↗ 1000 m | ↘ 1000 m | 9.6 km

5.30 h

Beliebte Bergtour hoch über dem Haldensee

Die Rote Flüh ist zwar der kleinste der großen Tannheimer Gipfel, lockt jedoch die meisten Gipfelstürmer an. Es gibt nämlich gleich zwei Aufstiegsrouten von Süden und Westen – interessante, spannende, spritzige Touren. Außerdem setzt sie sich besser in Szene als alle anderen Gipfel, springt mit einer schönen glatten Südwand über zerborstenen, auffallend roten Abbrüchen gegen den Haldensee vor und beherrscht damit das Tal zwischen Nesselwängle und Tannheim. Auf halbem Weg thront auf einem Vorsprung in den Steilhängen das Gimpelhaus, eine einzigartige Aussichtsloge, 500 Meter fast senkrecht über den Häusern im Tal. Und ein besonderer »Service« bei dieser Tour: Man kann die Kletterer am Gimpel-Westgrat, wo vor allem am Wochenende lebhafter Andrang herrscht, aus nächster Nähe bewundern.

Ausgangspunkt: Nesselwängle, Parkplatz (Schild »P Gimpelhaus«) am Neuschwand-Schlepplift, 1140 m, am westlichen Ortsrand direkt (nördlich) an der Umgehungsstraße (Navi: A-6672 Nesselwängle, Nesselwängle 131).
Bus: Linie 120 Reutte – Oberjoch (ca. alle 60 bis 90 Min.) und Linie 123 Pfronten – Nesselwängle (ca. alle 2 Std.), Haltestelle »Nesselwängle West«, ca. 150 m östlich vom Ausgangspunkt.
Anforderungen: Breite Wanderwege, bei Nässe rutschig; an der Judenscharte und am Gipfel Steilgelände; Abschnitt von der Scharte empor mit Drahtseilen und künstlichen Tritten im Fels versehen.
Einkehr/Übernachtung: Gimpelhaus, 1659 m (190 Schlafplätze, Tel. +43 5675 8251, gimpelhaus.at); Tannheimer Hütte, 1713 m (kleiner Umweg, DAV, vorübergehend geschlossen, nach Abriss der alten und Bau einer neuen Hütte Wiedereröffnung Saison 2024 geplant); Restaurant an der Talstation des Krinnenalplifts.

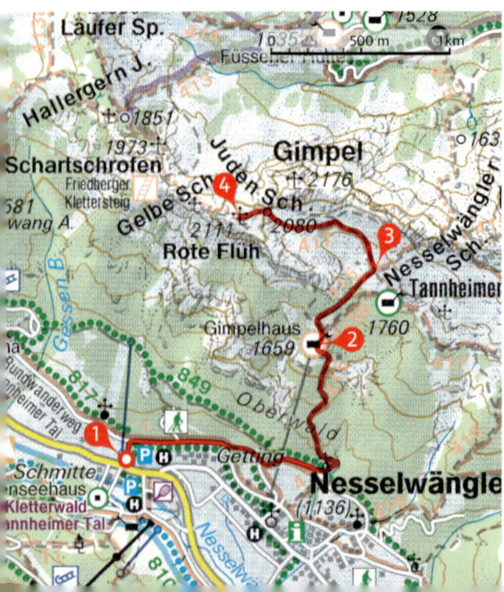

Vom **Parkplatz Gimpelhaus** ❶ westlich von **Nesselwängle** nehmen wir den schmalen, asphaltierten Weg kurz bergauf durch eine Baumgruppe in Richtung Norden. An der gleich folgenden T-Kreuzung halten wir uns rechts und wandern so bequem oberhalb von ein paar Häusern Richtung Osten. Wenige Meter nach einer Bachüberquerung verlassen wir in einer Rechtskurve das Sträßchen und nehmen den Wanderweg (Schilder) links empor in ein Waldstück. Nach dem Waldstück treffen wir auf einen breiten Forstweg, dem wir leicht links haltend

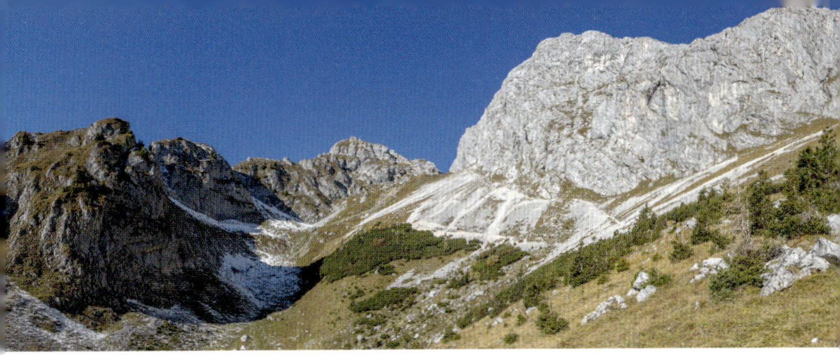

Schon bald nach dem Gimpelhaus öffnet sich der Blick zur Roten Flüh (Bildmitte), zum Gimpel (rechts) und zur Judenscharte dazwischen.

stets bergauf folgen. Am Ende des Forstweges bei einem Bachlauf nehmen wir scharf links einen gut ausgebauten Steig. Wir tauchen ein in den Bergwald und gewinnen rasch an Höhe. Über zahlreiche Serpentinen führt der Steig den Südhang hinauf und belohnt immer wieder mit Aussichtspunkten. Weiter oben wird der Steig felsiger und der Wald immer lichter, schließlich erreichen wir das aussichtsreiche **Gimpelhaus** 2, 1659 m.
Von der Hütte nehmen wir den oberen der beiden Steige (oberhalb einer kleiner Hütte) Richtung Nordosten. Der Weg zieht schräg durch die Hänge unterhalb des Hochwiesler und wir erreichen so einen beschilderten **Abzweig** 3, 1765 m, in einer grünen Hochmulde. Wir halten uns links und wandern Richtung Westen in das beeindruckende Gimpelkar. Die Abzweige nach rechts in den großen Schotterfeldern meiden wir und bleiben auf dem unteren Hauptweg. Schließlich steigen wir über zahlreiche Serpentinen steil empor zur Judenscharte, etwa 1980 m, zwischen Roter Flüh und Gimpel. In der Scharte halten wir uns links und nehmen den finalen Anstieg zum Gipfel in Angriff. Die folgende Felspassage ist mit Drahtseilen und künstlich angelegten Tritten deutlich entschärft. Speziell bei Nässe ist an dieser Stelle trotzdem etwas Vorsicht geboten. Nach dieser Schlüsselstelle flacht der Steig wieder etwas ab und über Wiesengelände erreichen wir das Gipfelkreuz auf der **Roten Flüh** 4. Abstieg auf demselben Weg.

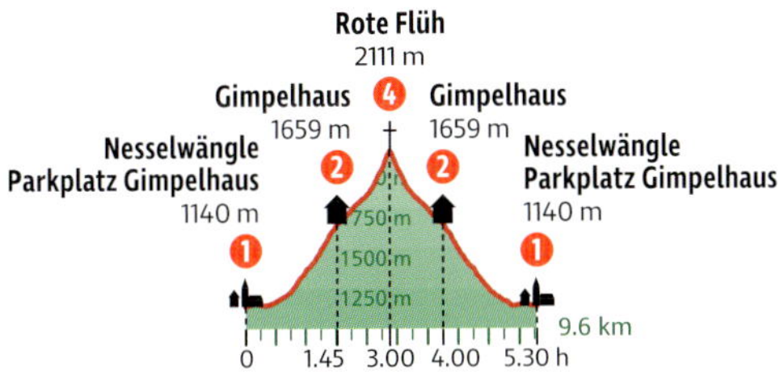

↗ 940 m | ↘ 940 m | 10.5 km

15 Nesselwängler Scharte, 2007 m

5.15 h

Interessante Zyklopenlandschaft und Tannheimer Hauptgipfel

Gämsen, eine üppige Flora und ein wirklich malerisches Labyrinth aus gewaltigen Blöcken und kleinen Felstürmen sind die besonderen Merkmale bei einer Tour zur Nesselwängler Scharte. Viele steigen von dort weiter empor zur Köllenspitze, dem höchsten Gipfel der Tannheimer Berge, einem zerklüfteten Felsmassiv. Doch Vorsicht: Bei diesem Gipfelanstieg im Schrofengelände fühlen sich nur alpin Erfahrene sicher und wohl! Die Köllenspitze ist kein Gipfel für Wanderer!

Ausgangspunkt: Nesselwängle, Parkplatz (Schild »P Gimpelhaus«) am Neuschwand-Schlepplift, 1140 m, am westlichen Ortsrand direkt (nördlich) an der Umgehungsstraße (Navi: A-6672 Nesselwängle, Nesselwängle 131). Bus: Linie 120 Reutte – Oberjoch (ca. alle 60 bis 90 Min.) und Linie 123 Pfronten – Nesselwängle (ca. alle 2 Std.), Haltestelle »Nesselwängle West«, ca. 150 m östlich vom Ausgangspunkt.

Anforderungen: Zum Gimpelhaus breite, zur Scharte schmale, aber gute Bergwege; auf den letzten Metern zur Scharte Steinschlaggefahr, eventuell Helm mitnehmen oder die Rundtour ohne den kurzen Abstecher zur Scharte machen.

Einkehr/Übernachtung: Gimpelhaus, 1659 m (190 Schlafplätze, Tel. +43 5675 8251, gimpelhaus.at); Tannheimer Hütte, 1713 m (kleiner Umweg, DAV, vorübergehend geschlossen, nach Abriss der alten und Bau einer neuen Hütte Wiedereröffnung Saison 2024 geplant); Restaurant an der Talstation des Krinnenalplifts.

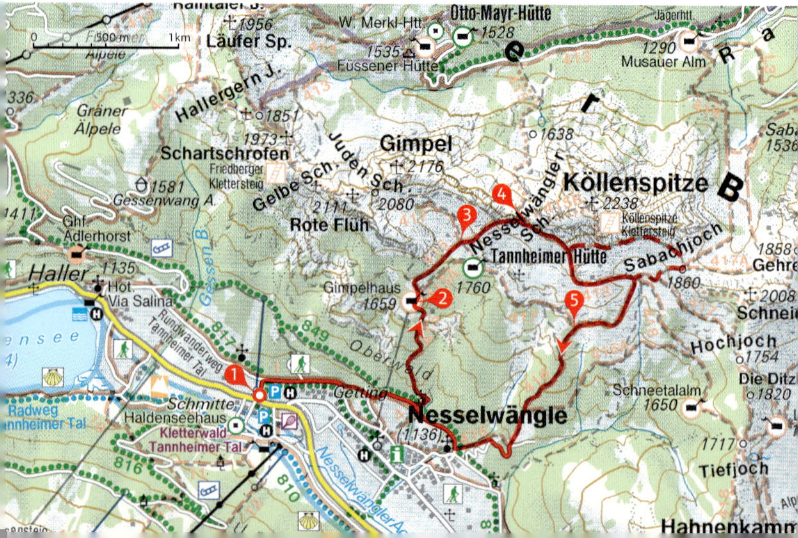

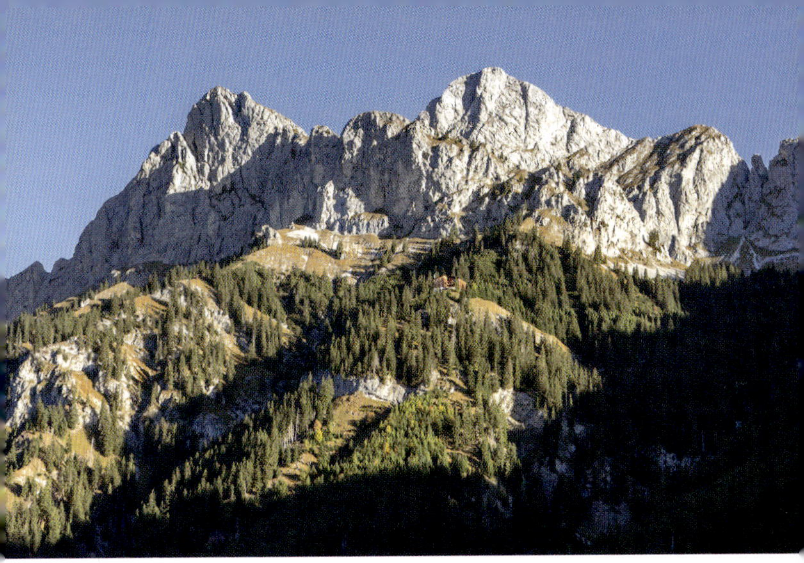

Blick vom Tal empor zum Gimpelhaus (Bildmitte). Dahinter die Südwand der Roten Flüh (links), des Hochwiesler (Mitte) und des Gimpel (rechts).

Vom **Parkplatz Gimpelhaus** ❶ westlich von **Nesselwängle** nehmen wir den schmalen, asphaltierten Weg kurz bergauf durch eine Baumgruppe in Richtung Norden. An der gleich folgenden T-Kreuzung halten wir uns rechts und wandern so bequem oberhalb von ein paar Häusern Richtung Osten. Wenige Meter nach einer Bachüberquerung verlassen wir in einer Rechtskurve das Sträßchen und nehmen den Wanderweg (Schilder) links empor in ein Waldstück. Nach dem Waldstück treffen wir auf einen breiten Forstweg, dem wir leicht links haltend stets bergauf folgen. Am Ende des Forstweges bei einem Bachlauf nehmen wir scharf links einen gut ausgebauten Steig. Wir tauchen ein in den Bergwald und gewinnen rasch an Höhe. Über zahlreiche Serpentinen führt der Steig den Südhang hinauf und belohnt immer wieder mit Aussichtspunkten. Weiter oben wird der Steig felsiger und der Wald immer lichter, schließlich erreichen wir das aussichtsreiche **Gimpelhaus** ❷, 1659 m.

Von der Hütte nehmen wir den oberen der beiden Steige (oberhalb einer kleiner Hütte) Richtung Nordosten. Der Weg zieht schräg durch die Hänge unterhalb des Hochwiesler und wir erreichen so einen beschilderten **Abzweig** ❸, 1765 m, in einer grünen Hochmulde. Hier gehen wir geradeaus in Richtung Nordosten. Der Steig über steile Grashänge bringt uns hinauf zu den Felsen. Oben an den Felswänden angekommen, zieht der Weg nach rechts und wir queren die Hänge unterhalb der Felsen. In einem Schutt-

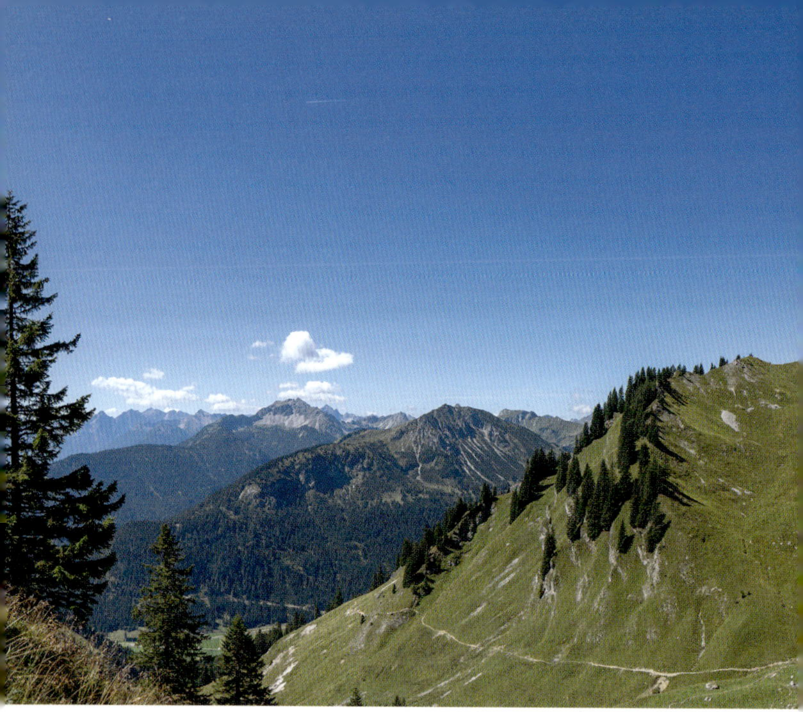

feld gelangen wir an einen Abzweig, knapp 2000 m. Hier halten wir uns links und steigen die letzten Meter durch eine Schuttgasse (Vorsicht Steinschlaggefahr!) zwischen Felsblöcken empor zur **Nesselwängler Scharte** ❹. Geradeaus ginge es steil hinab ins Raintal und nach rechts (Westen) zieht der steile und anspruchsvolle Steig empor zur Köllenspitze.
Wir steigen von der Scharte die wenigen Meter ab zum Abzweig im Schuttfeld und halten uns jetzt hier links Richtung Osten. Unser Weg quert unter-

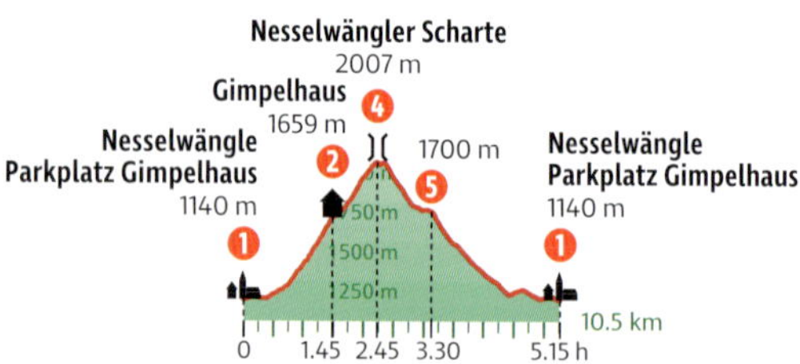

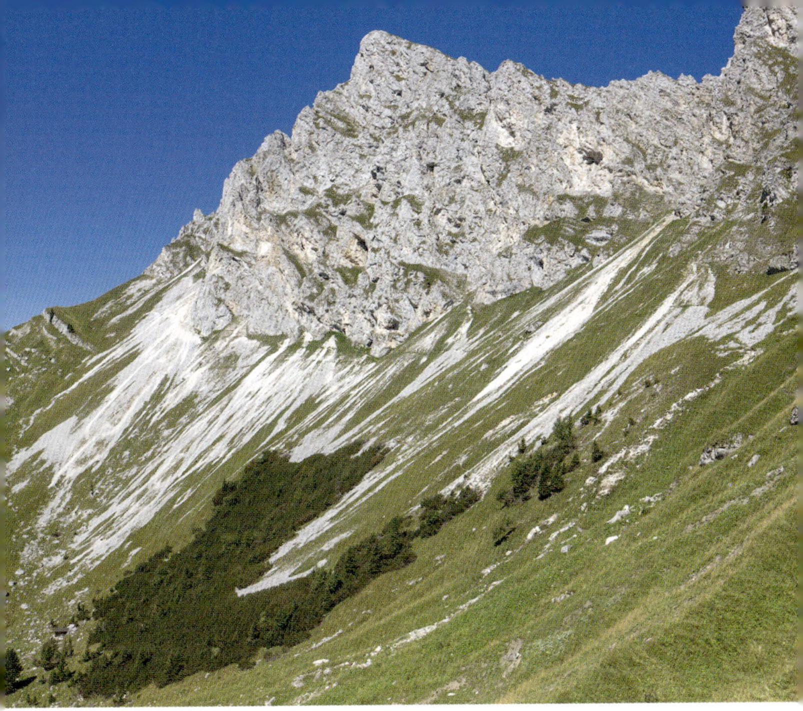

Blick vom Sabachjoch auf die Süd- bzw. Südostflanken der Köllenspitze. Unser Weg führt die Wiesenmulde hinab, die anschließende Hangquerung ist gut zu erkennen.

halb der Südwand der Köllenspitze. Am nächsten Abzweig, etwa 2000 m, biegen wir rechts ab (nicht immer gut erkennbar, kein Schild) und steigen zunächst über eine Grasrippe und dann in einer Wiesenmulde ab zu einem beschilderten Abzweig bei einem Bachlauf unterhalb des Sabachjochs (alternativ am Abzweig auf 2000 m Höhe geradeaus und z. T. über Schuttfelder zum eigentlichen Sabachjoch und von hier Abstieg zum Abzweig beim Bachlauf). Wir wandern hier nach rechts. Es folgt eine längere Hangquerung hinüber zu einem beschilderten **Abzweig** ❺, 1700 m, beim »Bergzigeuner-Hüttchen«.

Von hier erfolgt der lange Abstieg über einen Rücken auf Wanderwegen und z. T. auch auf Forstwegen hinab nach **Nesselwängle**. Unten angekommen halten wir uns rechts, wandern oberhalb der Häuser ein Stück nach Westen und gelangen so auf den Aufstiegsweg zum Gimpelhaus. Auf dem vom Hinweg bekannten Weg geht es schließlich zurück zum **Parkplatz Gimpelhaus** ❶.

↗ 1290 m | ↘ 1290 m | 14.4 km

16 Gehrenspitze, 2164 m

7.15 h

Großartiges, aber sehr anspruchsvolles Ziel

Auch die Gehrenspitze ist einer der ganz großen Gipfel der Tannheimer Berge. Von Westen und Osten zeigt sich der Gipfelaufbau als markante Felspyramide und bildet deshalb auch das Wahrzeichen von Reutte. Nach Norden bricht eine bis zu 500 Meter hohe, sehr eindrucksvolle Wand ab. Durch die ebenfalls recht felsige Südflanke zieht eine Schrofenrinne, die bis zu einer Lücke des Westgrates emporreicht. Durch sie führt der Normalweg auf den Gipfel. Doch Achtung – trotz des auf den meisten Karten rot eingetragenen Steigleins handelt es sich um eine einfache Kletterei in teilweise etwas brüchigen, von Schutt durchsetzten Schrofen. Dort brauchen Gipfelstürmer unbedingt perfekte Trittsicherheit. Kurz vor dem Gipfel sind auch mehrere etwas ausgesetzte Passagen zu meistern. Also nicht unterschätzen! Für den Abstieg lohnt sich der aussichtsreiche Weg über das Gimpelhaus. Dann kann die Tour mit einer verdienten Einkehr abgeschlossen werden.

Ausgangspunkt: Nesselwängle, Parkplatz Schneetalalm, 1110 m, ca. 1 km südöstlich des Ortes an der Umgehungsstraße (Navi: A-6672 Nesselwängle, Parkplatz Ost).
Bus: Linie 120 Reutte – Oberjoch (ca. alle 60 bis 90 Min.) und Linie 123 Pfronten – Nesselwängle (ca. alle 2 Std.), Haltestelle »Nesselwängle Rauth«, ca. 250 m südlich vom Ausgangspunkt.
Anforderungen: Lange Bergtour, die Kondition voraussetzt. Gute Bergwege bis zum Gehrenjoch, die bei Nässe aber rutschig sein können. Danach sehr anspruchsvoller Gipfelaufbau: ausgesetzte Querungen, z. T. etwas brüchige und damit steinschlaggefährdete Südrinne mit anhaltender Kletterei (I), luftigere Kletterei (bis I+) am finalen Gipfelaufbau. Trittsicherheit und Schwindelfreiheit sind absolute Voraussetzung!
Einkehr/Übernachtung: Gimpelhaus, 1659 m (190 Schlafplätze, Tel. +43 5675 8251, gimpelhaus.at); Tannheimer Hütte, 1713 m (DAV, vorübergehend geschlossen, nach Abriss der alten und Bau einer neuen Hütte Wiedereröffnung Saison 2024 geplant).

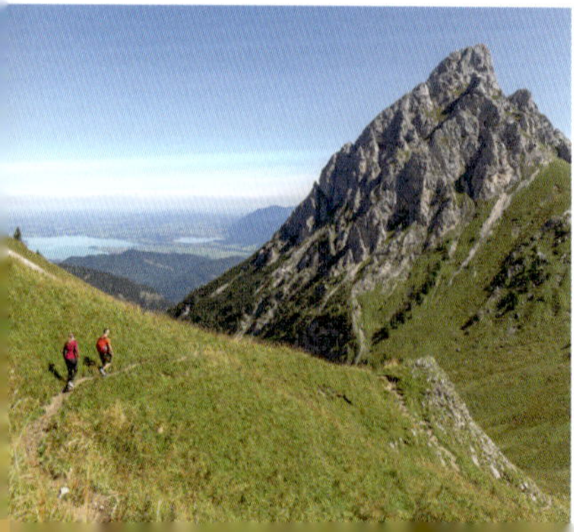

Vom **Parkplatz Schneetalalm** ❶ bei **Nesselwängle** gehen wir über den Warpsbach, halten uns gleich rechts und wandern ein kurzes Stück am Bach entlang zum Waldrand. An der folgenden Gabelung (etwa 5 Min. nach dem Parkplatz) gehen wir leicht rechts in Richtung »Schneetalalm 2 h«. Beim nächsten

Wenige Meter nach dem Sabachjoch mit Blick auf Gehrenspitze und Forggensee.

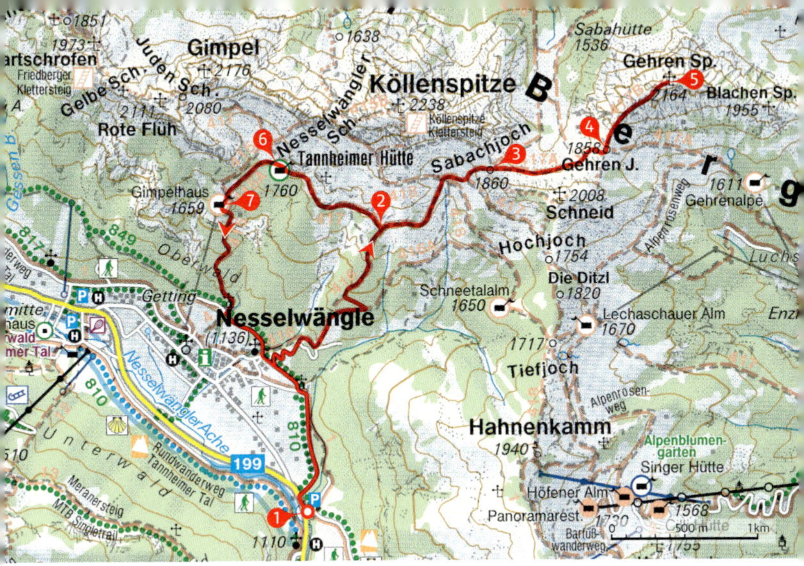

Abzweig, etwa 1180 m, gehen wir links und gleich danach wieder rechts und gelangen so vom Parkplatz auf breiten Forstwegen zum oberen Ortsrand von Nesselwängle. Kurz vor dem »Haus Alpin« (links unten, Schriftzug am Haus) nehmen wir den Fahrweg nach rechts bergauf.

Der Fahrweg zieht über mehrere Schleifen, die z. T. über einen Wanderweg abgekürzt werden können, Richtung Osten empor. Kurz bevor der Fahrweg endet, erreichen wir einen beschilderten Abzweig, etwa 1300 m, bei einem Wiesenstück mit einer Bank. Wir nehmen den gut ausgebauten Wanderweg nach links und steigen über die Wiese in den Bergwald. Über Kehren gewinnen wir an Höhe und der Weg zieht schließlich Richtung Osten.

An einem beschilderten Abzweig, etwa 1445 m, zweigen wir scharf links ab in Richtung »Sabachjoch 1.45« und verlassen somit den Weg zur Schneetalalm. Kurz nach dem Abzweig erreichen wir eine kleine Lichtung mit einer Rastbank, etwa 1500 m, und einem tollen Blick hinab zum Haldensee. Es geht weiter bergauf, und wir kommen an zwei kleinen Hütten, etwa 1630 m, vorbei, die wir rechts liegen lassen. Schließlich erreichen wir auf einem kleinen Rücken den beschilderten **Abzweig** ❷, 1700 m, beim »Bergzigeuner-Hüttchen«. Von hier haben wir einen tollen Blick hinüber zur Schneetalalm.

Wir halten uns rechts Richtung »Sabachjoch 35 min« und queren aussichtsreich in einem Linksbogen zum Südhang der Köllenspitze. Wenige Meter nach einem Bachlauf blicken wir von einem beschilderten Abzweig etwas unterhalb von zwei kleinen Almhütten direkt auf die zahlreichen Kehren,

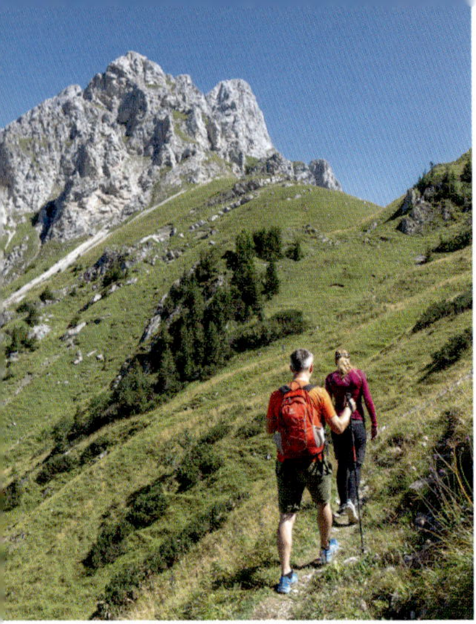

Auf der Querung zwischen Sabachjoch und Gehrenjoch.

die uns empor zum Sabachjoch bringen. Nach dem kurzen, aber steilen Anstieg haben wir vom **Sabachjoch** ❸, 1860 m, das erste Mal einen freien Blick auf den eindrucksvollen Gipfel der Gehrenspitze. Auch unser nächstes Ziel, das Gehrenjoch etwas rechts vom Gipfelaufbau, ist gut zu erkennen. Vom Sabachjoch steigen wir also hinab und halten uns beim nächsten Abzweig rechts. Auf einem schmalen Steig queren wir die Nordflanke der Schneid und steigen empor zum grünen **Gehrenjoch** ❹, 1858 m.

Vom Joch nehmen wir die deutlichen Trittspuren links nach Norden und wandern so über Wiesengelände empor zu den ersten Felsen der Gehrenspitze. Jetzt erfolgt der anspruchsvolle Gipfelanstieg, der sich grob in drei Abschnitte einteilen lässt: Querung zur Rinne, Südrinne und finaler Gipfelaufbau. Auf einem schmalen und zum Teil luftigen Steig queren wir stetig ansteigend die steile Südostflanke der Gehrenspitze. Bereits diese Querung ist mit kurzen Kletterstellen (I) gewürzt. Nach der Querung erreichen wir die markante Südrinne, etwa 2030 m. In der Rinne sind etwas Gespür für den einfachsten Weg, Trittsicherheit und Behutsamkeit wegen des brüchigen Felsens gefragt (Steinschlaggefahr!). Die Rinne wird nach oben hin immer enger und auch steiler. Schließlich verlassen wir die Rinne durch einen engen Felsspalt und stehen damit am Westgrat. Eventuell muss man den Rucksack abschnallen, um durch den Spalt zu gelangen. Wir haben von dieser Stelle einen freien Blick über den Forggensee Richtung Norden und sehen

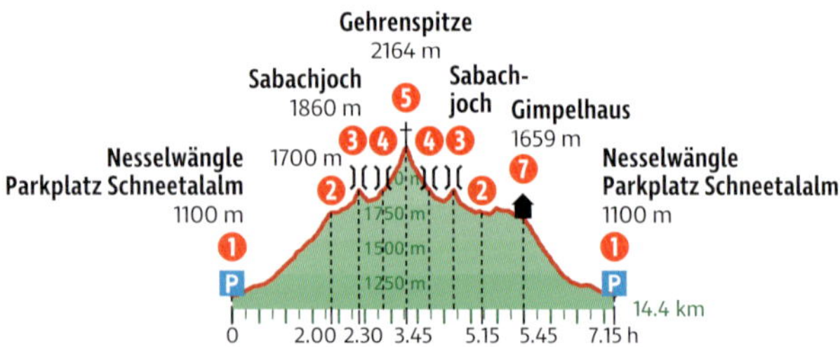

auch bereits das Gipfelkreuz. Wir halten uns rechts, steigen in die felsige Nordwestflanke ein und achten auf Pfadspuren und rote Markierungen, um auf dem einfachsten Weg zu bleiben. Mit kurzen und luftigen Kletterstellen (bis I+) ist dies der anspruchsvollste Abschnitt der Gipfelbesteigung. Schließlich erreichen wir den Gipfelgrat und kraxeln über den Vorgipfel zum Hauptgipfel der **Gehrenspitze** ❺.
Auf dem bekannten Weg gehen wir zurück bis zum **Abzweig** ❷ beim »Bergzigeuner-Hüttchen«. Von hier könnten wir direkt auf dem bekannten Weg ins Tal absteigen. Lohnender ist es jedoch, noch den Umweg über zwei schön gelegene Hütten mitzunehmen. Dazu halten wir uns am Abzweig rechts Richtung »Tannheimer Hütte 20 min«. Der Steig quert die Südhänge unterhalb der Köllenspitze und im angenehmen Auf und Ab erreichen wir die aktuell (Stand 2023) leider geschlossene **Tannheimer Hütte** ❻, 1713 m. Von hier führt ein schöner Steig leicht bergab bis zum **Gimpelhaus** ❼, 1659 m. Nach der verdienten Einkehr steigen wir auf dem sehr gut ausgebauten Hüttenweg hinab ins Tal. Am Ende des Absteigs mündet der Steig in einen Fahrweg. Diesem folgen wir ein paar Meter bergab und am folgenden Abzweig wandern wir scharf links. Der folgende Weg quert oberhalb der Häuser von **Nesselwängle** Richtung Südosten. Bald erreichen wir unseren bekannten Aufstiegsweg, auf dem wir zurück zum **Parkplatz Schneetalalm** ❶ gehen.

Zum Teil ausgesetzte Kletterpassagen erwarten uns am finalen Gipfelaufbau der Gehrenspitze.

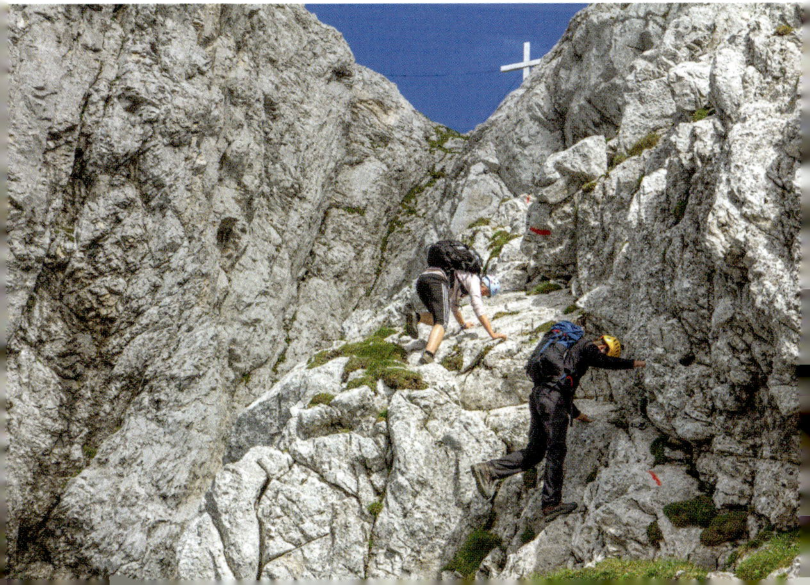

↗ 690 m | ↘ 690 m | 10.2 km

17 Schneetalalm und Hochjoch

4.30 h

Almbesuch mit grandiosem Ausblick und kulinarischen Höhepunkten

Die Schneetalalm liegt auf einer Geländeschulter südlich der mächtigen Kellenspitze. Von der Terrasse genießen wir einen einzigartigen Ausblick über den Haldensee ins Tannheimer Tal. Die beschriebene Wanderung verläuft ausschließlich auf gut erschlossenen Wanderwegen, so stellt die Schneetalalm ein einfaches Ziel dar, das sich auch hervorragend als Familienausflug eignet. Bekannt ist die Schneetalalm auch aufgrund der sehr guten, hausgemachten Köstlichkeiten. In Insiderkreisen wird vom besten Kaiserschmarren im Tannheimer Tal gesprochen.

Ausgangspunkt: Nesselwängle, Parkplatz Schneetalalm, 1110 m, ca. 1 km südöstlich des Ortes an der Umgehungsstraße (Navi: A-6672 Nesselwängle, Parkplatz Ost).
Bus: Linie 120 Reutte – Oberjoch (ca. alle 60 bis 90 Min.) und Linie 123 Pfronten – Nesselwängle (ca. alle 2 Std.), Haltestelle »Nesselwängle Rauth«, ca. 250 m südlich vom Ausgangspunkt.
Anforderungen: Gute Bergwege, bei Nässe z. T. rutschig. Im unteren Bereich breite Forstwege.
Einkehr/Übernachtung: Schneetalalm, 1650 m (Mo Ruhetag, 30 Schlafplätze, Tel. +43 676 9604415, schneetalalm.com).

Vom **Parkplatz Schneetalalm** ❶ bei **Nesselwängle** gehen wir über den Warpsbach, halten uns gleich rechts und wandern ein kurzes Stück am Bach entlang zum Waldrand. An der folgenden Gabelung (etwa 5 Min. nach dem Parkplatz) gehen wir leicht rechts in Richtung »Schneetalalm 2 h«. Beim nächsten Abzweig, etwa 1180 m, gehen wir links und gleich danach wieder rechts und gelangen so vom Parkplatz auf breiten Forstwegen zum

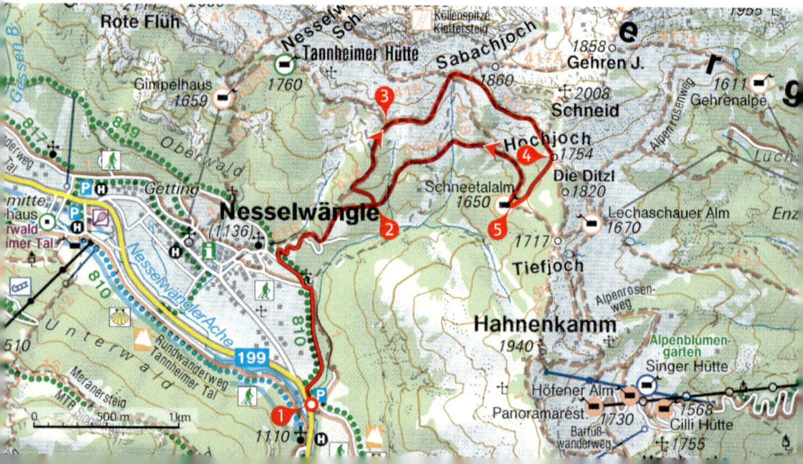

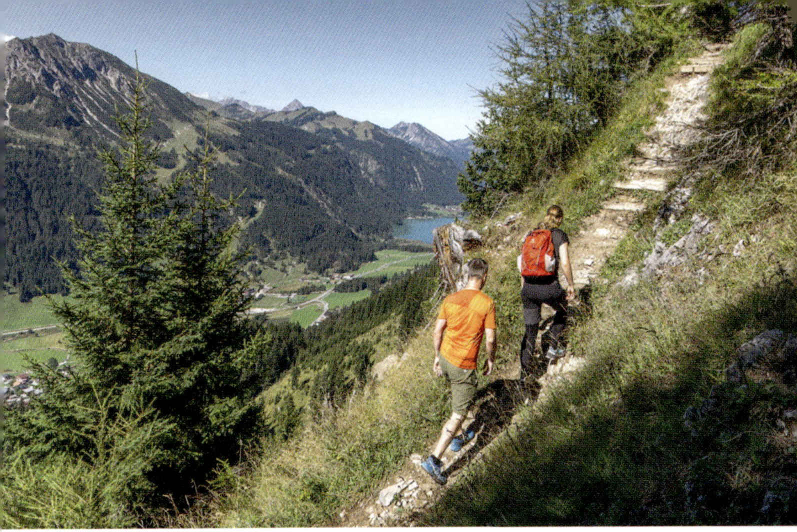

In den Südwesthängen am Anfang der Tour gewinnen wir schnell an Höhe und haben immer wieder einen prachtvollen Blick hinab ins Tal.

oberen Ortsrand von Nesselwängle. Kurz vor dem »Haus Alpin« (links unten, Schriftzug am Haus) nehmen wir den Fahrweg nach rechts bergauf.
Der Fahrweg zieht über mehrere Schleifen, die z. T. über einen Wanderweg abgekürzt werden können, Richtung Osten empor. Kurz bevor der Fahrweg endet, erreichen wir einen beschilderten Abzweig, etwa 1300 m, bei einem Wiesenstück mit einer Bank. Wir nehmen den gut ausgebauten Wanderweg nach links und steigen über die Wiese in den Bergwald. Über Kehren gewinnen wir an Höhe und der Weg zieht schließlich Richtung Osten.
An einem beschilderten **Abzweig** ❷, 1445 m, zweigen wir scharf links ab in Richtung »Sabachjoch 1.45« und verlassen somit den Weg zur Schneetalalm. Kurz nach dem Abzweig erreichen wir eine kleine Lichtung mit einer Rastbank, etwa 1500 m, und einem tollen Blick hinab zum Haldensee. Es geht weiter bergauf, und wir kommen an zwei kleinen Hütten, etwa

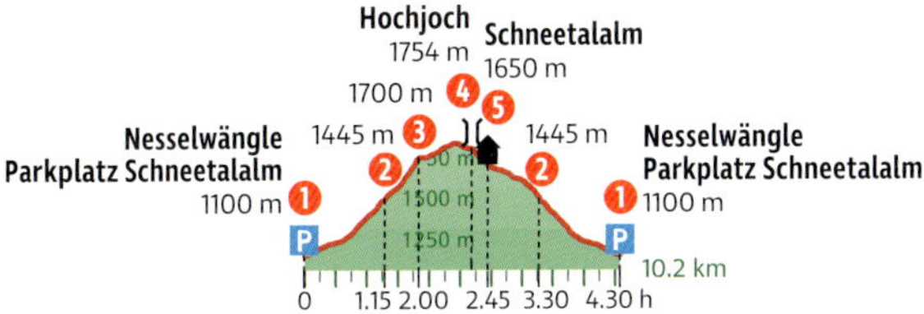

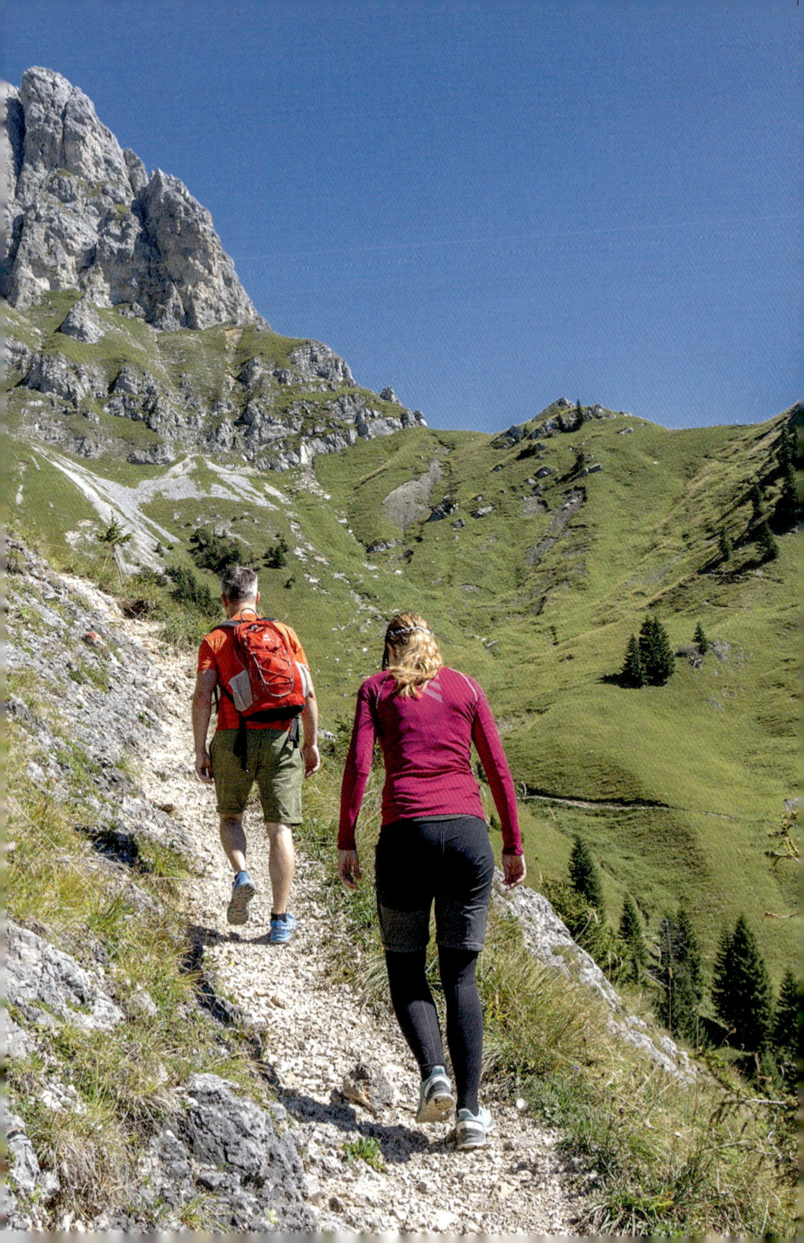

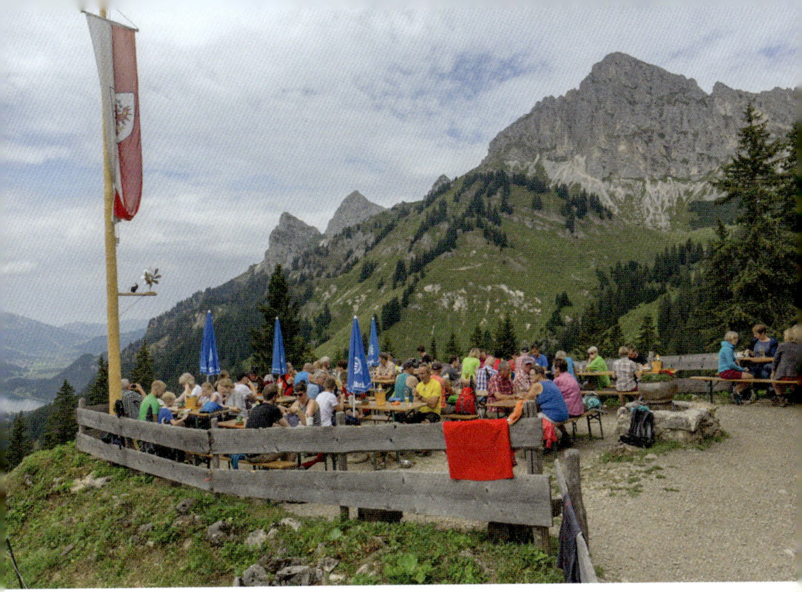

Links: Aufstieg in Richtung Sabachjoch.
Oben: Terrasse der Schneetalalm mit Blick auf Rote Flüh (links), Gimpel und Köllenspitze.

1630 m, vorbei, die wir rechts liegen lassen. Schließlich erreichen wir auf einem kleinen Rücken den beschilderten **Abzweig 3**, 1700 m, beim »Bergzigeuner-Hüttchen«. Von hier haben wir einen tollen Blick hinüber zur Schneetalalm.

Wir halten uns rechts Richtung »Sabachjoch 35 min« und queren aussichtsreich in einem Linksbogen zum Südhang der Köllenspitze. Etwas unterhalb von zwei kleinen Almhütten überqueren wir einen Bachlauf. Direkt nach dem Bach gehen wir an der Gabelung links und steigen noch ein paar Meter über Wiesengelände auf zu einem weiteren beschilderten Abzweig unterhalb des Sabachjochs. Links ginge es steil empor zum Joch, wir wandern geradeaus und queren so aussichtsreich die Südwesthänge der Schneid. Die Querung bringt uns direkt in das **Hochjoch 4**, 1754 m. Am grasigen Joch halten wir uns rechts und steigen ab zur nahen **Schneetalalm 5**, 1650 m.

Nach der Einkehr steigen wir von der Alm Richtung Norden ab. Wir queren erneut die Hänge unterhalb der Schneid. Bei einer Gabelung bei einer Baumgruppe wandern wir nach links und steigen weiter querend ab. In einem weiten Linksbogen kommen wir hinüber auf die andere Talseite und schließlich zum bekannten **Abzweig 2**. Hier gehen wir geradeaus und gelangen auf dem Aufstiegsweg zurück zum **Parkplatz Schneetalalm 1**.

↗ 1050 m | ↘ 1050 m | 12.6 km

18 Gaichtspitze, 1988 m, Hahnenkamm

6.30 h

Der Vorposten über dem mittleren Lechtal

Als schöne Felspyramide füllt die Gaichtspitze den Talhintergrund, wenn wir von Westen über den Haldensee blicken. Von der Gaichtpassstraße führt ein kleiner Steig zum Gipfel – eine stille Tour mit freiem Blick nach Süden und Westen. Nach Norden bricht die Gaichtspitze mit einer steilen Wand ab. Ein solides Seil in einer Rinne ermöglicht dort den Abstieg. Ängstliche können auch auf der Anstiegsroute zurückkehren. Nach dieser Schlüsselstelle geht es auf manchmal matschigen Steigen – im Verhältnis wieder bequem – weiter.

Ausgangspunkt: Nesselwängle, Parkplatz Schneetalalm, 1110 m, ca. 1 km südöstlich des Ortes an der Umgehungsstraße (Navi: A-6672 Nesselwängle, Parkplatz Ost).
Bus: Linie 120 Reutte – Oberjoch (ca. alle 60 bis 90 Min.) und Linie 123 Pfronten – Nesselwängle (ca. alle 2 Std.), Haltestelle »Nesselwängle Rauth«, ca. 250 m südlich vom Ausgangspunkt.
Anforderungen: Stille, teilweise steile Bergwege. Beim Abstieg vom Gipfel der Gaichtspitze befindet sich eine anspruchsvolle Felsstufe mit Seilsicherung.
Einkehr/Übernachtung: Schneetalalm, 1650 m (Mo Ruhetag, 30 Schlafplätze, Tel. +43 676 9604415, schneetalalm.com).

Vom **Parkplatz Schneetalalm** ❶ bei **Nesselwängle** folgen wir der Beschilderung nach »Gaicht«. Der bequeme Weg verläuft in Richtung Süden und in etwa 30 Minuten erreichen wir die kleine Ortschaft **Gaicht**. Wir laufen geradeaus durch den Ort, lassen im Ort links eine Kapelle ❷, 1117 m, liegen und halten uns am Abzweig nach den Häusern leicht links. Auf dem breiten Weg (etwa 300 m nach Gaicht) gelangen wir an eine kleine Kapelle, 1120 m. Hier verlassen wir den breiten Weg nach links und nehmen den Wanderweg Richtung Osten. Es beginnt der Aufstieg. Zunächst gewinnen wir im Bergwald an Höhe, weiter oben verläuft der Weg über freie Flächen. Schließlich erreichen wir die sanften Südhänge des Berges. Über Wiesengelände und durch Latschen steigen wir auf zum Gipfel der **Gaichtspitze** ❸.

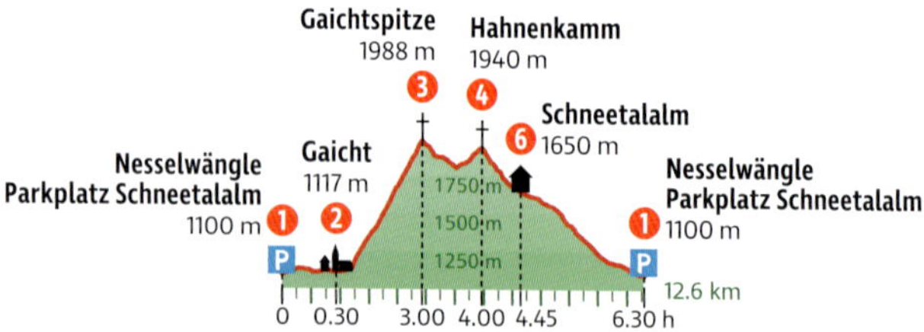

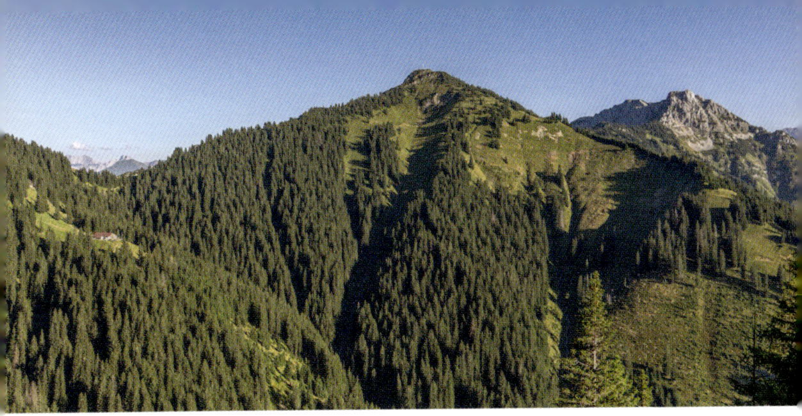

In Bildmitte der Hahnenkamm und rechts hinten die felsige Gaichtspitze.

Vom Gipfel steigen wir wenige Meter nach Südosten ab und erreichen eine Lücke. Auf der anderen Seite (Norden) geht es durch eine sehr steile Rinne (teilweise versichert) hinab. Nach der Felsstufe geht es über eine Schutthalde zu den Weideflächen. Teilweise rechts vom Rücken und teilweise auf dem Rücken wandern wir weiter Richtung Norden, lassen rechts unter uns die Liftstation liegen und steigen wieder auf zum **Hahnenkamm ❹**, 1940 m (kleiner Abstecher nach rechts).

Von hier folgen wir dem Gratverlauf weiter Richtung Norden und steigen so ab ins **Tiefjoch ❺**, 1717 m. Wir nehmen den bequemen Weg nach links und erreichen so in Kürze die bewirtschaftete und schön gelegene **Schneetalalm ❻**, 1650 m. Von der Alm queren wir zunächst in einem weiten Linksbogen hinüber auf die andere Talseite. Von hier geht es auf einem guten und beschilderten Weg schräg Richtung Südwesten hinab in Richtung Nesselwängle. Kurz vor den ersten Häusern halten wir uns links und wandern so auf einem breiten Weg zurück zum **Parkplatz Schneetalalm ❶**.

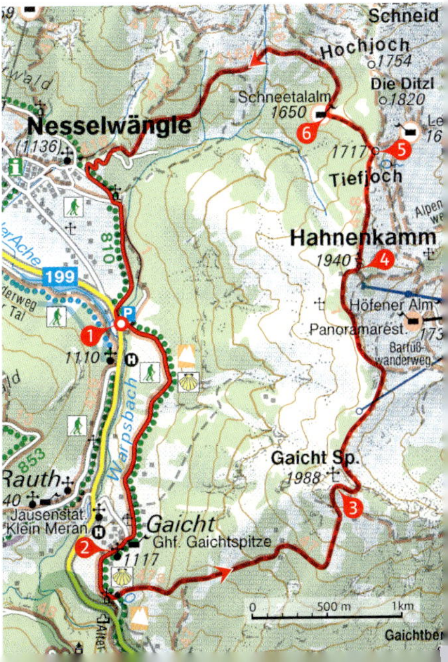

↗ 1300 m | ↘ 1300 m | 18.3 km

19 Leilachspitze, 2274 m, durchs Birkental

8.00 h

Außergewöhnliche Tour zum höchsten Gipfel der Region

Wem ist schon bewusst, dass weder das Rauhhorn noch die Köllenspitze und schon gar nicht die Rote Flüh die Hauptgipfel der Region sind, sondern die gegen das Lechtal vorgeschobene Leilachspitze, die mit ihren 2274 Metern ihre »Konkurrenz« um mindestens 25 Meter überragt? Der übliche Aufstieg aus dem Gebiet der Landsberger Hütte erfolgt vom Vilsalpsee aus. Individualisten mit Trittsicherheit, alpiner Erfahrung und einiger Ausdauer werden jedoch diese Route durch die noch ganz unberührte Bergwelt des Birkentals bevorzugen.

Ausgangspunkt: Rauth, 1140 m, kleiner Wanderparkplatz im Ort auf der linken Straßenseite; ca. 1,5 km südlich von Nesselwängle bei einer Kapelle die B199 verlassen und weitere 1,5 km auf schmaler Straße nach Rauth (Navi: A-6672 Nesselwängle, Rauth 18).
Bus: Linie 120 Reutte – Oberjoch (ca. alle 60 bis 90 Min.) und Linie 123 Pfronten – Nesselwängle (ca. alle 2 Std.), Haltestelle »Nesselwängle Rauth«, ca. 1,5 km auf schmaler Teerstraße bergan zum Ausgangspunkt.

Anforderungen: Meist nur bescheidene Steige, unter dem Grat sehr steil und abschüssig. Trittsicherheit, Orientierungsvermögen und gutes Wetter erforderlich.

Einkehr: Keine unterwegs; Jausenstation in Rauth (Do und Fr Ruhetage).

Wenige Meter hinter Rauth tauchen wir ein in das lange und einsame Birkental.

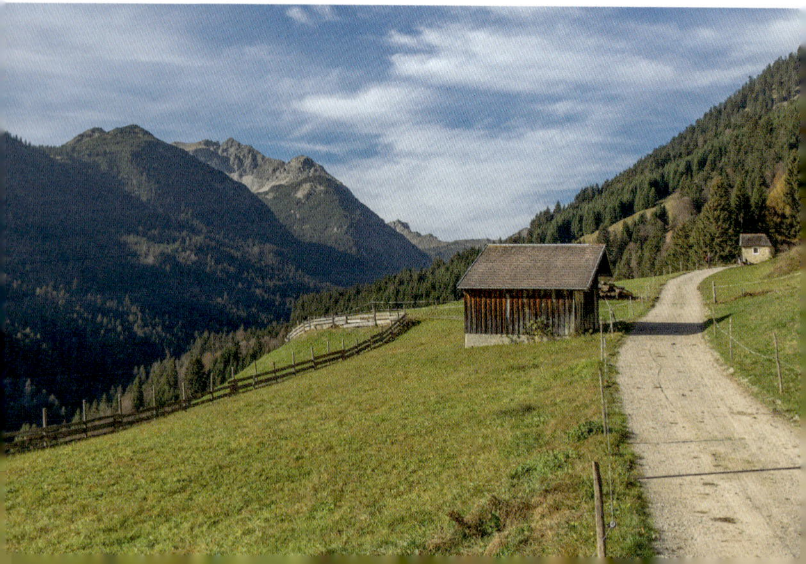

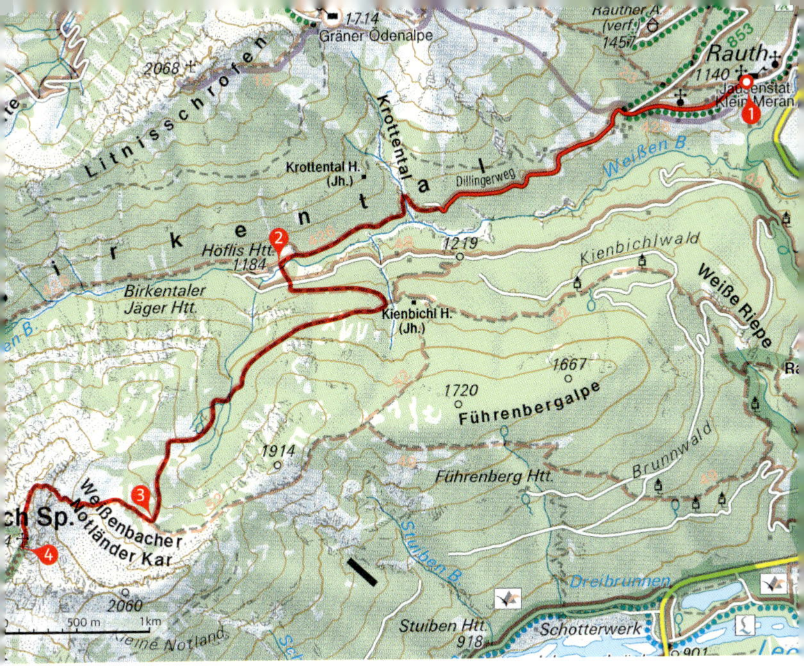

Von **Rauth** ❶ wandern wir auf dem breiten Fahrweg in Richtung Westen ins Birkental. Am Anfang geht es leicht bergauf, bei einer Verzweigung geradeaus. Wir überqueren gleich einen Bach in einer Linkskurve und wandern leicht bergab. Einen Abzweig nach rechts und später nach links ignorieren wir. Kurz vor dem Einschnitt des Krottentals geht unser Forstweg in einen Wanderweg über. Wir queren den Tobel und dringen danach durch Bergwald weiter in das innere Birkental ein. Direkt vor der **Höflishütte** ❷, 1184 m, zweigen wir nach links ab und überqueren den Weißenbach. Wir

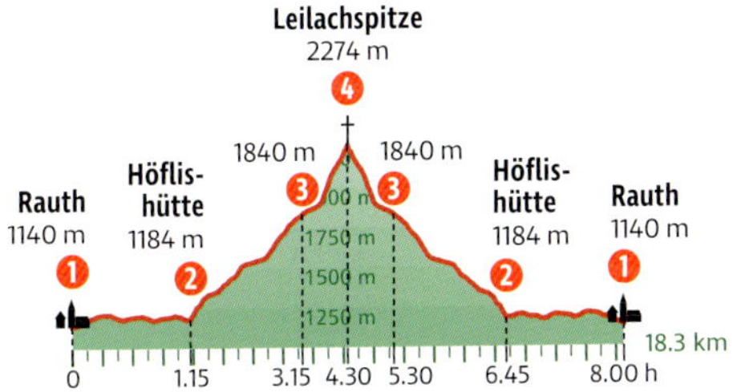

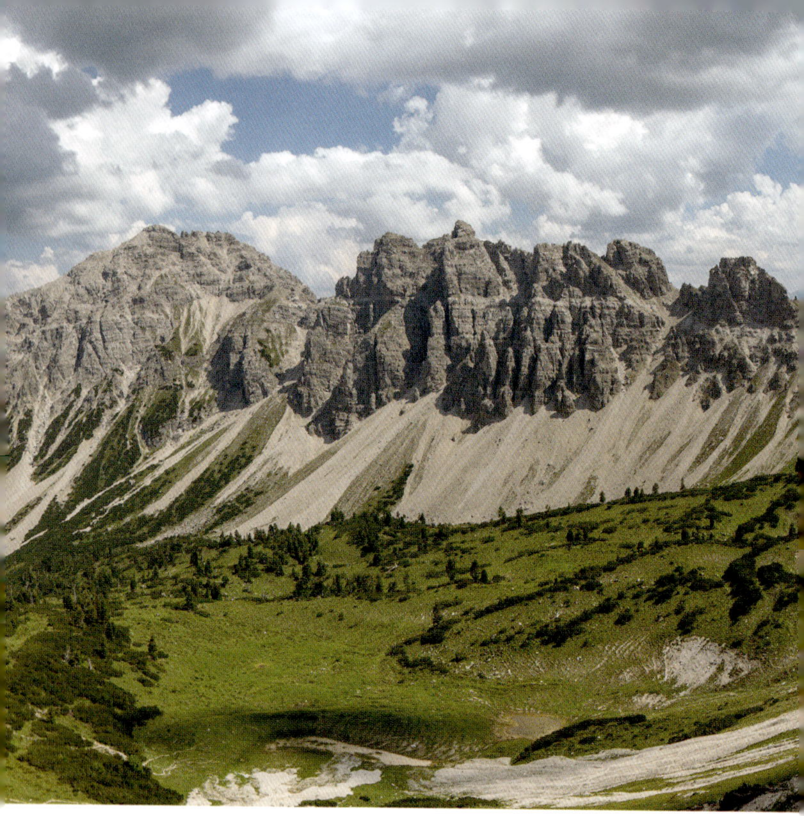

Blick von Nordwesten auf die Leilachspitze (links) und die Krottenköpfe (rechts).

steigen etwas steiler empor zu einer Forststraße. Diese überqueren wir und folgen weiter dem Wanderweg. Der Weg zieht zunächst kaum ansteigend nach links (Osten), dann wieder nach rechts und schließlich queren wir die Hänge hinauf ins weiträumige Weißenbacher Notländerkar. Über mehrere Gräben erreichen wir den oberen Bereich des Kars und gelangen zu einem quer verlaufenden Steig. An diesem **Abzweig** 3, 1840 m, im **Weißenbacher Notländerkar** halten wir uns rechts (Nordwesten) und kommen so über wellige Böden zu einer steilen Rinne, die etwas abschüssig und rutschig zum Nordgrat (etwa 2100 m) emporführt. Nun geht es wieder etwas bequemer über Schutt und Felsen empor und schließlich erreichen wir durch eine enge Rinne den Gipfel der **Leilachspitze** 4.
Zurück nach **Rauth** 1 geht es auf dem bekannten Weg.

↗ 900 m | ↘ 900 m | 9.9 km

5.00 h

Krinnenspitze, 2000 m

20

Hoch über dem Lech- und Tannheimer Tal

Die Krinnenspitze ragt als breite, etwas unauffällige Schrofenmauer über Nesselwängle auf, während sie im Südosten ganz von steilen Grashängen überzogen ist. Der Name kommt von Rinnen, Gerinne. Vom Gipfel haben wir einen prächtigen Blick ins Tannheimer Tal, aber auch tief hinab ins Lechtal. Die Tour lässt sich hervorragend mit der Besteigung des benachbarten Litnisschrofen kombinieren.

Ausgangspunkt: Nesselwängle, großer Parkplatz an der Talstation des Krinnenalplifts, 1129 m, westlich der Ortschaft an der Umgehungsstraße (Navi: A-6672 Nesselwängle, Nesselwängle 92).
Bus: Linie 120 Reutte – Oberjoch (ca. alle 60 bis 90 Min.) und Linie 123 Pfronten – Nesselwängle (ca. alle 2 Std.), Haltestelle »Nesselwängle Krinnenalplift«.

Anforderungen: Beim Aufstieg von der Krinnenalpe über den Gamsbocksteig einige seilgesicherte Passagen bis zum Kamm. Deutlich einfacher sind die folgenden Wege auf den von Gras bedeckten Südwesthängen.

Einkehr/Übernachtung: Krinnenalpe, 1527 m (bei der Bergstation, 20 Schlafplätze, Tel. +43 5675 8189, krinnenalpe-tirol.at); Nesselwängler Edenalpe, 1672 m (12 Lager, Tel. +43 676 4920184, edenalpe.at); Gräner Ödenalpe, 1714 m (Abstecher vom Hauptweg, 10 Lager, Tel. +43 676 694 0819, oedenalpe.at); Restaurant an der Talstation.

Varianten: 1. Benutzung Krinnenalplift: Mit dem Lift lassen sich die etwa 400 Hm im Auf- bzw. Abstieg zur Krinnenalpe einsparen. Die Bergstation, 1510 m, befindet sich in unmittelbarer Nähe der Alpe. Achtung: Aktuell ist die

Nesselwängler Edenalpe, im Hintergrund (Bildmitte) der Einstein.

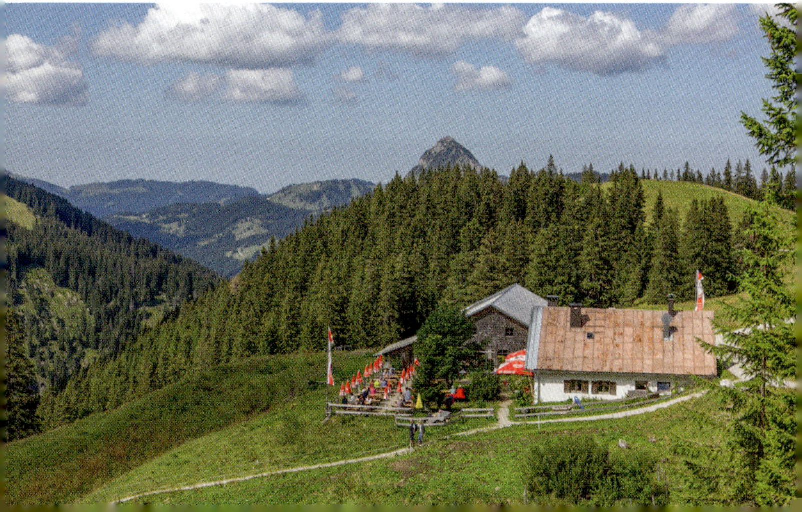

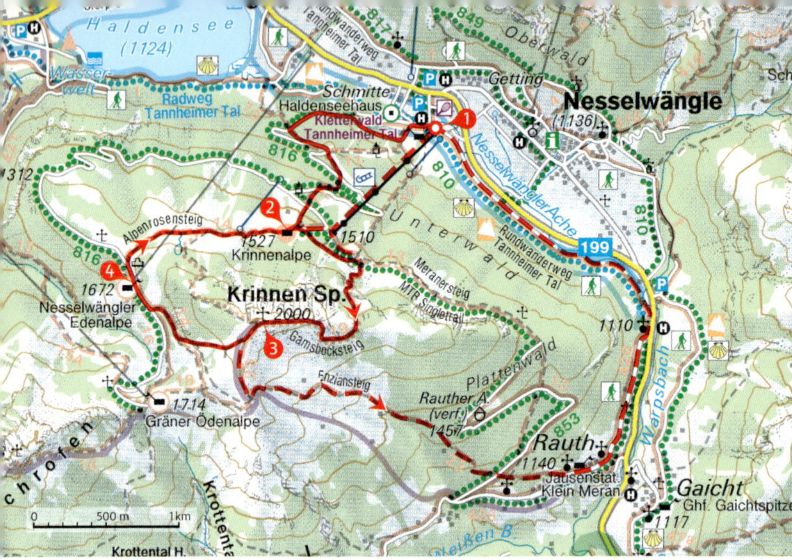

Liftanlage bis auf Weiteres nicht in Betrieb (Stand Winter 2023/24), Infos: Tel. +43 5675 8250, lifte-nesselwaengle.at. 2. Große Rundtour: Abstieg von der Krinnenspitze Richtung Südosten nach Rauth (weniger frequentiert als der Hauptweg, aber es gibt erst am Ende des Abstiegs in Rauth eine Einkehrmöglichkeit; insgesamt knapp 950 Hm im Auf- und Abstieg, etwa 6.00 Std. Gesamtgehzeit). Auf dem Hauptweg geht es zur Krinnenspitze ❸ und zunächst über sanfte Grashänge Richtung Südwesten hinab. Am beschilderten Abzweig halten wir uns nun jedoch links und steigen über den nach Süden führenden Grashang bergab zu einer deutlichen Gratschulter (etwa 1840 m). Hier wandern wir links (Osten) hinab, auf dem Enziansteig geht es weit hinab in Richtung Tal. Schließlich gelangen wir durch den Bergwald nach Rauth, 1140 m. Auf der schmalen Asphaltstraße wandern wir hinab in den Talboden mit der großen Autostraße (Bushaltestelle Rauth, etwa 1100 m). Wir folgen der Straße wenige Meter nach Norden und nehmen dann einen Fußweg, der etwa parallel zur Umgehungsstraße durch das Tal führt, zurück zur Talstation ❶.

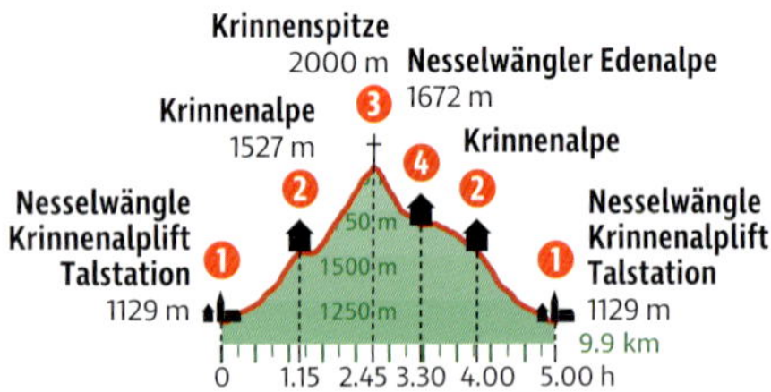

Von der **Talstation** des **Krinnenalplifts** ❶ bei **Nesselwängle** folgen wir zunächst an einem Kreisverkehr vorbei der schmalen Asphaltstraße Richtung Westen. Etwa 100 m nach dem Kreisverkehr (direkt nach einer kleinen Hütte) zweigen wir links ab und nehmen den breiten Weg bergauf Richtung Süden. Nach einem kurzen Anstieg nehmen wir den Weg nach rechts und gelangen so auf den breiten Forstweg, der zur Krinnenalpe führt. Wir folgen dem Fahrweg bergauf durch den Bergwald. Den Abzweig rechts hinab zum Haldensee ignorieren wir. Hier können wir die nächste Linkskehre des Forstweges auf einem Steig abkürzen. Auch im folgenden Aufstieg können wir den Forstweg immer wieder auf einem gut beschilderten Steig abkürzen und gelangen so zur **Krinnenalpe** ❷, 1527 m.
Von der Alpe queren wir auf einem Steig Richtung Osten, lassen so links unterhalb die Bergstation des Krinnenalplifts liegen und gelangen zu einer beschilderten Wegverzweigung. Auf dem Gamsbocksteig wandern wir jetzt in Kehren Richtung Süden durch eine Latschen- und Grasmulde empor zum Kamm mit einem schönen Blick nach Süden. Der Wanderweg zieht rechts nach Westen und über Grashänge erreichen wir den oberen Ostgrat. Auf der schmalen Schneide (z. T. mit Versicherung) gelangen wir zum Gipfelkreuz der **Krinnenspitze** ❸.
Vom Gipfel steigen wir zunächst über sanfte Grashänge Richtung Südwesten ab. Am beschilderten Abzweig halten wir uns rechts (für die Variante links) und steigen dann in steilerem Gelände nach Nordwesten hinab zur **Nesselwängler Edenalpe** ❹, 1672 m, einer beliebten Jausenstation. Von der Alpe nehmen wir den breiten Fahrweg Richtung Norden. An der folgenden Gabelung halten wir uns rechts und wandern ein paar Meter bergauf zu einer Schulter im Gelände. Von hier geht es leicht bergab auf dem sehr aussichtsreichen Weg (Alpenrosensteig) zurück zur **Krinnenalpe** ❷. Von der Alpe steigen wir auf dem bekannten Weg hinab zum Parkplatz an der **Talstation** des **Krinnenalplifts** ❶.

Traumhaftes Panorama auf dem Alpenrosensteig hinüber zur Roten Flüh (links), Köllenspitze (etwa Mitte) und Gehrenspitze (hinten rechts).

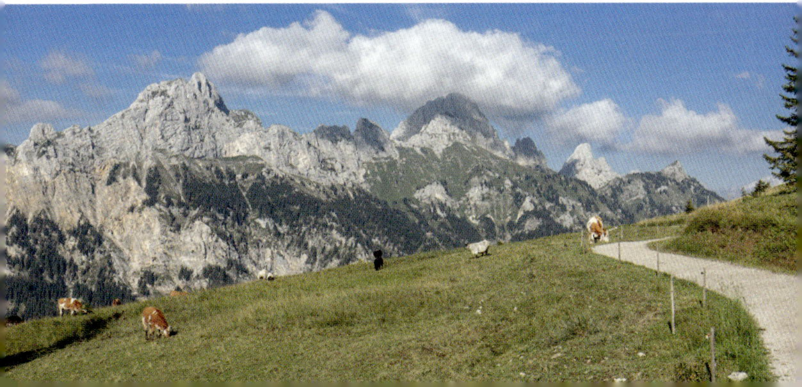

↗ 1000 m | ↘ 1000 m | 13.0 km

21 Litnisschrofen, 2068 m

6.00 h

Große Schrofenmauer oberhalb des Haldensees

Mit seiner breiten, stark gegliederten Nordwand, die man von Haldensee aus durchs Strindental sieht, gehört der Litnisschrofen zu den schönen und markanten Bergen südlich des Tannheimer Tales. Durch die deutlich harmlosere Südseite führt der Normalweg zum Gipfel. Am felsigen Gipfelaufbau erwarten uns kurze und etwas ausgesetzte Kraxelpassagen, die jedoch gut mit Drahtseilen und Ketten versichert sind.

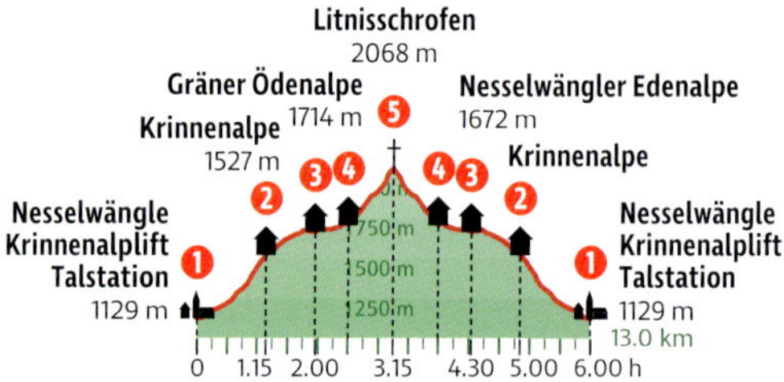

Beim Aufstieg zum Litnisschrofen bietet sich ein schöner Blick hinab zur Gräner Ödenalpe. Hinter der Alpe die grünen Wiesenhänge der Krinnenspitze.

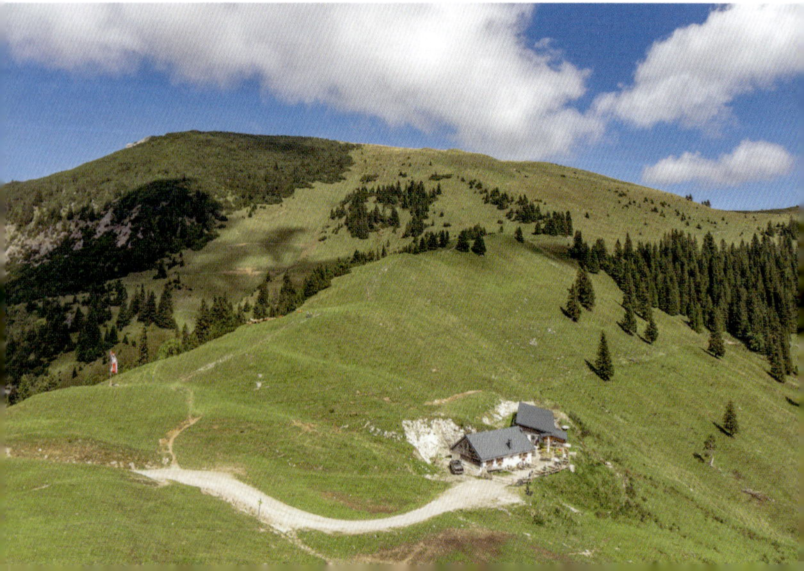

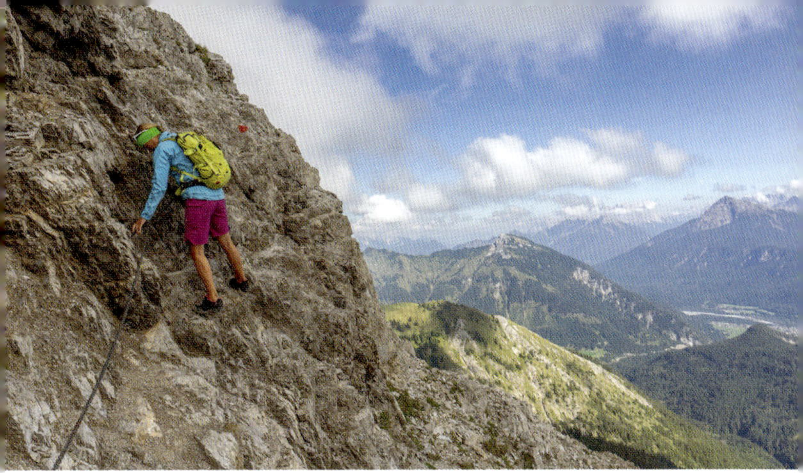

Die etwas ausgesetzten Kraxelpassagen am Gipfelaufbau sind gut mit Drahtseilen und Ketten versichert.

Ausgangspunkt: Nesselwängle, großer Parkplatz an der Talstation des Krinnenalplifts, 1129 m, westlich der Ortschaft an der Umgehungsstraße (Navi: A-6672 Nesselwängle, Nesselwängle 92).
Bus: Linie 120 Reutte – Oberjoch (ca. alle 60 bis 90 Min.) und Linie 123 Pfronten – Nesselwängle (ca. alle 2 Std.), Haltestelle »Nesselwängle Krinnenalplift«.
Anforderungen: Gute Bergwege, für die allerdings Trittsicherheit erforderlich ist, am Gipfel dann etwas Kletterei (brüchiger Fels, ausgesetzt und mit Drahtseilen und Ketten versichert). Der Gipfel ist sehr schmal und schrofig.
Einkehr/Übernachtung: Krinnenalpe, 1527 m (bei der Bergstation, 20 Schlafplätze, Tel. +43 5675 8189, krinnenalpe-tirol.at); Nesselwängler Edenalpe, 1672 m (12 Lager, Tel. + 43 676 4920184, edenalpe.at); Gräner Ödenalpe, 1714 m (10 Lager, Tel. +43 676 694 0819, oedenalpe.at); Restaurant an der Talstation.
Varianten: 1. Benutzung Krinnenalplift: Mit dem Lift lassen sich die etwa 400 Hm im Auf- bzw. Abstieg zur Krinnenalpe einsparen. Die Bergstation, 1510 m, befindet sich in unmittelbarer Nähe der Alpe. Achtung: Aktuell ist die Liftanlage bis auf Weiteres nicht in Betrieb (Stand Winter 2023/24), Infos: Tel. +43 5675 8250, lifte-nesselwaengle.at.
2. Abstieg von Gräner Ödenalpe zum Haldensee (gut 1 Std. zusätzliche Gehzeit): Durch diesen alternativen Abstieg wird die Tour zur Rundtour und ein Badestopp am See ist ebenfalls möglich. Von der Gräner Ödenalpe ④ nehmen wir den breiten Fahrweg bergauf zum Sattel und steigen auf der anderen Seite auf diesem Fahrweg ein paar Meter bergab in die erste Kehre. Hier verlassen wir bei einer Beschilderung (etwa 1700 m) den breiten Schotterweg und nehmen nach links den Wanderweg. Nach einem steileren Abstieg und einer Bachüberquerung mündet der Wanderweg auf eine Forststraße im Strindental. Dieser folgen wir Richtung Norden und links haltend steigen wir hinab zum Haldensee. Von hier entweder zu Fuß am Südufer entlang in 45 Min. zurück zur Talstation ① oder vom Parkplatz am Westufer an der Hauptstraße mit dem Bus (Haltestelle »Haldensee Seeparkplatz«) zurück zum Ausgangspunkt ①.

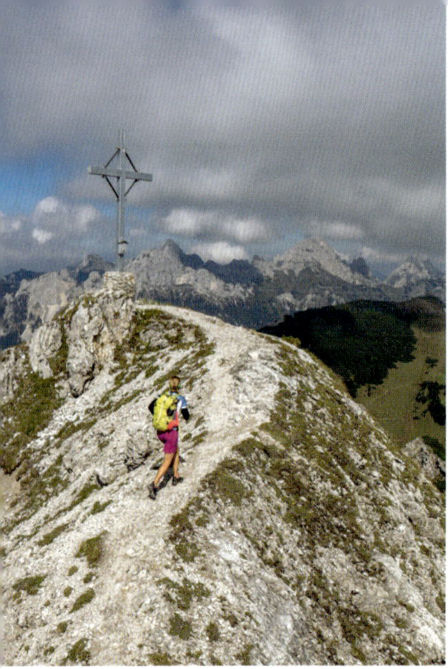

Gipfelkreuz am Litnisschrofen.

Von der **Talstation** des **Krinnenalplifts** ❶ bei **Nesselwängle** folgen wir zunächst an einem Kreisverkehr vorbei der schmalen Asphaltstraße Richtung Westen. Etwa 100 m nach dem Kreisverkehr (direkt nach einer kleinen Hütte) zweigen wir links ab und nehmen den breiten Weg bergauf Richtung Süden. Nach einem kurzen Anstieg nehmen wir den Weg nach rechts und gelangen so auf den breiten Forstweg, der zur Krinnenalpe führt. Wir folgen dem Fahrweg bergauf durch den Bergwald. Den Abzweig rechts hinab zum Haldensee ignorieren wir. Hier können wir die nächste Linkskehre des Forstweges auf einem Steig abkürzen. Auch im folgenden Aufstieg können wir den Forstweg immer wieder auf einem gut beschilderten Steig abkürzen und gelangen so zur **Krinnenalpe** ❷, 1527 m.

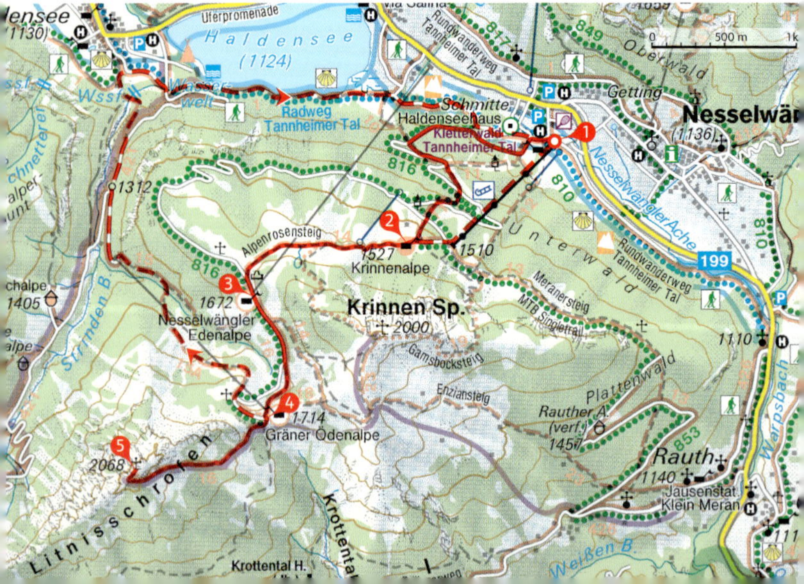

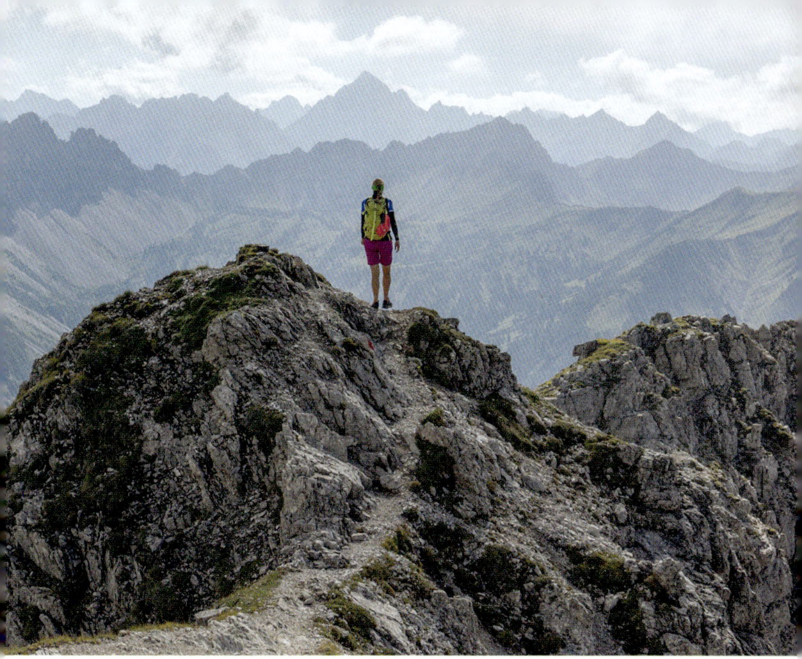

Blick vom Litnisschrofen Richtung Süden zum markanten Hochvogel (Bildmitte).

Von der Alpe nehmen wir weiter den breiten Weg Richtung Westen bergauf. Auf dem sehr aussichtsreichen Weg (Alpenrosensteig) geht es leicht ansteigend empor zu einer Geländeschulter und von hier kurz bergab zur bewirtschafteten **Nesselwängler Edenalpe** 3, 1672 m. Wir lassen die Alpe rechts liegen und nehmen den breiten Fahrweg geradeaus weiter in Richtung Süden. Bevor der Fahrweg einen weiten Rechtsbogen macht, verlassen wir den Fahrweg auf etwa 1685 m Höhe nach links und folgen einem Wanderweg. Auf diesem überwinden wir eine Geländestufe und steigen vom Sattel schließlich kurz bergab zur **Gräner Ödenalpe** 4, 1714 m.
Für den Weiterweg gehen wir von der Alpe wieder auf dem breiten Fahrweg zurück in den Sattel und nehmen den Wanderweg durch Wiesengelände und Latschen über die Hänge aufwärts Richtung Westen. Wir queren so die Südhänge des Litnisschrofen, das Ambiente wird alpiner und wir erreichen den felsigen Gipfelaufbau. Zunächst steigen wir durch eine Rinne mit losem Gestein (Drahtseil) empor und queren dann nach rechts. Über einen felsigen Aufschwung (Sicherungen) gelangen wir auf den Grat und folgen diesem wenige Meter nach rechts zum Gipfelkreuz des **Litnisschrofen** 5. Der Abstieg erfolgt auf dem Anstiegsweg.

↗ 390 m | ↘ 1070 m | 13.0 km

5.00 h

22 Sulzspitze, 2084 m

Der »schnelle« und aussichtsreiche Gipfel bei Tannheim

Dank der Gondelbahn wird die Sulzspitze zu einem »Berg für alle Fälle«. Wir können sie zum Beispiel immer noch besteigen, wenn plötzlich das Wetter schöner wird, und sie eignet sich für eine Familientour ebenso wie für eine Erkundungstour, um einen ersten Überblick über die Vilsalpseeberge zu gewinnen. Die isolierte Lage macht sie zu einem idealen Aussichtsberg.

Ausgangspunkt: Tannheim, Parkplatz an der Talstation der Neunerköpflebahn, 1102 m, an der Umgehungsstraße (Navi: A-6675 Tannheim, Bergbahnweg 12).
Bus: Linie 120 Reutte – Oberjoch (ca. alle 60 bis 90 Min.) und Linie 123 Pfronten – Nesselwängle (ca. alle 2 Std.), Haltestelle »Tannheim Kreisverkehr«, ca. 200 m westlich vom Ausgangspunkt.
Neunerköpflebahn: Betriebszeiten Anfang Mai–Anfang November, 8.40–16.15 Uhr, am Saisonbeginn und -ende nur bei Schönwetter, Tel. +43 5675 6260, tannheimer-bergbahnen.at, Talstation 1109 m, Bergstation 1784 m.
Anforderungen: Gute Bergwege, bei Nässe teils matschig.
Einkehr: Gundhütte, 1810 m (bei der Bergstation); Gappenfeldalpe, 1830 m; zahlreiche Restaurants in Tannheim.
Hinweis: Von ❼ kann mit dem Bus (Linie 121, mind. stündlich) zu ❶ abgekürzt werden (ca. 45 Min. und 3 km weniger).

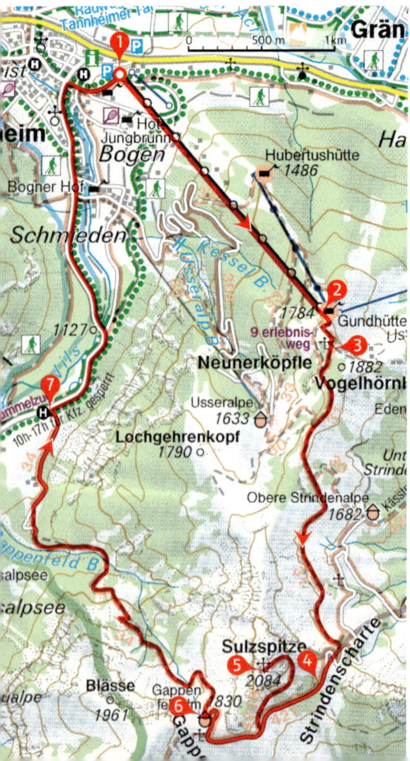

Von der **Talstation** der **Neunerköpflebahn** ❶ in **Tannheim** erreichen wir sehr bequem mit der Gondelbahn die **Bergstation** ❷, 1784 m. Von hier steigen wir in wenigen Minuten auf dem gut ausgeschilderten Weg empor zum Gipfel des **Neunerköpfle** ❸, 1862 m, etwas südlich der Bergstation. Vom Gipfel nehmen wir den Weg weiter in Richtung Süden und erreichen vorbei am Vogelhörnle (1882 m) auf dem Gratrücken im leichten Bergab einen Sattel. Hier verlässt der Steig den eigentlichen Grat und quert die Hänge auf der linken, östlichen Seite. Nach der längeren und fast ebenen Querung

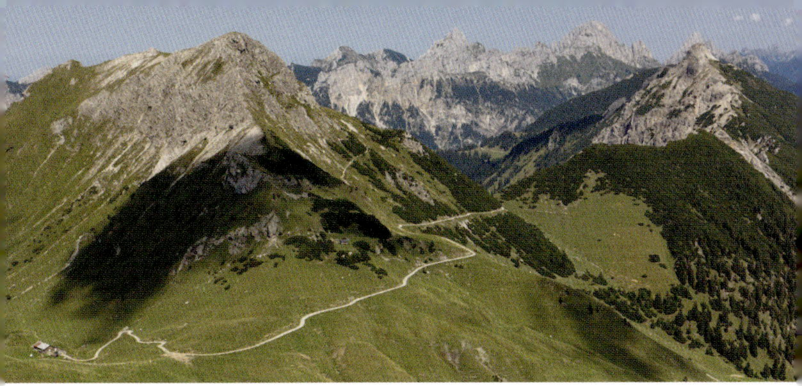

Blick von der Schochenspitze zur Sulzspitze, links unten die Gappenfeldalpe.

erfolgt ein kurzer Anstieg in die **Strindenscharte** 4, 1855 m. Von hier wandern wir für etwa 10 Min. auf dem breiten und nur minimal ansteigenden Fahrweg in Richtung Südwesten bis zu einem beschilderten Abzweig, etwa 1890 m. Hier beginnt der Abstecher zur Sulzspitze. Wir nehmen dazu nach rechts den Wanderweg und steigen schräg empor zu einer Geländekante. Hinter der Kante geht es weiter über grüne Hänge und Mulden empor zum Gipfel der **Sulzspitze** 5.

Auf derselben Route steigen wir wieder ab bis zum breiten Fahrweg und folgen diesem nach rechts. Nicht einmal ganz 500 m sind es bis zur nahen Gappenfeldscharte, 1858 m, von der wir kurz Richtung Norden zur einfach bewirtschafteten **Gappenfeldalpe** 6, 1830 m, absteigen. Von hier erfolgt der lange und am Anfang auch etwas steilere Abstieg ins Tal. Erst über freie Weidenflächen, dann zwischen Buschwerk und über einige Tobelgräben steigen wir hinab ins untere Gappenfeldtal und überqueren den Gappenfeldbach, etwa 1380 m. Kurz danach geht der Wanderweg in einen Fahrweg über, dem wir erst am Bach entlang und dann Richtung Norden folgen. Bei der **Bushaltestelle »Schottergrube«** 7, 1140 m, treffen wir auf die Straße Tannheim – Vilsalpsee. Wir folgen ihr Richtung Norden, überqueren die Vils und gehen am Kreisel rechts zur **Talstation** der **Neunerköpflebahn** 1.

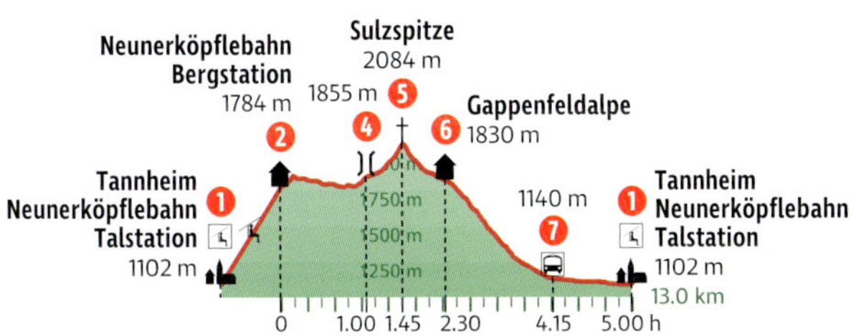

TOP

23

↗ 440 m | ↘ 1060 m | 11.6 km

Landsberger Hütte, 1805 m, vom Neunerköpfle

4.30 h

Auf dem Saalfelder Höhenweg zur aussichtsreichen Hütte

Als echter Panoramaweg entpuppt sich die Route vom Neunerköpfle über vier Scharten zur stattlichen Landsberger Hütte. Beim Abstieg begeistern dann die Seen von der hochalpinen Lache am Fuß der Lachenspitz-Nordwand bis hin zum großflächigen, 1,6 Kilometer langen und 27 Meter tiefen Vilsalpsee.

Ausgangspunkt: Tannheim, Parkplatz an der Talstation der Neunerköpflebahn, 1102 m, an der Umgehungsstraße (Navi: A-6675 Tannheim, Bergbahnweg 12). Bus: Linie 120 Reutte – Oberjoch (ca. alle 60 bis 90 Min.) und Linie 123 Pfronten – Nesselwängle (ca. alle 2 Std.), Haltestelle »Tannheim Kreisverkehr«, ca. 200 m westlich vom Ausgangspunkt. Neunerköpflebahn: Betriebszeiten Anfang Mai–Anfang November, 8.40–16.15 Uhr, am Saisonbeginn und -ende nur bei Schönwetter, Tel. +43 5675 6260, tannheimer-bergbahnen.at, Talstation 1109 m, Bergstation 1784 m.
Endpunkt: Parkplatz Vilsalpsee, 1168 m, am Nordufer des Sees, Bushaltestelle »Tannheim (Tirol) Vilsalpsee«. Für die Rückkehr zum Ausgangspunkt mit Bus Linie 121 (mind. stündlich) in etwa 10 Min. zur Haltestelle »Tannheim Kreisverkehr« und von hier wenige Meter zu Fuß Richtung Osten zur Talstation der Neunerköpflebahn.
Anforderungen: Breite, teils steinige, bei Nässe teils etwas matschige Wege; sehr viel begangen.
Einkehr/Übernachtung: Gundhütte, 1810 m (bei der Bergstation); Gappenfeldalpe, 1830 m (kurzer Abstecher); Landsberger Hütte, 1805 m (DAV, 200 Schlafplätze, Tel. +43 5675 6282, landsbergerhuette.at); Obere Traualpe, 1649 m; Café Bistro Haubentaucher, 1168 m (Mi Ruhetag, am Endpunkt); zahlreiche Restaurants in Tannheim.
Variante: Gipfelabstecher zur Sulzspitze (vom beschilderten Abzweig auf Weg 421b, 45 Min. Aufstieg und 30 Min. Abstieg, 200 Hm, einfache Bergwege).

Stufen empor zur Ostschulter der Schochenspitze. Im Hintergrund links die Sulzspitze.

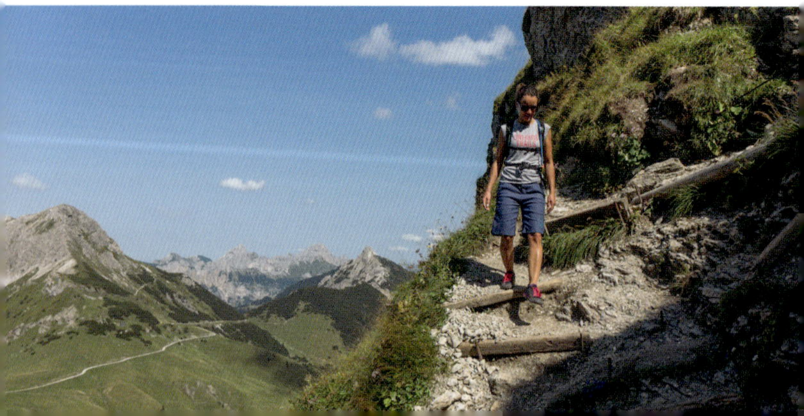

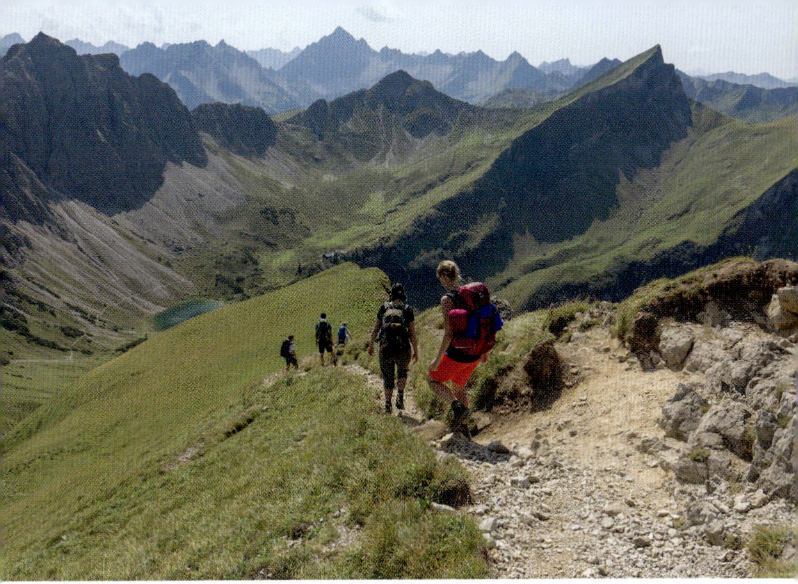

Abstieg von der Schochenspitze über den Südrücken zur Landsberger Hütte (Bildmitte). Links die Lachenspitze und unterhalb die kleine Lache.

Von der **Talstation** der **Neunerköpflebahn** ❶ in **Tannheim** erreichen wir sehr bequem mit der Gondelbahn die **Bergstation** ❷, 1784 m. Von hier steigen wir in wenigen Minuten auf dem gut ausgeschilderten Weg empor zum Gipfel des **Neunerköpfle** ❸, 1862 m, etwas südlich der Bergstation. Vom Gipfel nehmen wir den Weg weiter in Richtung Süden und erreichen vorbei am Vogelhörnle (1882 m) auf dem Gratrücken im leichten Bergab einen Sattel. Hier verlässt der Steig den eigentlichen Grat und quert die Hänge auf der linken, östlichen Seite. Nach der längeren und fast ebenen Querung erfolgt ein kurzer Anstieg in die **Strindenscharte** ❹, 1855 m.

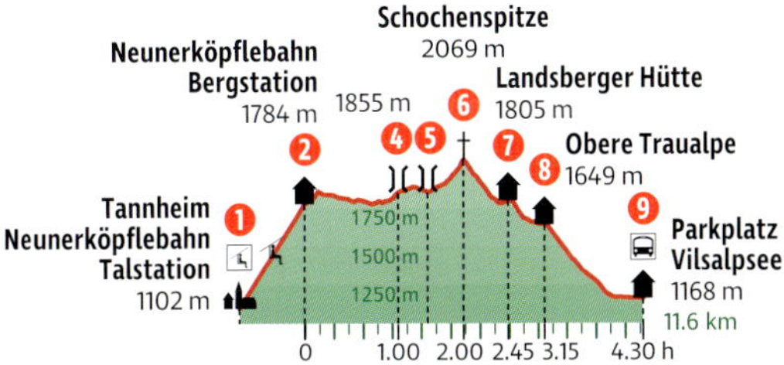

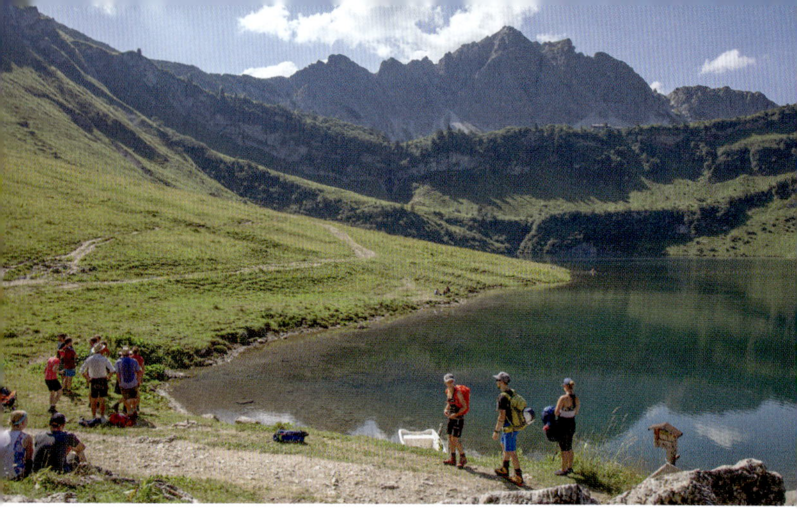

Blick von der Oberen Traualpe auf Traualpsee, Landsberger Hütte und Lachenspitze.

Von hier wandern wir auf dem breiten und nur minimal ansteigenden Fahrweg in Richtung Südwesten. Nach etwa 10 Minuten lassen wir den Abzweig zur Sulzspitze (2084 m) rechts liegen (Gipfeloption) und erreichen schon gleich die **Gappenfeldscharte** ❺, 1858 m. (Von der Scharte bietet sich der kurze Abstecher Richtung Norden zur bewirtschafteten Gappenfeldalpe an.) Für den Weiterweg gehen wir an der Scharte weiter geradeaus. Der Weg wird bald ein bisschen schmaler und steigt etwas steiler an. Über ein paar Stufen geht es empor zur Ostschulter der Schochenspitze. Nach der Schulter halten wir uns rechts und steigen über mehrere Serpentinen über den freien Hang empor zum Gipfel der **Schochenspitze** ❻, 2069 m, mit einem beeindruckenden Panorama in alle Richtungen.
Über den Südrücken steigen wir ab in Richtung östliches Lachenjoch. An einem Abzweig verlassen wir den Rücken nach rechts und folgen dem Wanderweg hinab zur Lache. Diese lassen wir links liegen und ein kurzer Anstieg führt hinauf zur **Landsberger Hütte** ❼. Nach der wohlverdienten Brotzeit und Pause folgt der Abstieg von der Hütte über eine kurze Felsstufe (Sicherungen) zum Traualpsee. Am Ostufer entlang erreichen wir bequem die **Obere Traualpe** ❽, 1649 m. Über Schutt und Gras, teilweise auch zwischen Buschwerk, wandern wir über die nächste Felsstufe weiter hinab auf einen Boden. Unser Weg führt in den Bergwald und zur Materialseilbahn, 1175 m, der Landsberger Hütte. Von hier nehmen wir den Fahrweg Richtung Norden zum Vilsalpsee. Bequem geht es schließlich entlang des Ufers zum **Parkplatz Vilsalpsee** ❾ am Nordzipfel des Sees. Von hier bringt uns der Bus zurück nach Tannheim, dem Ausgangspunkt der Tour.

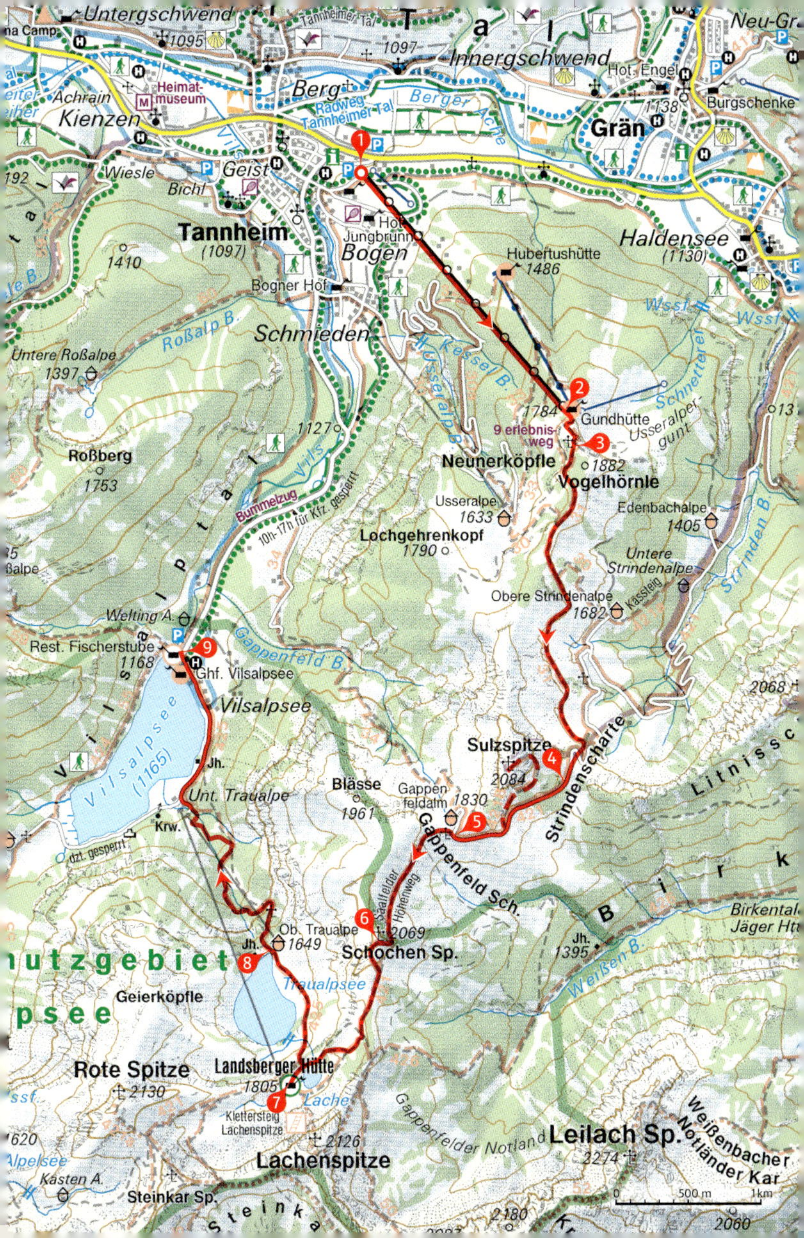

Untergschwend
Innergschwend
Neu-Gr
Hot. Engel
Burgschenke
Grän
Achrain
Heimat-museum
Kienzen
Berg
Radweg Tannheimer Tal
Berger Ache
Wiesle
Geist
Bichl
Tannheim
(1097)
Hot. Jungbrunn
Bogen
Haldensee
(1130)
Hubertushütte
1486
Bogner Hof
Schmieden
Roßalp B.
Untere Roßalpe
1397
Roßberg
1753
Kessel B.
Usseralp B.
1784
Gundhütte
9 erlebnis-weg
Neunerköpfle
1882
Vogelhörnle
Usseralper-gunt
Schnetterer
Usseralpe
1633
Lochgehrenkopf
1790
Edenbachalpe
1405
Untere Strindenalpe
Strinden B.
Bummelzug
10h-17h für Kfz. gesperrt
Obere Strindenalpe
1682
Welting A.
Rest. Fischerstube
1168
Ghf. Vilsalpsee
Gappenfeld B.
Vilsalpsee
Vilsalpsee
(1165)
Jh.
Unt. Traualpe
Krw.
dzt. gesperrt
Blässe
1961
Sulzspitze
2084
Strindenscharte
Gappenfeldalm
1830
Gappenfeld Sch.
Litnisscharte
Saalfelder Höhenweg
Birkental Jäger Htt
Jh.
1395
Weißen B.
Ob. Traualpe
1649
2069
Schochen Sp.
Traualpsee
Geierköpfle
Rote Spitze
2130
Landsberger Hütte
1805
Lache
Klettersteig Lachenspitze
2126
Lachenspitze
Gappenfelder Notland
Leilach Sp.
2274
Weißenbacher Notländer Kar
Kasten A.
Steinkar Sp.
2180
2060
500 m
1km

↗ 1350 m | ↘ 1350 m | 18.3 km

24 Leilachspitze, 2274 m, vom Vilsalpsee

8.15 h

Der höchste Berg im Bereich des Tannheimer Tals

Die Leilachspitze präsentiert sich als gewaltiges, ungewöhnlich zerklüftetes Felsmassiv, dem die bizarren Luchsköpfe bzw. Krottenköpfe vorgelagert sind. Die Gipfelbesteigung ist ein wirkliches alpines Unternehmen. Denn trotz des Steiges erfordert das sehr brüchige Schrofengelände sichere Geher. Großartiger Blick ins Lechtal und auf seine Berge!

Ausgangspunkt: Parkplatz Vilsalpsee, 1168 m, am Nordufer des Sees, ca. vier Kilometer südlich von Tannheim im Vilstal (Navi: A-6675 Tannheim, Am Vilsalpsee 2).
Achtung: Die Zufahrt zum Vilsalpsee ist für Privat-Pkw nur vor 10 Uhr und nach 17 Uhr erlaubt. In der Zeit dazwischen: parken am großen Parkplatz an der Neunerköpfle-Talstation in Tannheim und per Bus ab Haltestelle »Tannheim Kreisverkehr« (s. u.) oder kleiner Touristenbahn (»Alpenexpress«, ein- bis zweimal/Std.) zum See.
Bus: Mit Linie 120 Reutte – Oberjoch (ca. alle 60 bis 90 Min.) oder Linie 123 Pfronten – Nesselwängle (ca. alle 2 Std.) zur Haltestelle »Tannheim Kreisverkehr« und von hier mit Linie 121 Tannheim – Vilsalpsee (mind. stündlich) zur Haltestelle »Tannheim Vilsalpsee« direkt am Ausgangspunkt.
Anforderungen: Steile Bergwege, ab der Landsberger Hütte anspruchsvoll, teilweise über Schutt und bröselige Schrofen, Trittsicherheit unbedingt erforderlich.
Einkehr/Übernachtung: Obere Traualpe, 1649 m; Landsberger Hütte, 1805 m (DAV, 200 Schlafplätze, Tel. +43 5675 6282, landsbergerhuette.at); Café Bistro Haubentaucher, 1168 m (Mi Ruhetag, am Ausgangspunkt).
Variante: Beim Rückweg können wir ab der Lechtaler Scharte bzw. Krottenkopfscharte die Lachenspitze auf der Südwestseite umgehen und über die Steinkarscharte zurück zur Landsberger Hütte wandern (kleiner Steig, etwa gleiche Gehzeit).

Blick vom Östlichen Lachenjoch hinüber zur mächtigen Leilachspitze (links) und zu den Luchsköpfen bzw. Krottenköpfen (rechts). Gut zu erkennen die Lechtaler Scharte bzw. Krottenkopfscharte rechts unterhalb der felsigen Köpfe.

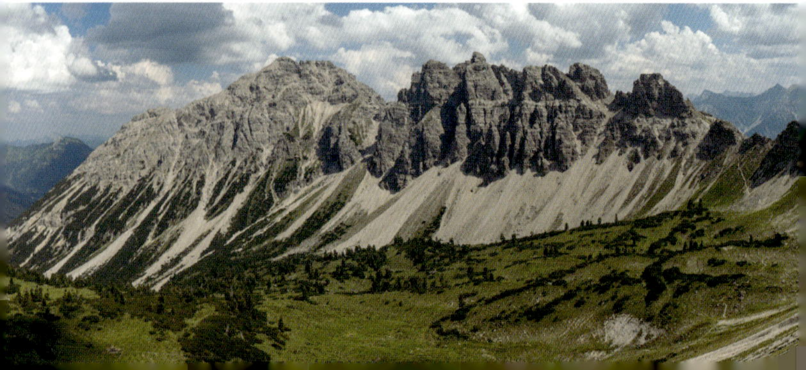

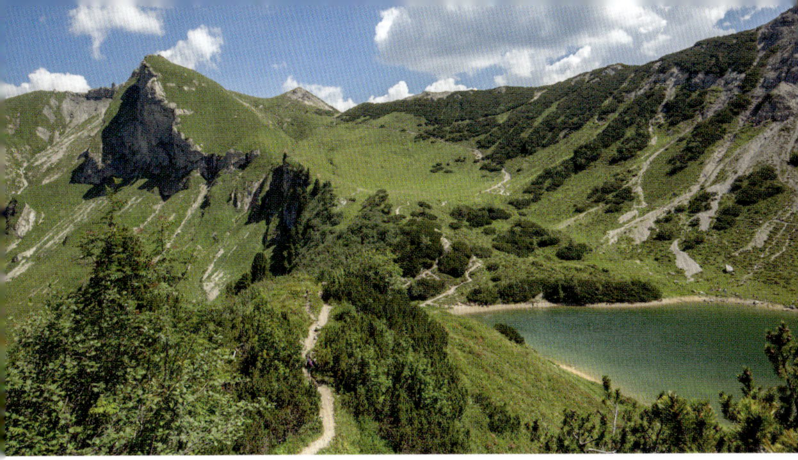

Blick von der Landsberger Hütte hinauf zum Östlichen Lachenjoch (Bildmitte).

Vom **Parkplatz Vilsalpsee** ❶ folgen wir dem breiten Weg entlang des Nordostufers. Nach wenigen Minuten erreichen wir den Damm, der nach einem großen Felssturz unterhalb der Schochenspitze zur Sicherung des Weges angelegt wurde. Der breite Weg bringt uns direkt zur Talstation der **Materialseilbahn** ❷, 1175 m, der Landsberger Hütte. Hier beginnt der eigentliche Aufstieg auf einem nach dem Felssturz zum Teil neu angelegten, gut erkennbaren und einfach zu begehenden Weg. Wir gewinnen stetig an Höhe und wandern auf die markante Geländekante des Traualpsees zu. Diese Geländekante wird schließlich etwas steiler in Kehren überwunden und der Blick öffnet sich über weites Almgelände. Direkt am Traualpsee (Stausee) liegt die bewirtschaftete **Obere Traualpe** ❸, 1649 m. Von hier erkennen wir auch schon die Landsberger Hütte oberhalb der zweiten Geländekante.

Wir folgen dem Wanderweg links am Seeufer entlang und nähern uns so dem Wandfuß der zweiten Geländekante. Diese überwinden wir über ei-

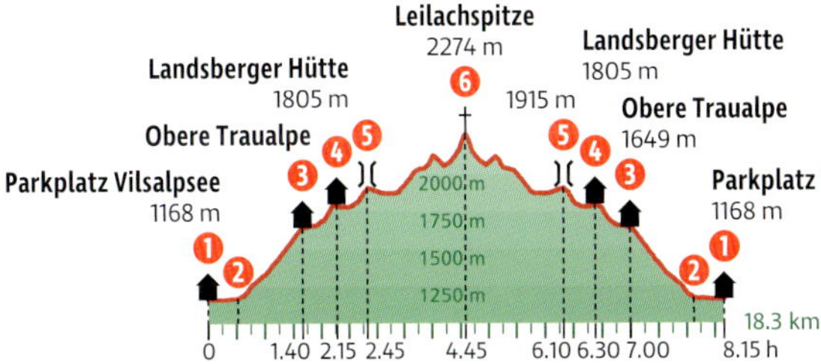

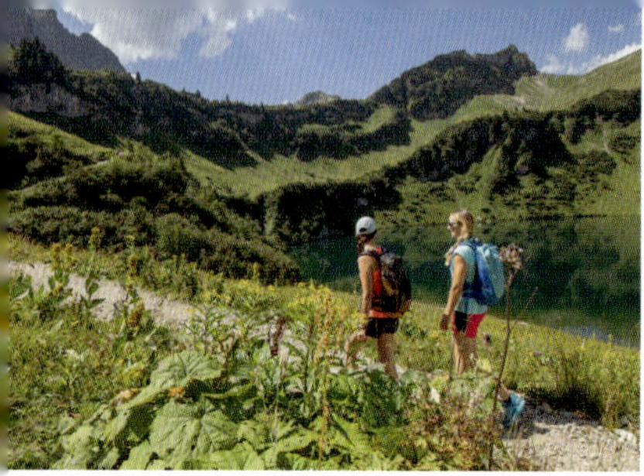

Am Ostufer des Traualpsees.

nen teilweise mit Ketten versicherten und ausgesetzten Steig. Oben angekommen sind es nur noch ein paar Gehminuten zur **Landsberger Hütte** ❹, 1805 m. Östlich unterhalb der Hütte liegt die kleine Lache.

Von der Hüttenterrasse steigen wir ein paar Meter Richtung Süden bergab. Unser Weg zieht dann nach links am Ufer der Lache vorbei. An den beiden folgenden Abzweigungen halten wir uns jeweils rechts und steigen so zum **Östlichen Lachenjoch** ❺, 1915 m, empor. Am Joch gehen wir rechts, wenige Meter danach an der Gabelung links (rechts ginge es zum Gipfel der Lachenspitze). Der Weg bringt uns Richtung Süden in ein leicht verkarstetes Kar. Von hier steigen wir kurz zur Lechtaler Scharte oder auch Krottenkopfscharte, 1945 m, empor. Wir halten uns links und queren durch die teilweise sehr steilen Hänge auf eine Schulter südlich des höchsten Luchskopfes (2180 m), auch Krottenköpfe genannt. Im Schrofengelände steigen wir hinab in eine Scharte. Es geht um einen Felskopf und an die Felsen der Leilachspitze. Durch eine sehr brüchige Rinne in eine Gratlücke und über kleine Felsstufen erreichen wir schließlich das Gipfelkreuz der **Leilachspitze** ❻. Beim Rückweg nehmen wir den bekannten Weg oder die Variante zurück zur **Landsberger Hütte** ❹. Von der Hütte wandern wir auf dem Anstiegsweg hinab zum **Parkplatz Vilsalpsee** ❶.

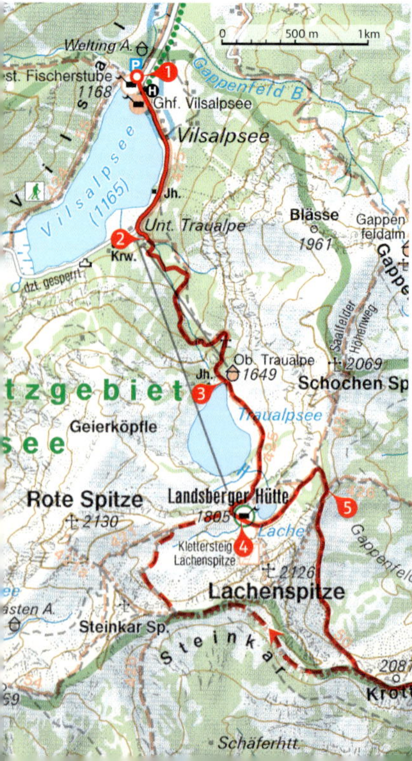

↗ 1050 m | ↘ 1050 m | 13.1 km

6.15 h

Steinkarspitze und Rote Spitze, 2130 m

25

Ungleiche Gipfel über der Landsberger Hütte

Die beiden Gipfel westlich der Landsberger Hütte lassen sich ideal zu einer kurzen, spritzigen Rundtour verbinden. Etwa von der Schochenspitze gesehen zeigt sich die Rote Spitze als wildes Horn mit senkrechten, auffallend roten Wänden auf der rechten Seite und saftig grünem Steilgras links. Die benachbarte Steinkarspitze hingegen erscheint in dem für den Hauptdolomit so typischen Grau. Das prägt auch die beiden Anstiege: hier ein Weg über Gras und Erde, dort eine Route über Schutt und Fels (zumindest am Gipfel). Das ganze Gebiet zeichnet sich zudem durch eine sehenswerte reiche Flora aus.

Ausgangspunkt: Parkplatz Vilsalpsee, 1168 m, am Nordufer des Sees, ca. vier Kilometer südlich von Tannheim im Vilstal (Navi: A-6675 Tannheim, Am Vilsalpsee 2).
Achtung: Die Zufahrt zum Vilsalpsee ist für Privat-Pkw nur vor 10 Uhr und nach 17 Uhr erlaubt. In der Zeit dazwischen: parken am großen Parkplatz an der Neunerköpfle-Talstation in Tannheim und per Bus ab Haltestelle »Tannheim Kreisverkehr« (s. u.) oder kleiner Touristenbahn (»Alpenexpress«, ein- bis zweimal/Std.) zum See.
Bus: Mit Linie 120 Reutte – Oberjoch (ca. alle 60 bis 90 Min.) oder Linie 123 Pfronten – Nesselwängle (ca. alle 2 Std.) zur Haltestelle »Tannheim Kreisverkehr« und von hier mit Linie 121 Tannheim – Vilsalpsee (mind. stündlich) zur Haltestelle »Tannheim Vilsalpsee« direkt am Ausgangspunkt.
Anforderungen: Steile Wege, zur Roten Spitze erdiger, bei Nässe rutschiger Steig; zur Steinkarspitze steiler und steinig.
Einkehr/Übernachtung: Obere Traualpe, 1649 m; Landsberger Hütte, 1805 m (DAV, 200 Schlafplätze, Tel. +43 5675 6282, landsbergerhuette.at); Café Bistro Haubentaucher, 1168 m (Mi Ruhetag, am Ausgangspunkt).

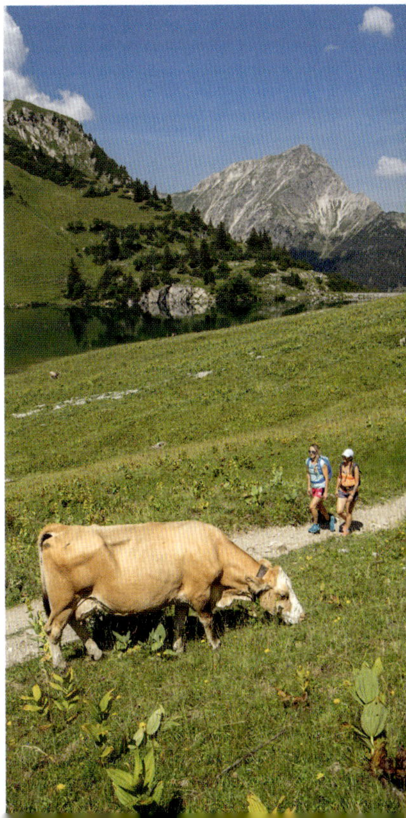

Traualpsee und Geißhorn.

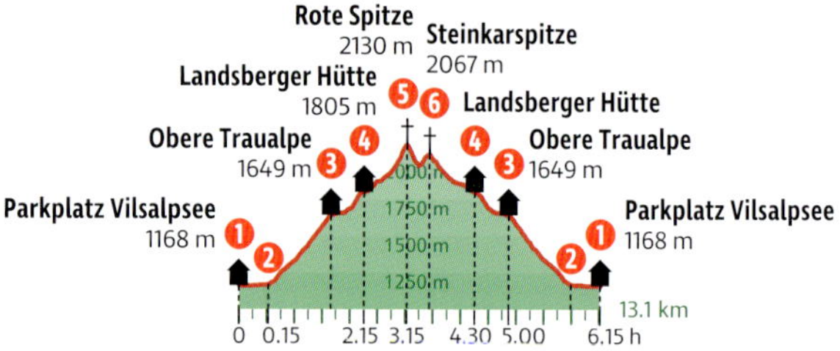

Blick von der Schochenspitze: Rote Spitze (Bildmitte), darunter der Traualpsee mit der Oberen Traualpe (ganz rechts) und am linken Bildrand die Landsberger Hütte.

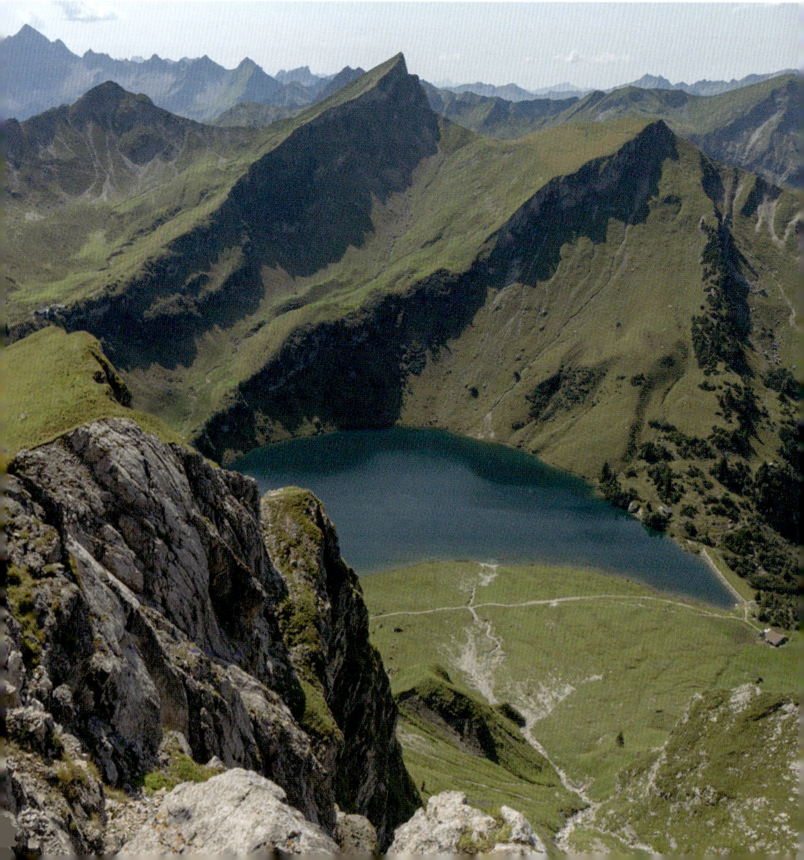

Vom **Parkplatz Vilsalpsee** ❶ folgen wir dem breiten Weg entlang des Nordostufers. Nach wenigen Minuten erreichen wir den Damm, der nach einem großen Felssturz unterhalb der Schochenspitze zur Sicherung des Weges angelegt wurde. Der breite Weg bringt uns direkt zur Talstation der **Materialseilbahn** ❷, 1175 m, der Landsberger Hütte. Hier beginnt der eigentliche Aufstieg auf einem nach dem Felssturz zum Teil neu angelegten, gut erkennbaren und einfach zu begehenden Weg. Wir gewinnen stetig an Höhe und wandern auf die markante Geländekante des Traualpsees zu. Diese Geländekante wird schließlich etwas steiler in Kehren überwunden und der Blick öffnet sich über weites Almgelände. Direkt am Traualpsee (Stausee) liegt die bewirtschaftete **Obere Traualpe** ❸, 1649 m. Von hier erkennen wir auch schon die Landsberger Hütte oberhalb der zweiten Geländekante.

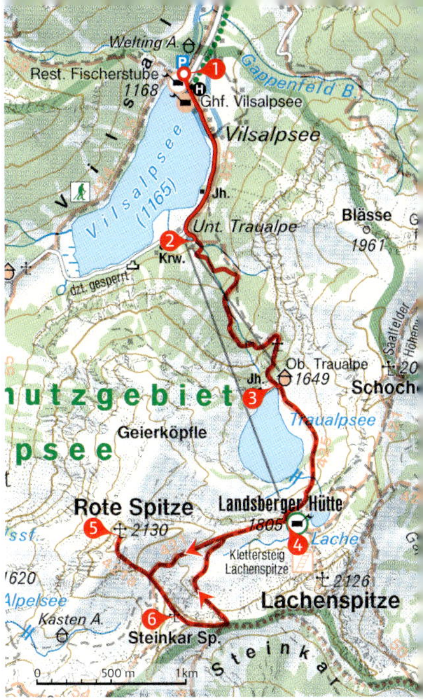

Wir folgen dem Wanderweg links am Seeufer entlang und nähern uns so dem Wandfuß der zweiten Geländekante. Diese überwinden wir über einen teilweise mit Ketten versicherten und ausgesetzten Steig. Oben angekommen sind es nur noch ein paar Gehminuten zur **Landsberger Hütte** ❹, 1805 m. Östlich unterhalb der Hütte liegt die kleine Lache.

Von der Hütte nehmen wir den viel begangenen Weg nach Westen und halten uns an der folgenden Gabelung, etwa 1850 m, rechts. Durch Grashänge und Grasmulden steigen wir auf in das Westliche Lachenjoch, 1970 m. Hier gehen wir nach rechts und steigen auf einem steilen und erdigen Wanderweg über den begrünten Rücken zum Gipfel der **Roten Spitze** ❺ auf. Nach dem Rückweg ins Joch orientieren wir uns geradeaus Richtung Süden. Wenige Meter nach dem Joch nehmen wir an der Gabelung den linken Pfad und erklimmen über den Grat die **Steinkarspitze** ❻, 2067 m. (Wir können den Gipfel auch wenige Meter westseitig umgehen.)

Vom Gipfel steigen wir über den Ostgrat direkt hinab in die Steinkarscharte, etwa 1950 m. Hier halten wir uns links und erreichen in einem Bogen wieder die **Landsberger Hütte** ❹. Von der Hütte geht es auf dem bekannten Weg zurück zum **Parkplatz Vilsalpsee** ❶.

TOP

26 Vilsalpsee und Bärgacht

↗ 150 m | ↘ 150 m | 7.7 km

2.15 h

Seewanderung und eindrucksvoller Wasserfall

Das Ganze ist ein recht bequemer und dabei völlig harmloser Bergspaziergang, bei dem es viel zu schauen gibt und der deshalb auch Kindern Spaß macht. Der immerhin 1,4 km lange Vilsalpsee zwängt sich malerisch zwischen die steilflankigen Berge, nur am Nord- und am Südufer gibt es sanfte Wiesenflächen. Auf den Uferwegen und bis zur Vilsalpe geht es oft recht lebhaft zu, während im hintersten, von hohen Wänden eingeschlossenen Talwinkel relativ wenige Wanderer unterwegs sind. Dabei bietet der große, in mehrere Arme zerteilte Wasserfall wohl das schönste Naturschauspiel im Bereich des Tannheimer Tales. Selbstverständlich zeigt dieser große Quellbach der Vils im Frühsommer, wenn er durch das Schneeschmelzwasser angeschwollen ist, den imposantesten Anblick. Dann gibt es auch eine reiche Blumenpracht zu bewundern. Bärgacht heißt dieser abgelegene Talwinkel, wobei das »Gacht« etwa steil, jäh bedeutet.

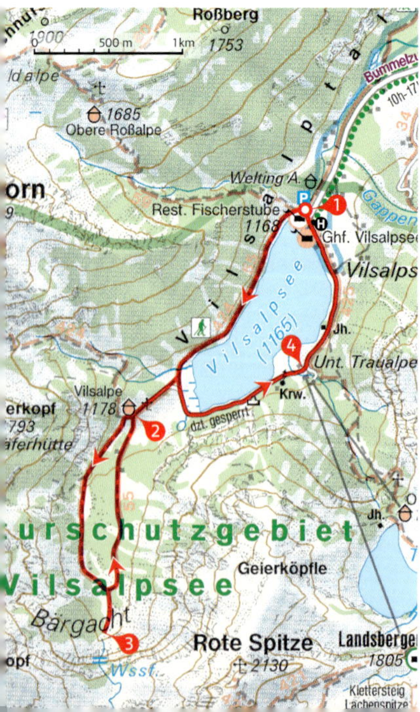

Ausgangspunkt: Parkplatz Vilsalpsee, 1168 m, am Nordufer des Sees, ca. vier Kilometer südlich von Tannheim im Vilstal (Navi: A-6675 Tannheim, Am Vilsalpsee 2).
Achtung: Die Zufahrt zum Vilsalpsee ist für Privat-Pkw nur vor 10 Uhr und nach 17 Uhr erlaubt. In der Zeit dazwischen: parken am großen Parkplatz an der Neunerköpfle-Talstation in Tannheim und per Bus ab Haltestelle »Tannheim Kreisverkehr« (s. u.) oder kleiner Touristenbahn (»Alpenexpress«, ein- bis zweimal/Std.) zum See.
Bus: Mit Linie 120 Reutte – Oberjoch (ca. alle 60 bis 90 Min.) oder Linie 123 Pfronten – Nesselwängle (ca. alle 2 Std.) zur Haltestelle »Tannheim Kreisverkehr« und von hier mit Linie 121 Tannheim – Vilsalpsee (mind. stündlich) zur Haltestelle »Tannheim Vilsalpsee« direkt am Ausgangspunkt.
Anforderungen: Bis zur Vilsalpe gemütliche Wanderwege, im hinteren Talbereich kleinere, steinige Steige.
Einkehr: Vilsalpe, 1178 m; Café Bistro Haubentaucher, 1168 m (Mi Ruhetag, am Ausgangspunkt).

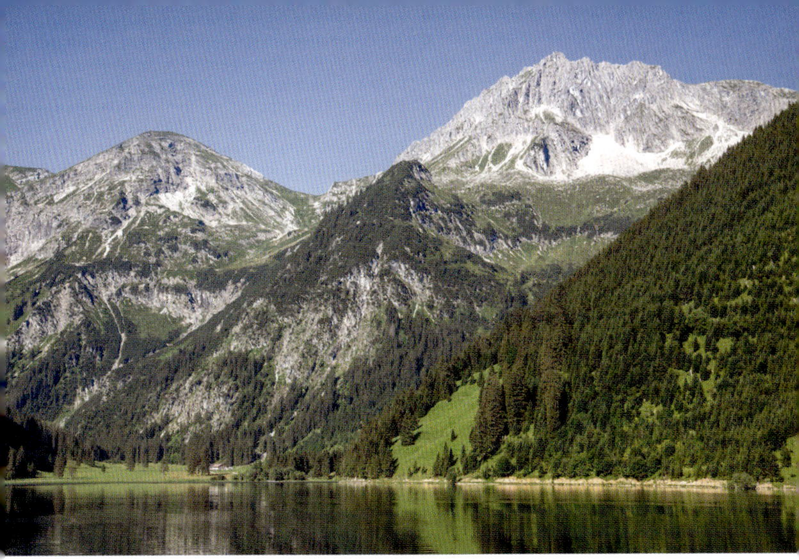

Vilsalpsee mit Vilsalpe am Ufer gegenüber. Im Hintergrund das Kugelhorn (links) und das Rauhhorn (rechts).

Vom **Parkplatz Vilsalpsee** ❶ gehen wir zum Seeufer und dort nach rechts (Westen) über den Ausfluss des Vilsalpsees. Direkt nach der Brücke biegen wir nach links und wandern auf dem breit ausgebauten Weg am Westufer entlang. Am Ende des Sees geht es über eine Brücke, danach treffen wir auf einen Fahrweg, dem wir nach halb rechts bis zur **Vilsalpe** ❷, 1178 m, folgen. Die Alpe lassen wir rechts liegen und halten uns weiter Richtung Südosten. Etwa 250 m nach der Alpe verlassen wir den breiten Weg und zweigen nach rechts auf einen schmalen Wanderweg ab. Wir folgen grob dem Bachverlauf und kommen so dem Talende immer näher. Bei einer Bachüberquerung gelangen wir an einen Abzweig. Von hier lohnt sich der kurze Abstecher weiter Richtung Süden an den Fuß des **Wasserfalls** ❸, 1280 m. Auf dem bekannten Weg gehen wir zurück zum Abzweig und dort nach rechts. Auf dem guten Weg wandern wir zurück zur **Vilsalpe** ❷ und nun zunächst weiter auf dem Hinweg. Wieder am Vilsalpsee angekommen, halten wir uns kurz vor dem Ufer rechts. Ein schöner Weg führt am Ostufer entlang und wir erreichen die Talstation der **Materialseilbahn** ❹, 1175 m, der Landsberger Hütte. Auf einem breiten Fahrweg gehen wir weiter am Ufer entlang und erreichen wieder den **Parkplatz Vilsalpsee** ❶.

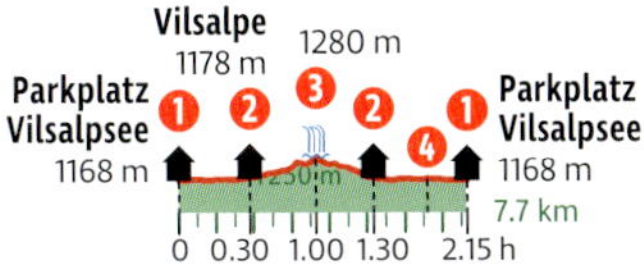

↗ 1050 m | ↘ 1050 m | 17.1 km

27 Große Vilsalpsee-Runde

7.15 h

Lange Bergwanderung über vier Scharten

Manche beginnen diese großzügige Rundtour bereits am Neunerköpfle und sind dann noch mindestens eineinhalb Stunden länger unterwegs. Andere besteigen zusätzlich die am Weg liegenden Gipfel wie Steinkarspitze, Kugelhorn und Rauhhorn. Doch dazu braucht man dann schon eine ausgezeichnete Kondition. Diese Route bietet eine Fülle schönster Eindrücke, eine ideale Mischung aus interessanten Nahblicken – wie etwa auf die zerborstene Kälbelespitze – und einer weitreichenden Fernsicht.

Ausgangspunkt: Parkplatz Vilsalpsee, 1168 m, am Nordufer des Sees, ca. vier Kilometer südlich von Tannheim im Vilstal (Navi: A-6675 Tannheim, Am Vilsalpsee 2).
Achtung: Die Zufahrt zum Vilsalpsee ist für Privat-Pkw nur vor 10 Uhr und nach 17 Uhr erlaubt. In der Zeit dazwischen: parken am großen Parkplatz an der Neunerköpfle-Talstation in Tannheim und per Bus ab Haltestelle »Tannheim Kreisverkehr« (s. u.) oder kleiner Touristenbahn (»Alpenexpress«, ein- bis zweimal/Std.) zum See.
Bus: Mit Linie 120 Reutte – Oberjoch (ca. alle 60 bis 90 Min.) oder Linie 123 Pfronten – Nesselwängle (ca. alle 2 Std.) zur Haltestelle »Tannheim Kreisverkehr« und von hier mit Linie 121 Tannheim – Vilsalpsee (mind. stündlich) zur Haltestelle »Tannheim Vilsalpsee« direkt am Ausgangspunkt.
Anforderungen: Anstrengende Höhentour auf alpinen Steigen, einige felsige Stellen mit Sicherung.
Einkehr/Übernachtung: Obere Traualpe, 1649 m; Landsberger Hütte, 1805 m (DAV, 200 Schlafplätze, Tel. +43 5675 6282, landsbergerhuette.at); Vilsalpe, 1178 m; Café Bistro Haubentaucher, 1168 m (Mi Ruhetag, am Ausgangspunkt).

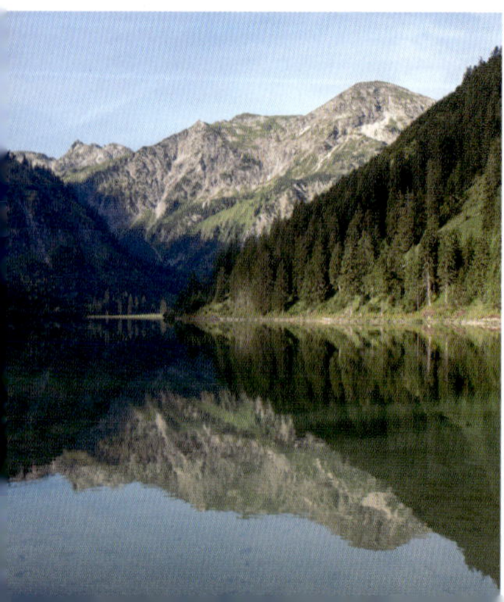

Vom **Parkplatz Vilsalpsee** ❶ folgen wir dem breiten Weg entlang des Nordostufers. Nach wenigen Minuten erreichen wir den Damm, der nach einem großen Felssturz unterhalb der Schochenspitze zur Sicherung des Weges angelegt wurde. Der breite Weg bringt uns direkt zur Talstation der **Materialseilbahn** ❷, 1175 m, der Landsberger Hütte. Hier beginnt der eigentliche Aufstieg auf einem nach dem Felssturz zum Teil neu angelegten, gut erkennbaren und einfach zu begehenden Weg.

Vilsalpsee und der Gipfel des Kugelhorn.

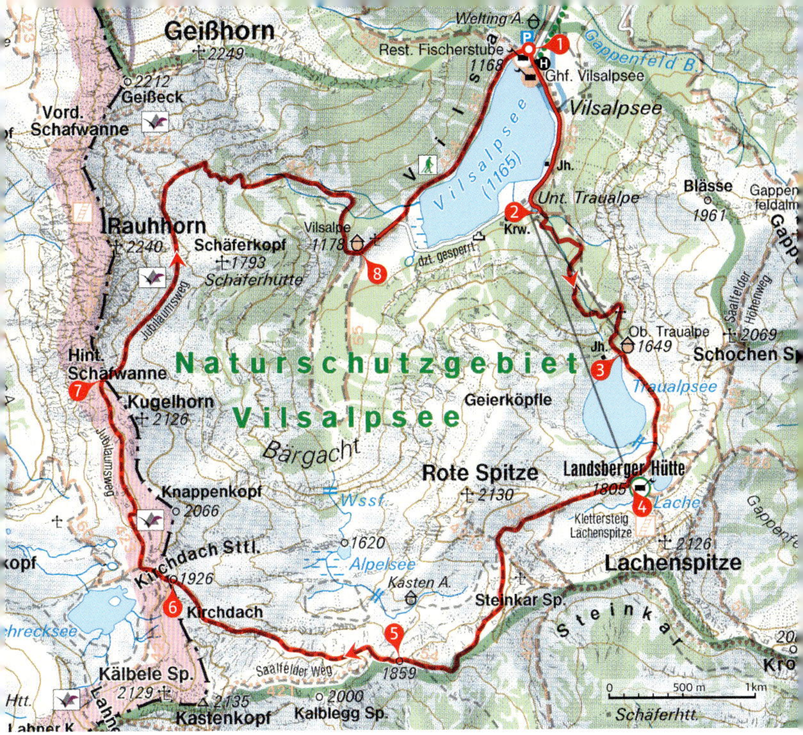

Wir gewinnen stetig an Höhe und wandern auf die markante Geländekante des Traualpsees zu. Diese Geländekante wird schließlich etwas steiler in Kehren überwunden und der Blick öffnet sich über weites Almgelände. Direkt am Traualpsee (Stausee) liegt die bewirtschaftete **Obere Traualpe** ❸, 1649 m. Von hier erkennen wir auch schon die Landsberger Hütte oberhalb der zweiten Geländekante.

Wir folgen dem Wanderweg links am Seeufer entlang und nähern uns so dem Wandfuß der zweiten Geländekante. Diese überwinden wir über einen teilweise mit Ketten versicherten und ausgesetzten Steig. Oben angekommen sind es nur noch ein paar Gehminuten zur **Landsberger Hütte** ❹, 1805 m. Östlich unterhalb der Hütte liegt die kleine Lache.

Von der Hütte wandern wir weiter Richtung Westen und erreichen über Grasgelände das Lachenjoch, 1970 m, zwischen Roter Spitze und Steinkarspitze. Wir halten uns links – steigen aber nicht zur Steinkarspitze auf – und queren die steile Westflanke der Steinkarspitze. Unser Weg führt über einen welligen Rücken leicht bergab in das breite **Kastenjoch** ❺, 1859 m.

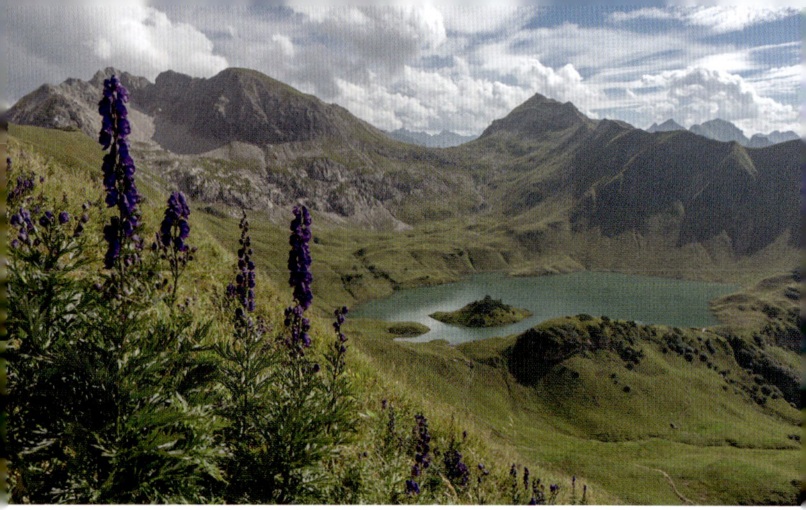

Blick vom Jubiläumsweg hinab zum Schrecksee mit der kleinen Insel.

Kurz nach dem Joch nehmen wir den rechten Weg. Im Auf und Ab wandern wir durch das interessante Karstgelände Richtung Westen und gelangen so zum **Kirchdachsattel** 6, 1926 m, mit einem überraschenden Tiefblick auf den beliebten Schrecksee. Vom Sattel steigen wir ein kurzes Stück rechts haltend bergab zu einem Abzweig, etwa 1876 m. Wir wandern weiter Richtung Norden und queren so die teilweise recht steilen Grasflanken des Kugelhorn und gelangen in den Sattel der **Hinteren Schafwanne** 7, 1975 m.

Von hier erfolgt der lange Abstieg zum Vilsalpsee. Wir steigen zunächst steil nach rechts ab und queren dann östlich vom wilden Rauhhorn oft über Schutt zu einer Wegverzweigung. An dieser und an der nächsten Verzweigung halten wir uns rechts und steigen so weiter bergab bis zur bewirtschafteten **Vilsalpe** 8, 1178 m. Entlang des Westufers des Vilsalpsees wandern wir zurück zum **Parkplatz Vilsalpsee** 1.

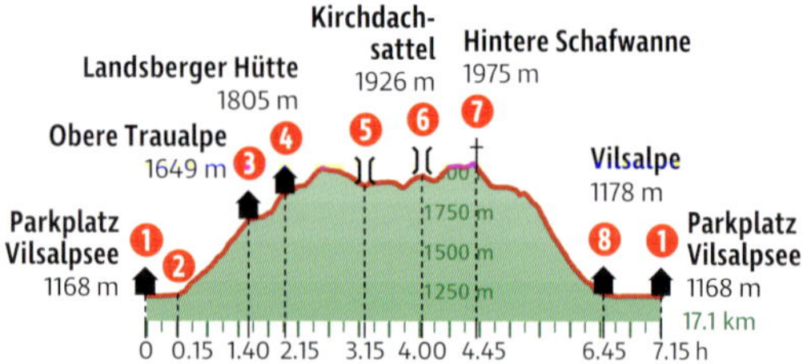

↗ 1100 m | ↘ 1100 m | 13.1 km

6.30 h

Rauhhorn, 2240 m

28

Ein anspruchsvolles Ziel über dem Vilsalpsee

Das Rauhhorn versteckt sich halb hinter seinem fast gleich hohen Nachbarn, dem Geißhorn, und fällt deshalb weniger auf. Dabei gehört es – wie schon der Name andeutet – zu den interessanten Felsgipfeln. Es ist ein zerklüftetes Massiv mit einer eindrucksvollen Ostwand. Über die beiden Gipfelgrate führt je ein Steig, trotzdem kann man die Überschreitung nicht unter »Bergwanderung« einordnen. Die Kletterstellen sind zwar einfach, erfordern jedoch Sicherheit beim Bergsteigen. Ideal lässt sich diese Tour mit einer Geißhorn-Überschreitung kombinieren. Gipfelsammler können zudem aus dem trennenden Sattel bei der Hinteren Schafwanne in etwa 30 Minuten das einsame Kugelhorn, 2126 m, erstürmen.

Ausgangspunkt: Parkplatz Vilsalpsee, 1168 m, am Nordufer des Sees, ca. vier Kilometer südlich von Tannheim im Vilstal (Navi: A-6675 Tannheim, Am Vilsalpsee 2).
Achtung: Die Zufahrt zum Vilsalpsee ist für Privat-Pkw nur vor 10 Uhr und nach 17 Uhr erlaubt. In der Zeit dazwischen: parken am großen Parkplatz an der Neunerköpfle-Talstation in Tannheim und per Bus ab Haltestelle »Tannheim Kreisverkehr« (s. u.) oder kleiner Touristenbahn (»Alpenexpress«, ein- bis zweimal/Std.) zum See.
Bus: Mit Linie 120 Reutte – Oberjoch (ca. alle 60 bis 90 Min.) oder Linie 123 Pfronten – Nesselwängle (ca. alle 2 Std.) zur Haltestelle »Tannheim Kreisverkehr« und von hier mit Linie 121 Tannheim – Vilsalpsee (mind. stündlich) zur Haltestelle »Tannheim Vilsalpsee« direkt am Ausgangspunkt.
Anforderungen: Eine der anspruchsvollsten Touren in diesem Wanderführer: steil, Auf- und Abstieg teilweise steinig, am Gipfel Kletterei im Schwierigkeitsgrad I.
Einkehr: Vilsalpe, 1178 m; Café Bistro Haubentaucher, 1168 m (Mi Ruhetag, am Ausgangspunkt).

Blick vom Gipfel des Rauhhorn auf den Südgrat, über den der Abstieg erfolgt.

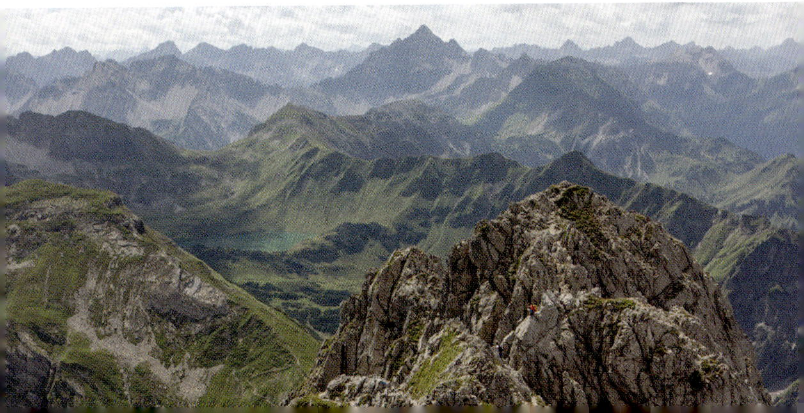

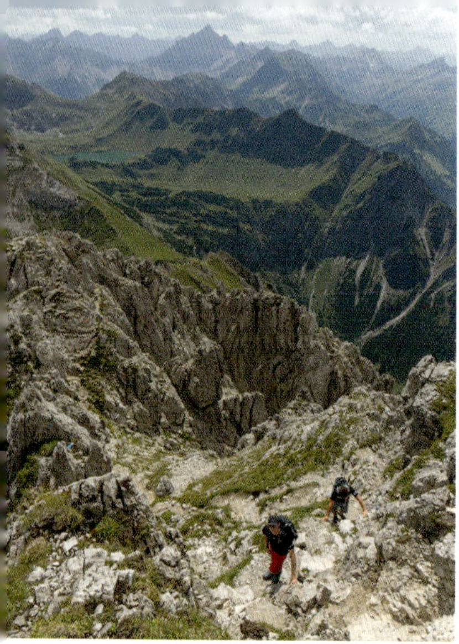

Am Gipfelaufbau des Rauhhorn, im Hintergrund der Schrecksee.

Vom **Parkplatz Vilsalpsee** 1 gehen wir zum Seeufer und dort nach rechts (Westen) über den Ausfluss des Vilsalpsees. Direkt nach der Brücke halten wir uns links und wandern auf dem breit ausgebauten Weg am Westufer entlang. Am Ende des Sees geht es über eine Brücke und anschließend auf einem Fahrweg zur bewirtschafteten **Vilsalpe** 2, 1178 m.

Hier geht es rechts und es beginnt der eigentliche Aufstieg. Grob entlang eines Baches steigen wir über freie Flächen bergauf zu einem **Abzweig** 3, 1700 m. Wir nehmen hier den rechten Steig und gewinnen unterhalb des Geißhorn schnell an Höhe. Über steiniges Grasgelände und am Ende über viele Kehren gelangen wir in die **Vordere Schafwanne** 4, 2060 m, zwischen Geißhorn und Rauhhorn. Vom Sattel nehmen wir den Steig Richtung Süden direkt am Rücken entlang. Wenig später bewegen wir uns leicht rechts vom Rücken und erreichen den letzten steilen Gipfelaufschwung. Links geht es mithilfe eines Drahtseils durch eine etwas ausgesetzte Rinne, dann nach rechts um eine Ecke und schließlich zum Kreuz auf dem **Rauhhorn** 5.

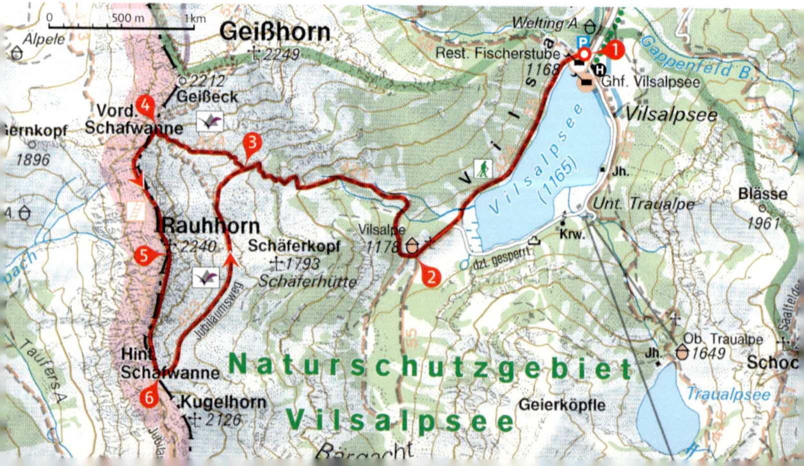

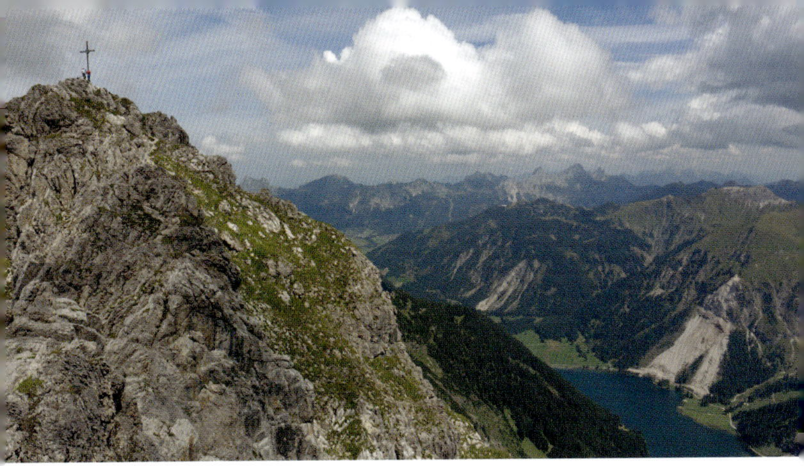

Vom felsigen Südgrat eröffnet sich immer wieder ein Blick zurück zum Gipfel des Rauhhorn und hinab zum Vilsalpsee. Gut zu erkennen der Felssturz am Ostufer.

Nun steigen wir, stets den deutlichen Spuren folgend, über den mit kleinen Felszacken besetzten Südgrat hinab. Immer wieder wollen kleinere Kletterpassagen bewältigt werden. Der Verlauf über den Grat führt direkt in die **Hintere Schafwanne** 6, 1985 m. (Am Sattel könnten wir dem Gratverlauf weiter Richtung Süden folgen und so auf einem schmalen Weg zusätzlich den Gipfel des Kugelhorn, 2126 m, erklimmen.) Für den eigentlichen Weiterweg steigen wir jedoch vom Sattel zunächst steil über einige Kehren Richtung Osten bergab. Dann wird der Steig deutlich flacher und zieht nach links (Norden). An beiden folgenden Abzweigen halten wir uns rechts und erreichen so unter den Rauhhorn-Wänden entlang den bekannten **Abzweig** 3 unterhalb der Vorderen Schafwanne. Von hier wandern wir auf dem ursprünglichen Weg zurück zur Vilsalpe und am See entlang zum **Parkplatz Vilsalpsee** 1.

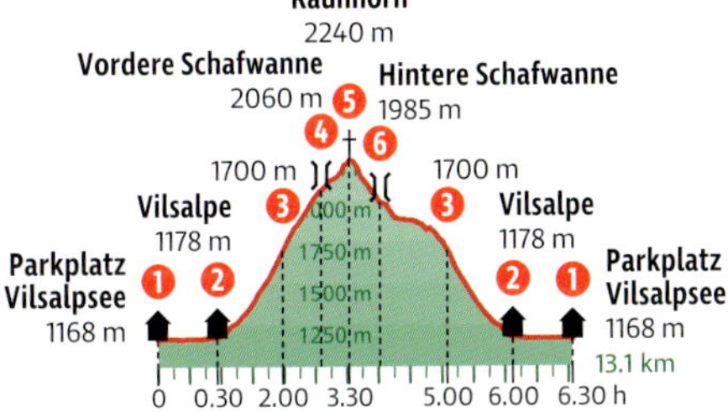

TOP

29 Geißhorn, 2249 m

↗ 1100 m | ↘ 1100 m | 10.9 km

6.00 h

Formschöne und mächtige Felspyramide steil über dem Vilsalpsee

Diese gewaltige Aussichtspyramide gehört zu den begehrtesten Zielen über dem Tannheimer Tal, zumal sich die Tour als schöne Rundtour vom Vilsalpsee aus anbietet und das Geißhorn die höchste Erhebung über dem See darstellt. Der von Schrofen durchsetzte Gipfelaufbau erfordert allerdings etwas Geschicklichkeit und gutes Schuhwerk.

Ausgangspunkt: Parkplatz Vilsalpsee, 1168 m, am Nordufer des Sees, ca. vier Kilometer südlich von Tannheim im Vilstal (Navi: A-6675 Tannheim, Am Vilsalpsee 2).
Achtung: Die Zufahrt zum Vilsalpsee ist für Privat-Pkw nur vor 10 Uhr und nach 17 Uhr erlaubt. In der Zeit dazwischen: parken am großen Parkplatz an der Neunerköpfle-Talstation in Tannheim und per Bus ab Haltestelle »Tannheim Kreisverkehr« (s. u.) oder kleiner Touristenbahn (»Alpenexpress«, ein- bis zweimal/Std.) zum See.
Bus: Mit Linie 120 Reutte – Oberjoch (ca. alle 60 bis 90 Min.) oder Linie 123 Pfronten – Nesselwängle (ca. alle 2 Std.) zur Haltestelle »Tannheim Kreisverkehr« und von hier mit Linie 121 Tannheim – Vilsalpsee (mind. stündlich) zur Haltestelle »Tannheim Vilsalpsee« direkt am Ausgangspunkt.
Anforderungen: Steile Bergwege, am Gipfelmassiv ist zudem Trittsicherheit erforderlich.
Einkehr: Obere Roßalpe, 1685 m (im Sommer einfache Bewirtung); Vilsalpe, 1178 m; Café Bistro Haubentaucher, 1168 m (Mi Ruhetag, am Ausgangspunkt).

Vom Sattel nach der Oberen Roßalpe haben wir einen perfekten Blick auf den Gipfelaufbau des Geißhorn und den Aufstiegsweg durch die Flanke.

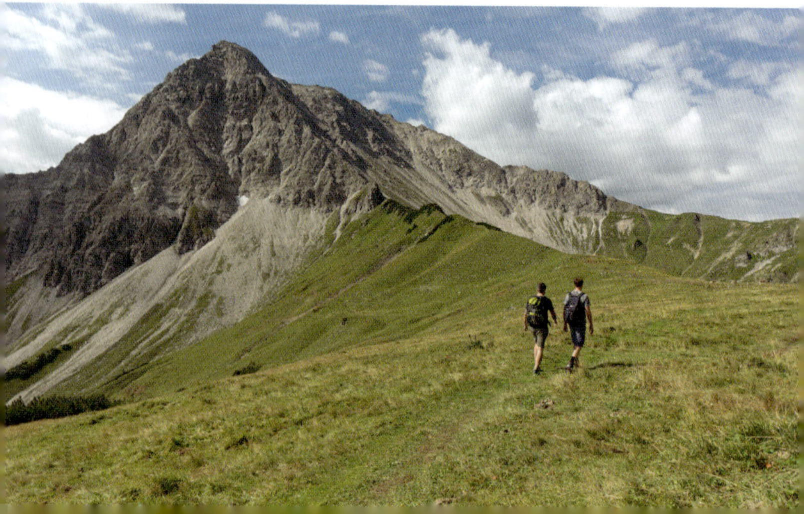

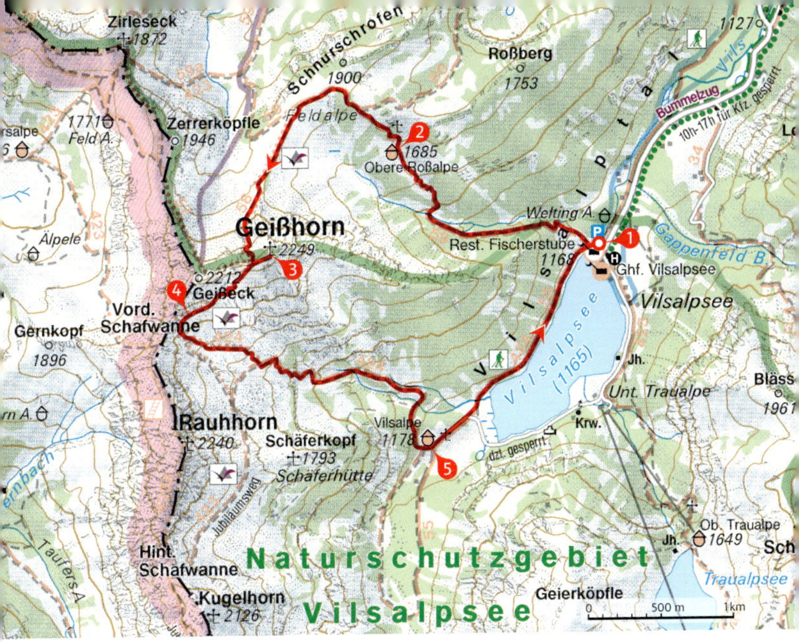

Vom **Parkplatz Vilsalpsee** ❶ gehen wir zum Seeufer und dort nach rechts (Westen) über die Brücke über den Ausfluss des Vilsalpsees. Direkt nach der Brücke halten wir uns rechts und schon weniger Meter später biegen wir nach links auf einen Wanderweg, der uns über die Wiese am Waldrand entlang emporführt. Am Ende der Wiese taucht unser Weg in den Bergwald ein. Links (südlich) eines Bachtobels steigen wir Richtung Westen auf. Bei einem Abzweig gehen wir rechts, überqueren den Bach und steigen bald über freie Weideflächen zur **Oberen Roßalpe** ❷, 1685 m, auf.

Wir behalten die Richtung (Nordwesten) bei und steigen weiter auf bis in einen schönen Sattel, etwa 1860 m, in der Nähe des Schnurschrofen. Rechts ginge es von hier hinab zum Älpele. Wir bleiben auf dem Rücken und wandern Richtung Süden auf das mächtige Geißhorn zu. Unser Weg zieht leicht nach rechts in die sehr steile Schutt- und Schrofenflanke. Über zahlreiche Serpentinen gewinnen wir hier schnell an Höhe, erreichen den Gipfelgrat und haben damit einen freien Blick in Richtung Süden. Grob entlang des Grats steigen wir nach links die letzten Meter empor bis zum Gipfel des **Geißhorn** ❸.

Vom Gipfel gehen wir wieder hinab an die bekannte Stelle am Gipfelgrat. Hier halten wir uns jetzt links und steigen schräg durch die Südflanke des Geißhorn hinab in Richtung Vordere Schafwanne, dem Sattel zwischen

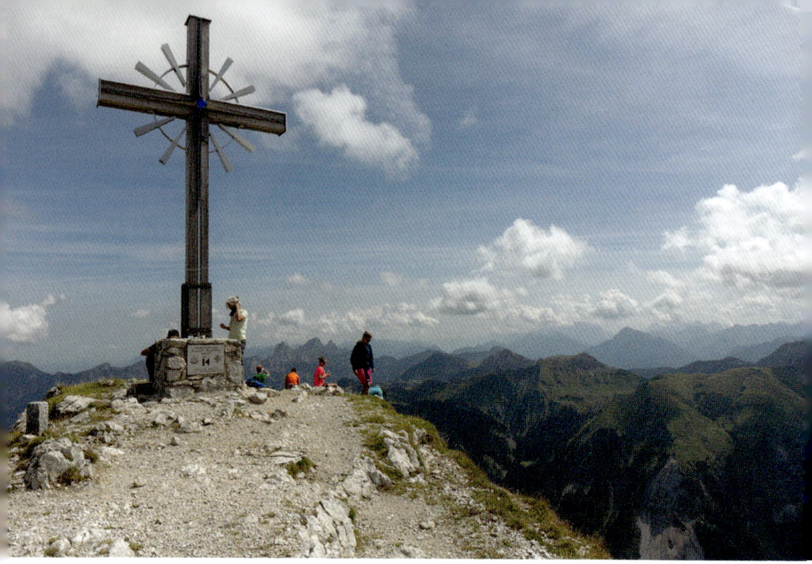

Rundumblick am Gipfel des Geißhorn.

Rauhhorn und Geißeck bzw. Geißhorn. Etwa gut 200 m vor dem eigentlichen Sattel verlassen wir den Weg am **Abzweig Vordere Schafwanne** 4, 2055 m, nach links und steigen so querend zu einem bereits sichtbaren Serpentinenweg ab. Natürlich könnten wir auch weiter bis zum Sattel gehen und von dort von oben die Serpentinen Richtung Osten absteigen. Direkt nach den Serpentinen gelangen wir an einen beschilderten Abzweig, an dem wir uns scharf links halten. Über einen steinigen Pfad geht es steil Richtung Osten hinab zur **Vilsalpe** 5, 1178 m. An der Alpe wandern wir nach links und weiter auf den Vilsalpsee zu. Hier gehen wir nach links, über eine Brücke und dann bequem am Westufer entlang zurück zum **Parkplatz Vilsalpsee** 1.

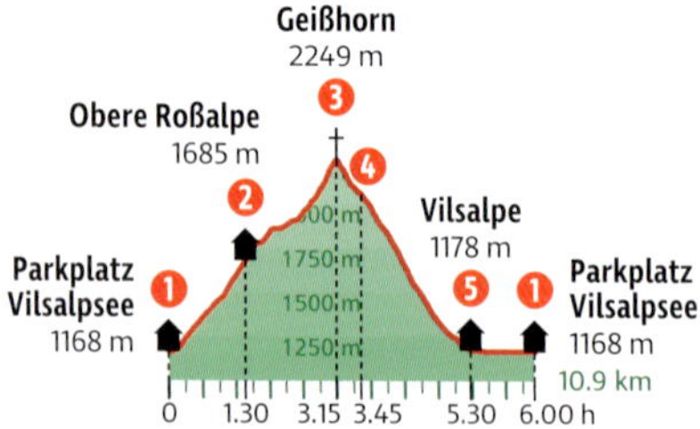

↗ 770 m | ↘ 770 m | 10.4 km

4.30 h

Älpele – Roßalpe 30

Rundtour unter dem Geißhorn

Das Älpele wäre ein erstes kleineres Ziel. Es liegt in einem erstaunlich weiten, sanften Talboden mit üppigen Weideflächen und reicher Flora, einem Boden, der von steilen, felsdurchsetzten Graten eingerahmt ist. Ein Platz zum Träumen! Wer noch mehr unternehmen will, steigt zum weiten Sattel am Schnurschrofen im Bereich der ehemaligen Feldalm hinauf. Schöne Matten und der nun viel freiere Blick laden ebenfalls zu einer ausgiebigen Rast ein. Besonders imposant zeigt sich das Geißhorn, das nach Nordosten mit einer 350 Meter hohen Schrofenflanke abbricht. Der Abstieg erfolgt vorbei an der Unteren Roßalpe, in Tannheim schließt sich der Kreis dieser schönen Rundtour.

Ausgangspunkt: Tannheim, 1097 m, Parkplatz westlich des Ortes an der Straße »Unterhöfen«, die zum Ortsteil Kienzen führt; von der Umgehungsstraße die Ausfahrt »Kienzen« nehmen (Navi: A-6675 Tannheim, Unterhöfen 87, Parkplatz West).
Bus: Linie 120 Reutte – Oberjoch (ca. alle 60 bis 90 Min.), Haltestelle »Tannheim Neu Kienzen«, ca. 200 m nordwestlich vom Ausgangspunkt.
Anforderungen: Meist ordentliche Fahrwege und gute Wanderwege, teilweise recht steil.
Einkehr: Älpele, 1526 m; zahlreiche Restaurants in Tannheim.

Das Älpele ist bei Wanderern und Bikern sehr beliebt.

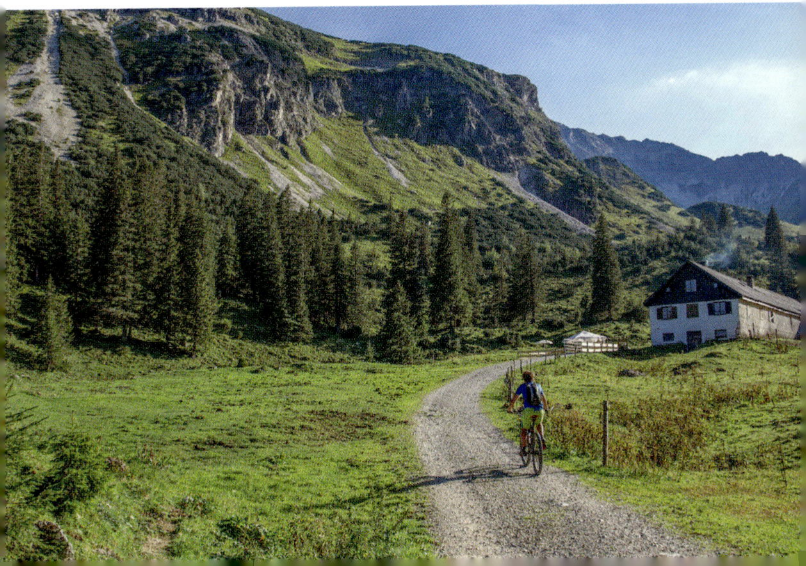

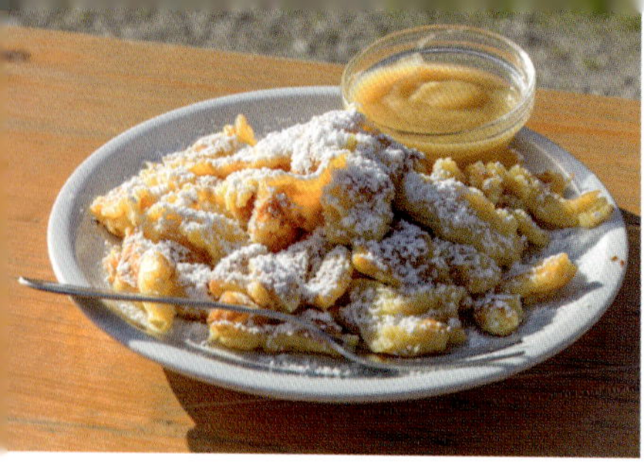

Hausgemachter Kaiserschmarren.

Direkt südlich vom **Parkplatz West** ❶ in **Tannheim** führt ein Wanderweg entlang, dem wir Richtung Westen folgen. Schon bald wandern wir links (südlich) an den Häusern vom Ortsteil Neu-Kienzen vorbei und gelangen kurz nach dem Gästehaus Hirsch bzw. Landhaus Wiesle zu einer Weggabelung. Hier halten wir uns links. Ein Fahrweg führt leicht bergauf Richtung Süden hinein ins Älpelestal. Wir können ihn immer wieder abkürzen bzw. meiden, indem wir den ebenfalls guten Wanderweg benutzen, und gewinnen im lichten Wald an Höhe. Unser Weg wird etwas steiler und wir erreichen schließlich das **Älpele** ❷, 1526 m.

Wir wandern am Alpgebäude vorbei weiter Richtung Südwesten über die schönen und gewellten Böden und kommen an eine Wegverzweigung, etwa 1670 m, bei einer Kuppe und einem verfallenen Alpgebäude (es sind nur noch die Grundmauern erkennbar). Wir halten uns links und unser Steig führt durch das von kleinen Kuppen reich gegliederte Almgelände bergauf. Direkt vor uns ragt das Geißhorn mit einer breiten und steilen Schrofenflanke in die Höhe. Unser Weg zieht scharf nach links und bringt uns empor zu einem schönen und breiten Rücken. Oben halten wir uns links und er-

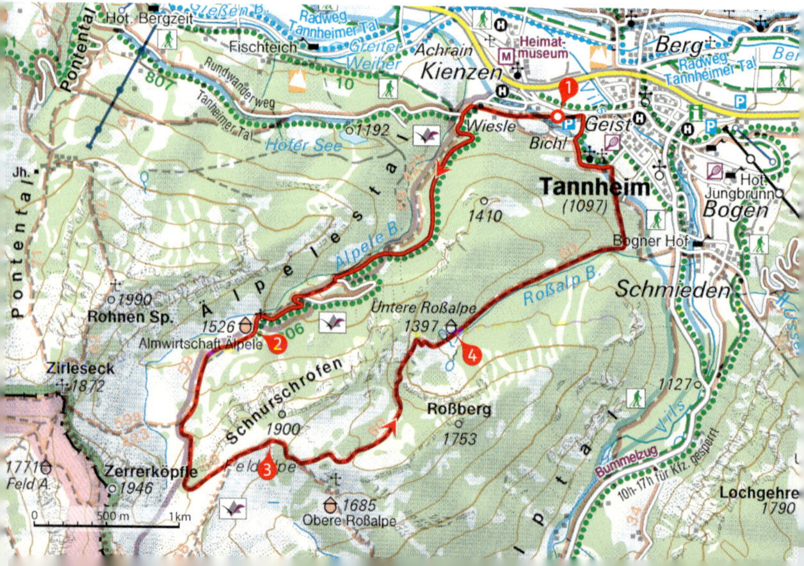

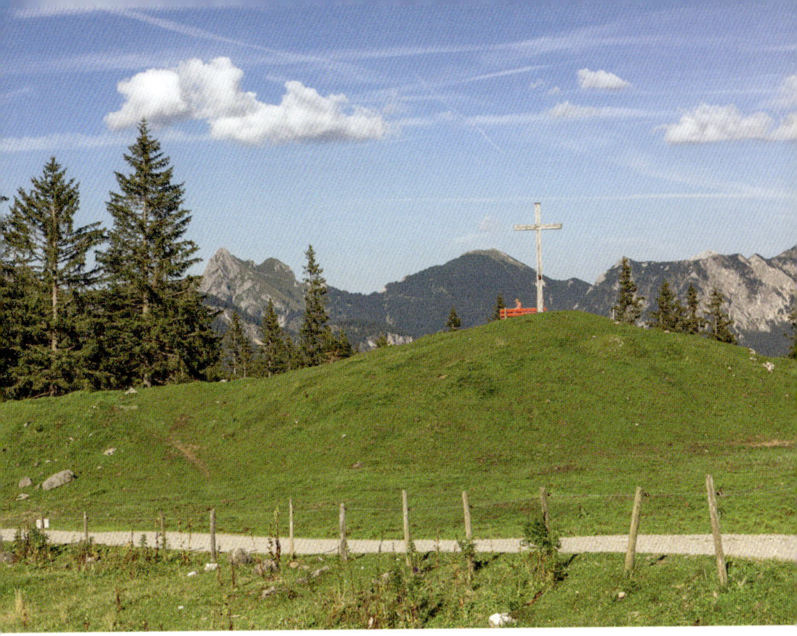

Nur wenige Meter vom Älpele entfernt haben wir von einer Kuppe mit Bank und Kreuz einen prächtigen Blick Richtung Norden, z. B. auf den Aggenstein.

reichen schon bald den **Schnurschrofensattel** ❸, 1855 m, knapp unterhalb des Schnurschrofen. Auf der anderen Seite steigen wir Richtung Osten über Gras- und Latschenhänge bergab. An der nächsten Weggabelung gehen wir links. Unser Weg zieht jetzt Richtung Nordosten, schließlich steigen wir über eine steilere Stufe hinab zur **Unteren Roßalpe** ❹, 1397 m. Im Wald folgen wir dem Verlauf des Baches, dann führt unser Weg links um die Geländekante und wir erreichen die Wiesen oberhalb von Tannheim mit einem prächtigen Blick auf die Ortschaft. Vorbei an der Lourdeskapelle geht es zurück zum **Parkplatz West** ❶ in **Tannheim**.

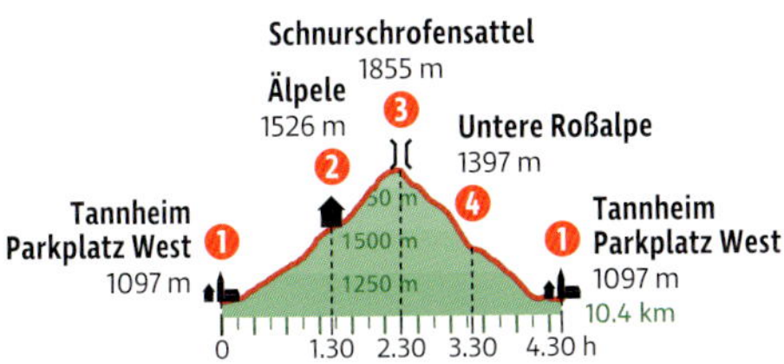

↗ 930 m | ↘ 930 m | 12.2 km

31 Zirleseck und Rohnenspitze, 1990 m

5.45 h

Der östlichste Berg des Trios Bschießer – Ponten – Rohnenspitze

Den mittleren und westlichen Teil des Tannheimer Tales beherrscht ein eher sanft geformter Berg, der sich wie ein Pult gegen das Tal vorschiebt. Das ist die Rohnenspitze, deren 700 Meter hohe Nordflanke als steile, glatte, auffallend gleichmäßige Riesenfläche ins Tal abfällt. Ungleich markanter und felsiger zeigt sich die Südseite, wenn man den Berg etwa vom Zirleseck aus betrachtet. Bei dieser Tour wird die Rohnenspitze von Süden nach Norden überschritten.

Ausgangspunkt: Tannheim, 1097 m, Parkplatz westlich des Ortes an der Straße »Unterhöfen«, die zum Ortsteil Kienzen führt, von der Umgehungsstraße die Ausfahrt »Kienzen« nehmen (Navi: A-6675 Tannheim, Unterhöfen 87, Parkplatz West).
Bus: Linie 120 Reutte – Oberjoch (ca. alle 60 bis 90 Min.), Haltestelle »Tannheim Neu Kienzen«, ca. 200 m nordwestlich vom Ausgangspunkt.

Anforderungen: Bis zum Zirleseck mittelschwere Bergwege. Am Gipfelaufbau der Rohnenspitze immer wieder steilere Felspassagen, die z. T. mit Drahtseilen versichert sind. Häufig auch loser Schutt. Gute Trittsicherheit erforderlich!
Einkehr: Älpele, 1526 m; zahlreiche Restaurants in Tannheim.
Variante: Ab dem Zirleseck Abstieg durchs Pontental ohne Überschreitung der Rohnenspitze (leicht).

Direkt südlich vom **Parkplatz West** ❶ in **Tannheim** verläuft ein Wanderweg, dem wir Richtung Westen folgen. Schon bald wandern wir links (südlich) an den Häusern vom Ortsteil Neu-Kienzen vorbei und gelangen kurz nach dem Gästehaus Hirsch bzw. Landhaus Wiesle zu einer Weggabelung. Hier halten wir uns links (am Ende unserer Rundtour werden wir wieder

Blick vom Bschießer hinüber zur Rohnenspitze (links) und zum Zirleseck (Bildmitte). Darunter im Schatten das Pontental und hinten rechts das Geißhorn.

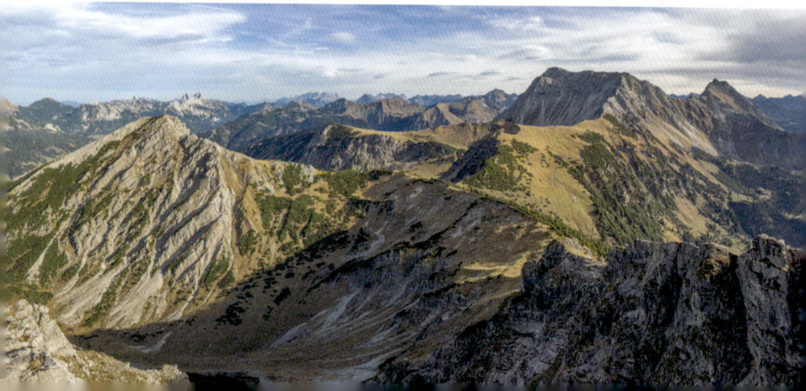

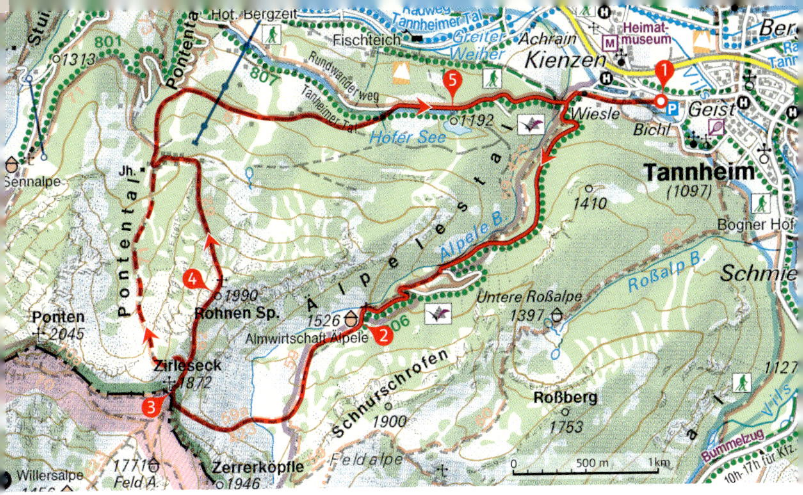

an diese Weggabelung gelangen). Ein Fahrweg führt leicht bergauf Richtung Süden hinein ins Älpelestal. Wir können ihn immer wieder abkürzen bzw. meiden, indem wir den ebenfalls guten Wanderweg benutzen, und gewinnen im lichten Wald an Höhe. Unser Weg wird etwas steiler und wir erreichen schließlich das **Älpele** ❷, 1526 m.

Wir wandern am Alpgebäude vorbei weiter Richtung Südwesten über die schönen und gewellten Böden und kommen an eine Wegverzweigung, etwa 1670 m, bei einer Kuppe und einem verfallenen Alpgebäude (es sind nur noch die Grundmauern erkennbar). Wir biegen rechts ab und gehen fast eben zum kleinen Älpelebach hinüber. Schon kurz nach der Bachüberquerung wird unser Weg steiler und wir erreichen in einem leichten Rechtsbogen über einen Steilhang den tiefsten Sattel im Grenzkamm. Oben halten wir uns rechts (Norden) und sind nach wenigen Metern auf dem **Zirleseck** ❸, 1872 m. Von hier haben wir einen herrlichen Blick auf den felsigen Gipfelaufbau der Rohnenspitze.

Wir wandern am Rücken entlang weiter auf den Gipfel zu und erreichen kurz vor der kleinen Bergwachthütte einen Abzweig, etwa 1860 m. Hier müssen wir uns entscheiden, ob wir den Gipfel der Rohnenspitze überschreiten oder alternativ den einfachen Abstieg nach links ins Pontental wählen (nach gut 30 Min. treffen wir wieder auf den Hauptweg). Für die Gipfelbesteigung gehen wir am Abzweig geradeaus. In der Nähe der Bergwachthütte verlassen wir den Rücken nach links (Westseite) und queren im schottrigen und felsigen Gelände. Über eine kurze, aber steile und felsige Stufe mit Drahtseilversicherung gelangen wir wieder auf den Grat. Der Weiterweg ist gut markiert und folgt stets dem Südgrat empor. Immer wieder sind kleinere Felspassagen zu überwinden. Einige Serpentinen im

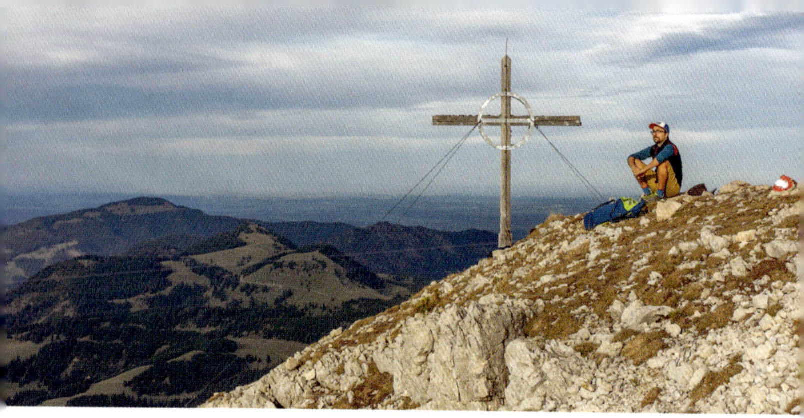

Abendsonne an der Rohnenspitze. Etwa in der Bildmitte der Gipfel des Schönkahler.

Schottergelände bringen uns schließlich zum aussichtsreichen Gipfel der **Rohnenspitze** ❹.

Unser Abstieg erfolgt über den abgerundeten, relativ steilen Nordrücken auf einem steinigen Pfad, weiter unten durch Latschen. An einem Aussichtspunkt, etwa 1580 m, zieht unser Weg nach links. Wir steigen im Bergwald Richtung Westen weiter bergab, gelangen so in das Pontental und treffen im Talboden auf einen etwas breiteren Wanderweg. Dieser Weg stellt den direkten Abstiegsweg vom Zirleseck durch das Pontental dar. Am beschilderten Abzweig, etwa 1450 m, halten wir uns rechts Richtung »Tannheim 1,5 h« und erreichen so nach gut 100 m einen breiten Forstweg. Diesem folgen wir etwa 50 m nach links und zweigen dann wieder rechts ab auf einen Wanderweg. Wir steigen durch ein Waldstück bergab und stoßen bei einer Skipiste erneut auf einen breiten Fahrweg, dem wir nach rechts folgen. Schon bald kreuzen wir die Rohnenspitzbahn und wandern weiter Richtung Osten leicht bergab, vorbei am kleinen und bescheidenen **Höfersee** ❺, 1192 m (kurzer Abstecher nach rechts). Schließlich überqueren wir den Älpelebach und stoßen direkt danach auf den bekannten Aufstiegsweg. Auf diesem geht es zurück zum **Parkplatz West** ❶ in **Tannheim**.

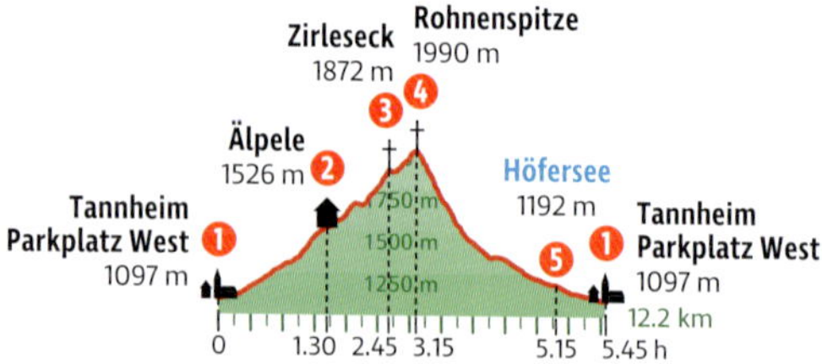

↗ 665 m | ↘ 1140 m | 10.7 km

TOP

5.15 h

Bschießer und Ponten, 2045 m

32

Interessante Tour für Gipfelsammler

Ponten heißt der höchste Gipfel im Bereich von Schattwald. Mit seinem von Felszähnen verzierten Nordgrat gehört er zu den auffallenden Berggestalten des Gebietes. Er lässt sich ideal mit dem benachbarten Gerade-noch-Zweitausender Bschießer kombinieren. Nimmt man gleich am Anfang den Kühgundkopf mit, dann sind es bereits drei Gipfel. Ganz Fleißige schließen sogar noch am Ende die Überschreitung der Rohnenspitze an und können an dem Tag gleich vier Gipfel sammeln.

Ausgangspunkt: Schattwald, Talstation der Wannenjochbahn mit großem Parkplatz, südlich etwas oberhalb der Hauptstraße, 1090 m (Navi: A-6671 Schattwald, Schattwald 32, Wannenjochbahn).
Bus: Linie 120 Reutte – Oberjoch (ca. alle 60 bis 90 Min.), Haltestelle »Schattwald Dorfplatz«, ca. 200 m nordöstlich vom Ausgangspunkt.
Wannenjochbahn: Betriebszeiten in der Sommersaison etwa Mitte Mai – Ende Oktober, 8.40–16.00 Uhr, jedoch nur bei Schönwetter, Tel. +43 5675 6260, tannheimer-bergbahnen.at, Talstation 1090 m, Bergstation 1565 m.
Anforderungen: Bergwege ohne anspruchsvolle Stellen, am Ponten-Gipfel etwas schrofig.
Einkehr: Jochstadl, 1565 m (direkt an der Bergstation); ggf. Stuibensennalpe, 1403 m (Variante, Mo Ruhetag); Gasthäuser in Schattwald.
Varianten: 1. Gipfelabstecher zum Wannenjoch bzw. Kühgundkopf, 1907 m (etwa 200 Hm bzw. 45 Min. zusätzlich, einfache Bergwege).
2. Abstieg über Stuibensennalpe (Gesamtzeit reduziert sich auf etwa knapp 4 Std., einfache Bergwege).
3. Gipfelabstecher zur Rohnenspitze, 1990 m (etwa 100 Hm bzw. gut 45 Min. zusätzlich, schwierige Bergwege, z. T. mit Drahtseilversicherungen).

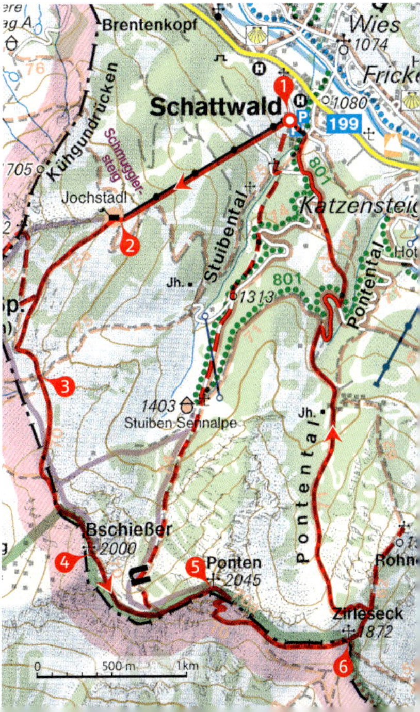

Von der **Talstation** der **Wannenjochbahn** ❶, 1090 m, bei **Schattwald** erreichen wir bequem mit dem Lift die **Bergstation** ❷, 1565 m. Hier nehmen wir den Wanderweg leicht bergauf in Richtung Südwes-

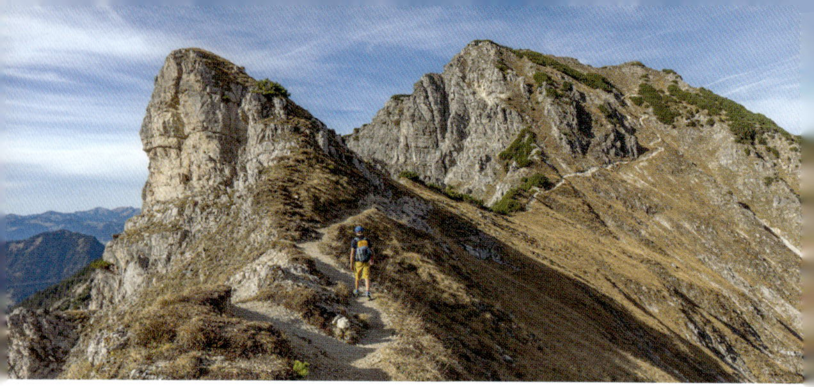

Pontensattel (auch Güntle genannt) mit Blick zurück zum Gipfel des Bschießer und zum Abstiegsweg durch die Ostflanke.

ten und queren so schräg empor den Osthang des Wannenjoch (auch Kühgundkopf). Nach einer Weile erreichen wir einen beschilderten Abzweig, etwa 1720 m, bei dem wir nach rechts zum Wannenjoch aufsteigen könnten (weitere Gipfeloption). Wir halten uns hier geradeaus und steigen über einen Grashang hinab zur verfallenen **Oberen Stuibenalpe** ❸, 1613 m, in einem weitläufigen Sattel. Wir wandern geradeaus über den Sattel und ignorieren die Abzweige nach links und rechts. Zunächst geht es nur leicht ansteigend über weite Flächen bergauf. Schließlich gewinnen wir im Zickzack auf einem Rücken schnell an Höhe und erreichen so den Gipfelgrat und das Gipfelkreuz am **Bschießer** ❹, 2000 m.

Nach der aussichtsreichen Gipfelpause folgen wir dem Grat ein paar Meter Richtung Süden, dann zieht unser Weg links, etwas steiler, Richtung Osten hinab. Nach ein paar Spitzkehren wird der Wanderweg wieder etwas flacher und in einem Linksbogen gelangen wir in den Pontensattel (auch Güntle genannt), etwa 1900 m. (Von hier könnten wir nach links, vorbei an der Stuibensennalpe, wieder direkt nach Schattwald absteigen.) Für den Weiterweg bleiben wir am Gratverlauf und steigen über den teilweise grünen und teilweise steinigen Westgrat zum **Ponten** ❺ auf.

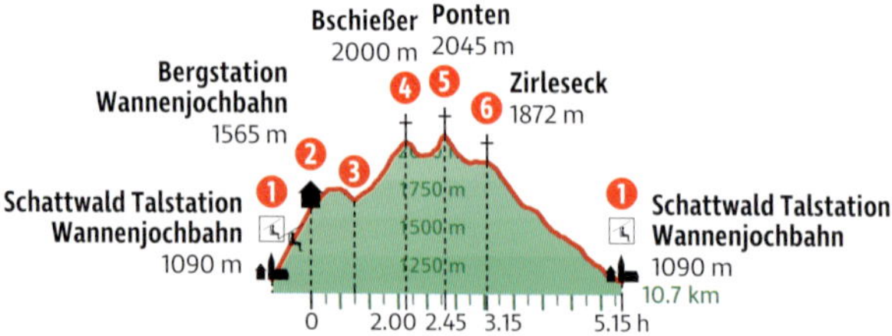

Vom Gipfel nehmen wir dann den etwas steileren und schottrigen Weg durch die Südflanke hinab und treffen so auf einen quer verlaufenden Pfad. Auf diesem wandern wir nach links und gelangen so entlang eines Rückens direkt zum **Zirleseck** ❻, 1872 m, mit Wegweiser. Wir folgen dem Rücken Richtung Norden (»Rohnenspitze, Zöblen, Schattwald via Pontental«) und steuern so direkt den Gipfel der Rohnenspitze an. Ein paar Meter vor der kleinen Bergwachthütte verlassen wir jedoch den Rücken und nehmen den Wanderweg links (Westen) hinab ins Pontental. Zunächst geht es etwas steiler in den Talboden, dann wandern wir bequem im Tal Richtung Norden und treffen im Bergwald auf einen breiten Forstweg. Diesem folgen wir für etwa 450 m nach links und nehmen dann scharf rechts den Forstweg weiter bergab. Nach zwei Kehren, noch vor einer Brücke, verlassen wir ihn nach links und steigen weiter Richtung Schattwald ab. Kurz vor den ersten Häusern wandern wir über eine kleine Brücke hinüber zum großen Parkplatz an der **Talstation** der **Wannenjochbahn** ❶.

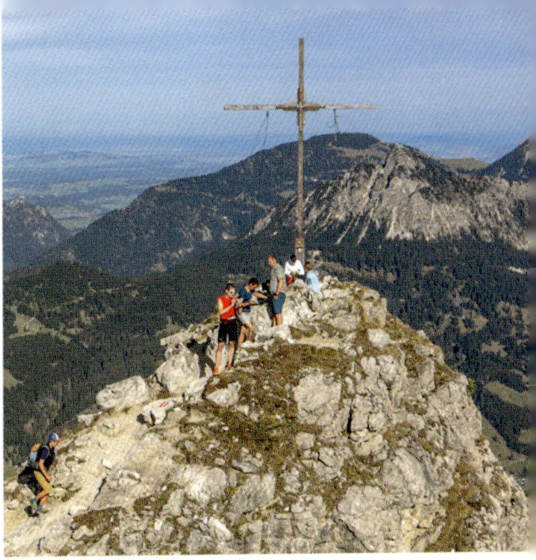

Gipfelkreuz am Ponten.

Abstieg vom Ponten in Richtung Zirleseck, etwas links der Bildmitte die Rohnenspitze.

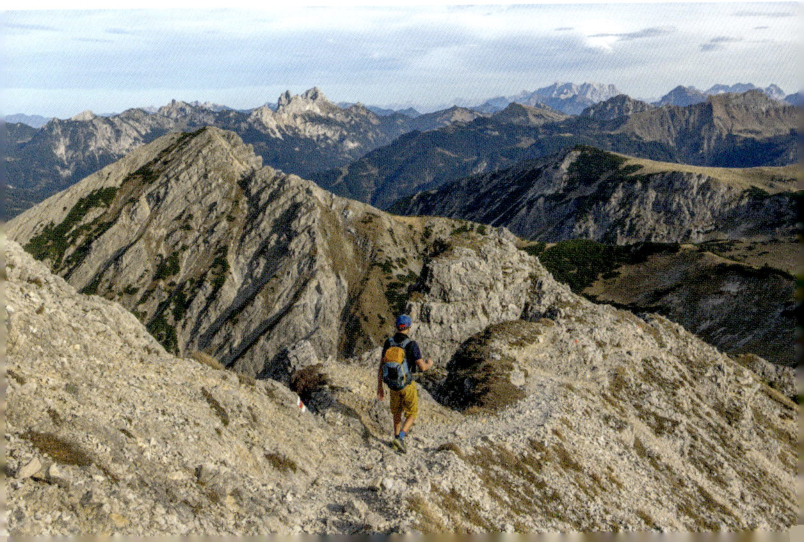

↗ 420 m | ↘ 820 m | 7.0 km

33 Über Iseler und Wannenjoch, 1907 m

3.30 h

Eindrucksvolle Gratwanderung direkt oberhalb vom Oberjoch

Vorab: Der 1907 Meter hohe Hauptgipfel des breiten Bergkammes über dem Oberjoch heißt bei den Tirolern Wannenjoch, bei den Allgäuern Kühgundkopf, sein nördlicher, mit einem Kreuz geschmückter Vorgipfel einmal Kühgundkopf, einmal Kühgundspitze. Der bekannte Iseler gehört sicher zu den stark frequentierten Gipfeln. Am Wannenjoch ist es schon deutlich ruhiger und der scharfe, leicht felsige Nordrücken bietet geübten Wanderern eine interessante und spannende Tour. Bei der beschriebenen Tour werden beide Gipfel zu einer Rundtour zusammengeführt. Durch die Nordabstürze führen zudem am Iseler zwei Klettersteige, am Wannenjoch einer (bis B/C).

Ausgangspunkt: Bad Hindelang-Oberjoch, Parkplatz (»Moorparkplatz«) an der Talstation der Iselerbahn, 1160 m (Navi: 87541 Bad Hindelang-Oberjoch, Passstraße 44).
Bus: Linie 120 Reutte – Oberjoch (ca. alle 60 bis 90 Min.) und Linie 48 Sonthofen – Wertach (ca. stündlich), Haltestelle »Oberjoch Iselerbahn«.
Iselerbahn: Betriebszeiten in der Sommersaison etwa Ende Mai – Anfang Oktober, 9.00–16.15 Uhr, im Oktober ist alternativ die Wiedhagbahn in Betrieb, Tel. +49 8324 933990, bergbahnen-hindelang-oberjoch.de, Talstation 1160 m, Bergstation 1559 m.
Anforderungen: Der Gratweg ist nicht wirklich schwierig, setzt aber – insbesondere beim Abstieg von der Kühgundspitze – unbedingt Trittsicherheit voraus.
Einkehr: Unterwegs keine. Restaurants bei der Talstation und in Oberjoch.
Variante: Aufstieg zu Fuß von der Talstation ❶ zur Bergstation ❷ (400 Hm, ca. 1 Std.). Von der Talstation ca. 150 m entlang der Gundstraße nach Westen gehen, dann nach links den Schildern zur Gundalpe, 1252 m, folgen. Nun auf einem ziemlich steilen, aber guten Weg über Almwiesen bergauf bis zur Abzweigung »Vordere Wiedhagalpe«. Hier nach rechts und auf einem Steig direkt zur Bergstation.

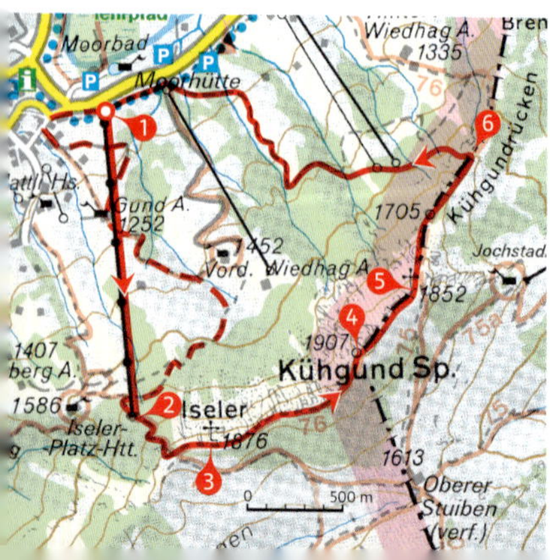

Am Anfang fahren wir von der **Talstation** der **Iselerbahn** ❶ in **Oberjoch** ganz bequem mit dem Sessellift zur **Bergstation** ❷, 1559 m. Von hier wandern wir kurz schräg empor Richtung Südwesten. An einem Abzweig halten wir uns scharf links, dann folgt ein breiter, aber steiniger Serpentinenweg Richtung Südosten empor – vorbei am Abzweig zum Klettersteig, etwa 1720 m – durch den Latschenhang zum Grat. Bereits am Grat genießen wir einen präch-

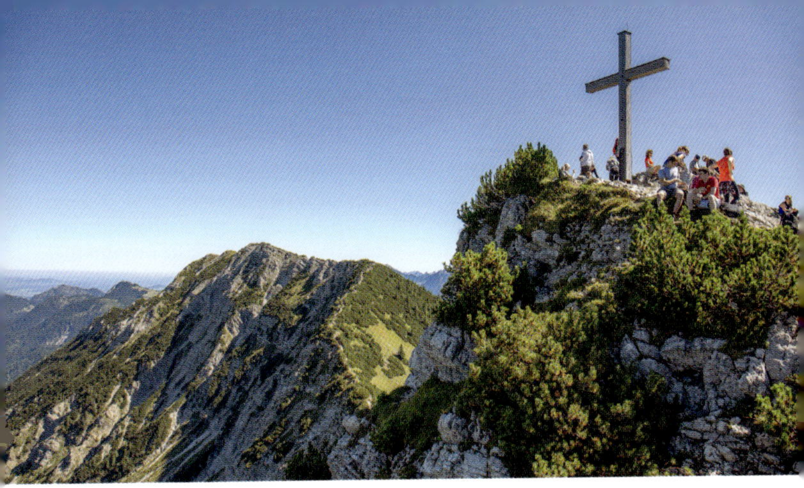

Gipfelkreuz am Iseler und im Hintergrund der lang gezogene Grat über Wannenjoch und Kühgundkopf.

tigen Ausblick z. B. auf den markanten Hochvogel. Über den Bergrücken erreichen wir das Gipfelkreuz am **Iseler** ❸, 1876 m.

Vom Gipfel wandern wir weiter Richtung Osten. Zunächst geht es über eine kurze, schrofige Steilstufe hinab in die tiefste Scharte am Gratverlauf. Wir folgen weiter dem Gratverlauf, meist zwischen hohen Latschen, und steigen so über den sanft ansteigenden Grat empor zum **Wannenjoch** ❹, dem höchsten Punkt der Tour. Von hier geht es weiter am Grat entlang sanft abwärts zum Gipfelkreuz am **Kühgundkopf** ❺, 1852 m.

Jetzt erfolgt der Abstieg über den langen und scharf ausgeprägten Kühgundrücken Richtung Norden. Kleinere, felsige Absätze würzen diesen Abstieg. Bei den ersten Bäumen erreichen wir einen beschilderten **Abzweig** ❻, 1506 m, am Grat. Wir biegen links ab, queren in den steilen Hang und kommen so leicht absteigend zur Liftstation der Grenzwiesbahn, 1420 m. Wir gehen weiter geradeaus, durchqueren das schottrige Bachbett des Melchebachs und halten uns am folgenden Abzweig scharf rechts bergab. Erst am Rande der Skipiste, dann durch ein Waldstück geht es steil hinab. Wir erreichen so die breite Straße an der Talstation der Wiedhagbahn. Vorbei an der Erdinger Urweisse Alp wandern wir entlang der Straße etwa 300 m zurück zur **Talstation** der **Iselerbahn** ❶.

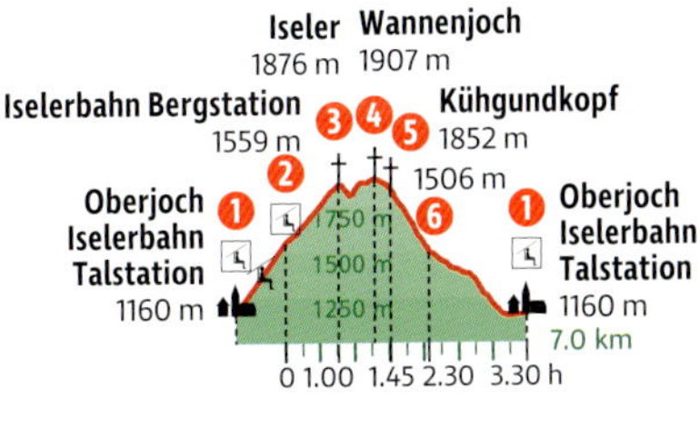

↗ 625 m | ↘ 625 m | 8.9 km

34 Spieser, 1649 m, und Jochschrofen

3.45 h

Gemütliche, abwechslungsreiche Bergwanderung bei Oberjoch

Die drei Gipfel im Nordwesten über dem Oberjoch werden gerne zu einer Rundtour zusammengefasst, einem relativ kurzen und deshalb gemütlichen Ausflug, der aber doch voller Abwechslung steckt. Güste des Tannheimer Tales lernen zudem eine ganz neue Landschaft aus der Vogelperspektive kennen: das bekannte Oberallgäu im Bereich von Ostrach und Iller mit den Orten Bad Hindelang und Sonthofen.

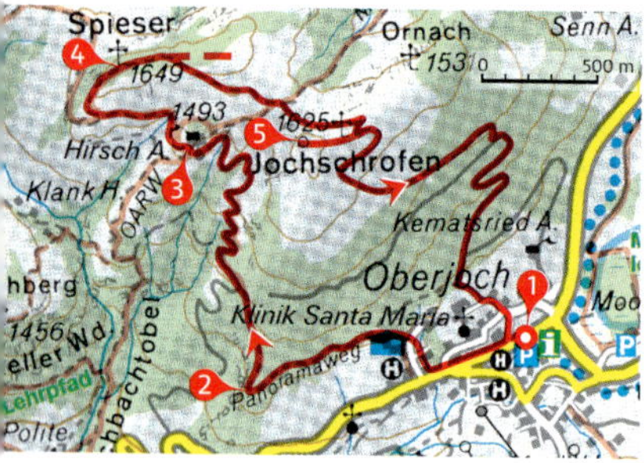

Ausgangspunkt: Bad Hindelang-Oberjoch, Parkplatz »P1« im Ortszentrum beim Kreisverkehr, 1150 m (Navi: 87541 Bad Hindelang-Oberjoch, Jochpass 1). Bus: Linie 120 Reutte – Oberjoch (ca. alle 60 bis 90 Min.) und Linie 48 Sonthofen – Wertach (ca. stündlich), Haltestelle »Oberjoch Iselerbahn«, ca. 300 m südöstlich vom Ausgangspunkt.
Anforderungen: Einige steile An- und Abstiege, ordentliche Bergwege.
Einkehr: Hirschalpe, 1493 m; Restaurants in Oberjoch.

Eine ausgiebige Pause an der Hirschalpe ist eigentlich Pflicht.

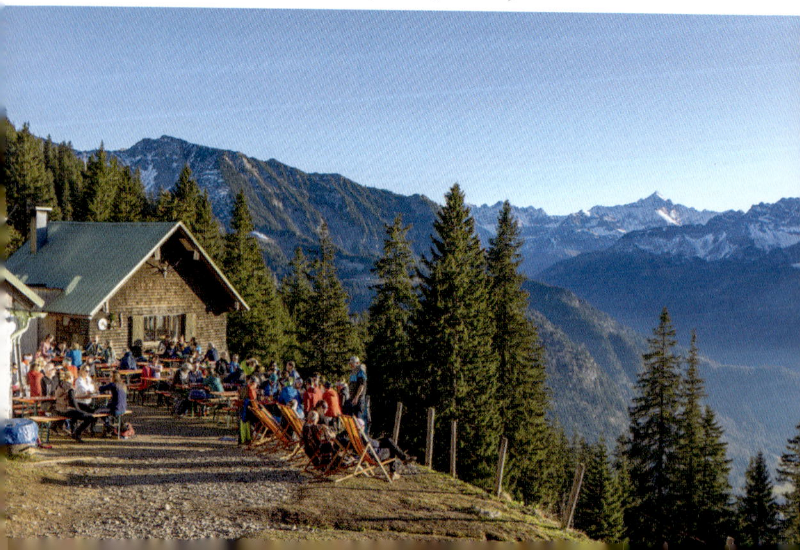

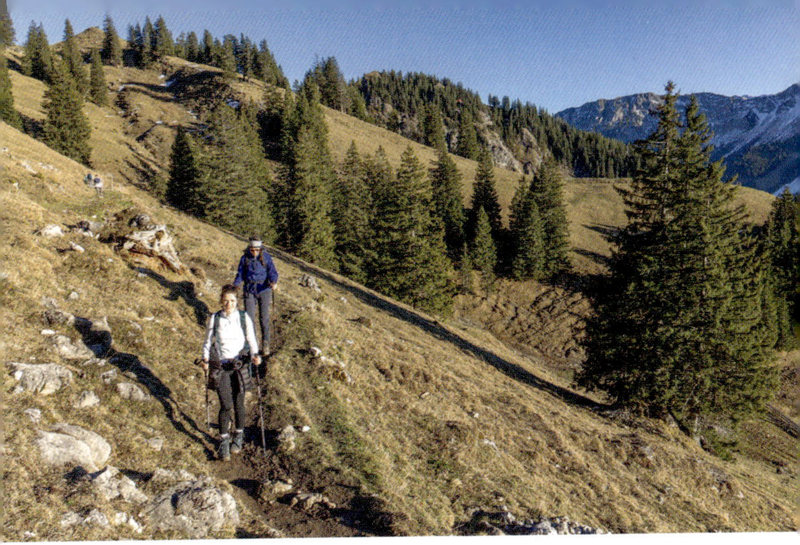

Grashänge unterhalb des Gipfels des Spieser.

Vom großen Parkplatz »P1« am Kreisverkehr und der Tourist Information in **Oberjoch** ❶ folgen wir zunächst für etwa 400 m der Bundesstraße B 308 nach Westen Richtung Bad Hindelang, vorbei an der Bushaltestelle »Oberjoch, Ort«. Kurz nach einer kleinen Tankstelle zweigen wir rechts ab (Am Prinzenwald, 1139 m) und wandern leicht bergauf zu einem großen Hotel. Wir lassen es links liegen und nehmen den Wanderweg durch einen Spielplatz direkt neben dem Hotel. Am Ende des Spielplatzes folgen wir der schmalen Straße nach links, gehen oberhalb des Hotels entlang und verlassen wenige Meter später die Straße nach rechts. Auf einem schönen Wanderweg queren wir leicht ansteigend die Hänge Richtung Westen und gelangen so zum **Ifenblick** ❷, 1220 m, einem aussichtsreichen und freien Vorsprung. Hier macht unser Weg einen scharfen Rechtsknick. Kurz geht es bergauf, dann queren wir die recht steilen Waldhänge hinüber zu einem Fahrweg, 1304 m. Wir folgen diesem nach rechts und gelangen über mehrere Kehren zur bewirtschafteten **Hirschalpe** ❸, 1493 m.

Von der Alpe queren wir auf einem Schotterweg nur leicht ansteigend nach Westen zu einem von der Alpe gut sichtbaren Vorsprung mit einem Kreuz. Direkt am Kreuz zieht unser Weg scharf nach rechts, anschließend queren wir auf einem Wanderweg die Hänge Richtung Westen. An

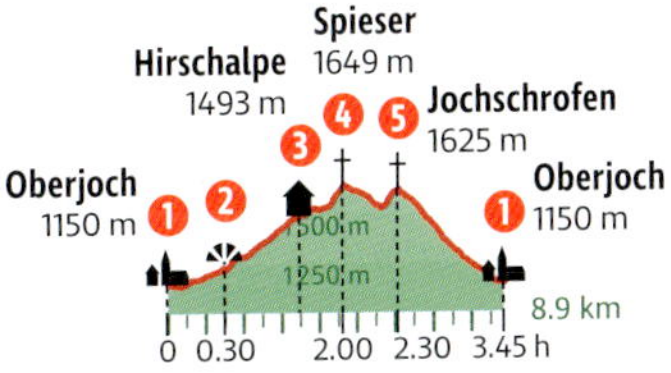

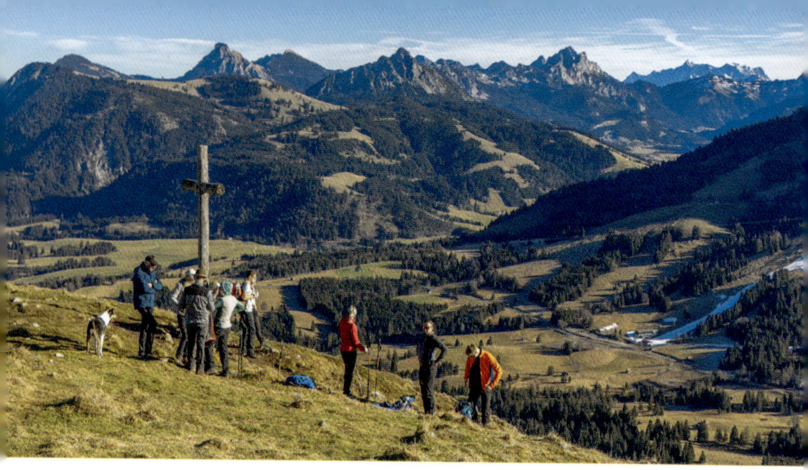

Gipfelkreuz am Ornach mit einem prächtigen Blick hinein ins Tannheimer Tal, ganz hinten rechts das Zugspitzmassiv.

einem beschilderten Abzweig, 1524 m, nehmen wir den rechten Weg und steigen so über den Südwestgrat hinauf zum Gipfelkreuz des **Spieser** 4. Am Rücken entlang gehen wir weiter Richtung Osten (Steinpasssattl) und steigen in eine kleine Scharte ab. (Geradeaus könnten wir hier in wenigen Minuten zum sogenannten Großen Hirschberg, 1644 m, aufsteigen. Die aussichtsreiche Graskuppe ist bei Paraglidern als Startplatz sehr beliebt.) Für den eigentlichen Weiterweg halten wir uns im Sattel leicht rechts und queren so die Südhänge hinab zum Steinpasssattel, 1556 m, etwa 15 Min. vom Spieser. Rechts ginge es wieder hinab zur Hirschalpe (10 Min.), wir gehen jedoch leicht links, queren so die Nordhänge des Jochschrofen und kommen bald zum sogenannten »Im Steinbest«, 1505 m. Am Abzweig halten wir uns rechts und steigen kurz, aber steil empor auf eine Schulter. Direkt vor uns steht das aussichtsreiche Gipfelkreuz am Ornach, etwa 1572 m, mit einem tollen Blick hinab ins Tal. Von der Schulter nehmen wir den Wanderweg nach rechts (Westen) und steigen noch kurz weiter auf bis zum Gipfel des **Jochschrofen** 5, 1625 m.

Auf dem bekannten Weg geht es wieder zurück zur Schulter und die wenigen Meter zum Kreuz am Ornach. Von hier steigen wir über einen Wiesenweg auf der Südostseite des Berges ab in Richtung Tal und gelangen schon bald in den Bergwald. Der Wanderweg mündet im Bergwald auf einen Fahrweg, dem wir weiter bergab (5 Kehren) folgen. Am ersten beschilderten Abzweig gehen wir geradeaus weiter bergab, am zweiten Abzweig, 1189 m, am Ornachrundweg halten wir uns scharf links. Wir erreichen die ersten Häuser von Oberjoch und gehen vorbei an der Kirche bis zur Hauptstraße. Von hier sind es nur wenige Meter nach links zum Parkplatz in **Oberjoch** 1.

↗ 610 m | ↘ 610 m | 8.7 km

4.00 h

Zinken, 1613 m

TOP

35

Südanstieg auf den Sorgschrofen-Zwilling

Im ganzen oberen Wertachtal gibt es weit und breit keine »Konkurrenz« für das Felsmassiv von Sorgschrofen und Zinken. Besonders widerstandsfähige Kalke sorgten für diesen zwar nur zwei Kilometer langen, dafür aber umso wilderen Bergzug. Jedes Ende des höchsten Grates trägt ein Kreuz, und es führen getrennte Wege von Unterjoch und Jungholz jeweils zum »eigenen« Gipfel hinauf, also einmal zum Zinken, einmal auf den Sorgschrofen. Kleine Felstürme krönen den verbindenden Grat. Sie könnten zwar in den seitlichen, sehr steilen Flanken umgangen werden. Trotzdem würde der Übergang vom einen Gipfel zum anderen etwas Kletterei erfordern: Ein Highlight sind die Felsenfenster direkt unterhalb des Gipfels.

Ausgangspunkt: Bad Hindelang-Unterjoch, 1013 m, Dorfparkplatz am nordwestlichen Ortsrand direkt an der Wertach. Von Wertach kommend erste Abfahrt Richtung Unterjoch und etwa 500 m bis zum Parkplatz; von Oberjoch kommend südliche Zufahrt rechts Richtung Unterjoch und gleich wieder links in die Sonnenstraße, die zum Parkplatz führt (Navi: 87541 Bad Hindelang-Unterjoch, Sorgschrofenstraße).
Bus: Linie 48 Sonthofen – Wertach (ca. stündlich), Haltestelle »Unterjoch Dorfparkplatz«.
Anforderungen: Bis zu den Zehrerhöfen Asphaltstraße und Fußwege, danach teils steile Bergwege, am Gipfel mit Drahtseilen gesicherte Felspassagen.
Einkehr: Keine unterwegs; Gasthaus in Unterjoch.

Eine größere Lichtung beim Aufstieg bietet herrliche Blicke ins Tannheimer Tal.

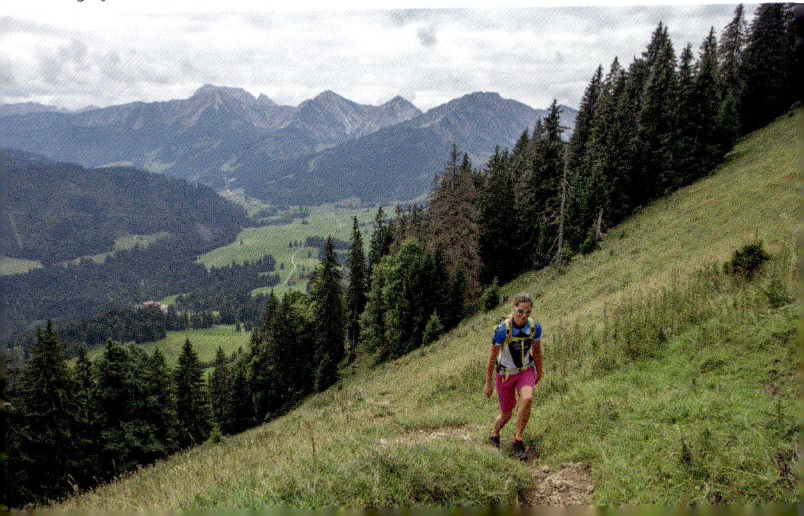

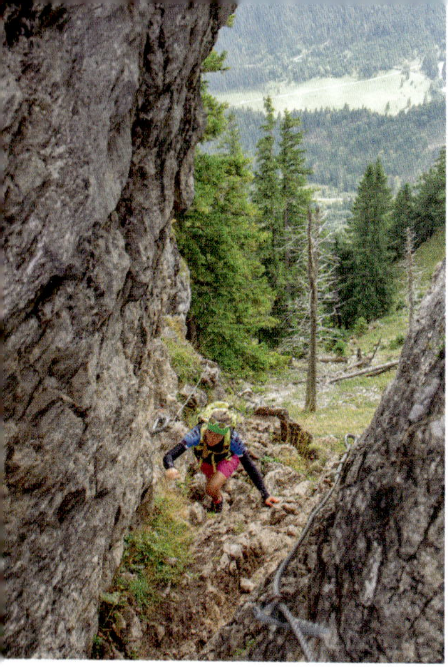

Eins der beiden Felsenfenster mit guter Drahtseilversicherung.

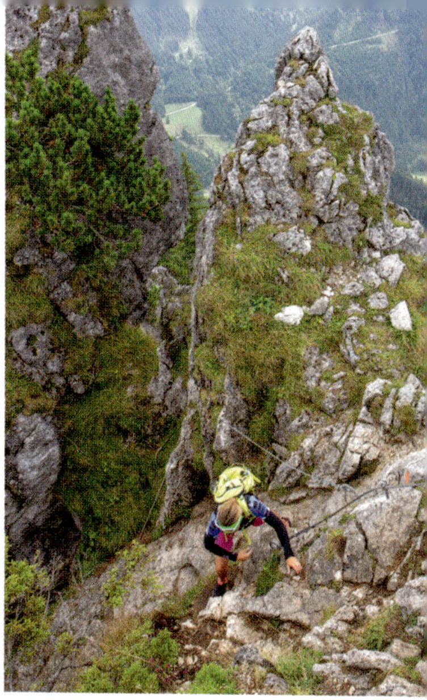

Nach dem Felsenfenster sind es nur noch wenige Meter bis zum Gipfel.

Vom Parkplatz Wertachbrücke am nordwestlichen Ortsrand von **Unterjoch** ❶ wandern wir über die Brücke und auf der Sorgschrofenstraße Richtung Südosten in den Ortskern zur Kirche. Wenige Meter vor der Kirche biegen wir rechts ab in den Haldenweg und gehen gleich danach links auf einen Fußweg über den Weißenbach. Anfangs durch einen Park südlich der Kirche geht es jetzt entlang des Bachs weiter Richtung Süden. Wir gehen an ein paar Häusern vorbei und überqueren dann den Steinebergweg. Vorbei an einer Kapelle und einem Bergbauernhof gelangen wir wieder auf die schmale, asphaltierte Straße (Steinebergweg) und folgen dieser links Richtung Osten.

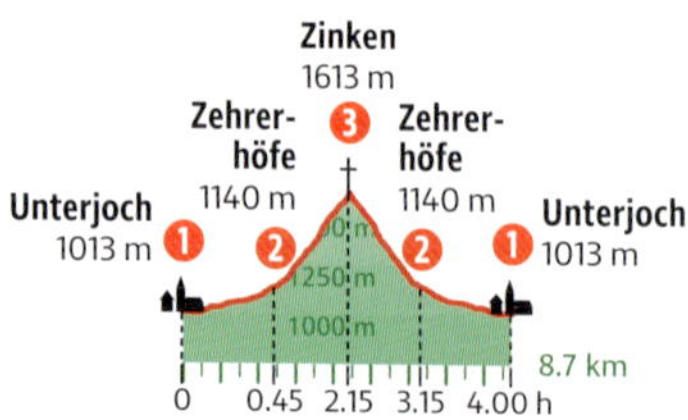

Das Sträßchen führt flach über Wiesengelände. Bei einer Linkskurve ignorieren wir zwei Abzweigungen nach rechts und erreichen so in einem Bogen bergauf die **Zehrerhöfe** ❷, 1140 m. Die Höfe lassen wir links liegen, steigen kurz über Wiesen weiter bergan und nehmen dann nach links einen Wanderweg hinüber zu einem Bachtälchen. Jetzt beginnt der eigentliche Anstieg. Im steilen Bergwald wandern wir auf einem Wurzelweg empor zu einer Lichtung. Über diese geht es erneut steil empor zum Grat. Jetzt führt der Wanderweg in der rechten Flanke des Gratverlaufs weiter bergauf, zunächst zwischen mächtigen Fichten, dann unter Felstürmchen hindurch bis unter den eigentlichen felsigen Gipfelaufbau. Oberhalb befinden sich zwei Felsenfenster. Für den Gipfelanstieg nehmen wir das linke Fenster. Die kurzen, aber steilen Felsstufen sind gut mit Drahtseilen versichert. Durch das Fenster gelangen wir auf die Nordseite des Berges. Von hier sind es nur noch weniger Meter bis zum Gipfel des **Zinken** ❸, 1613 m. Auf dem bekannten Weg geht es zurück nach **Unterjoch** ❶.

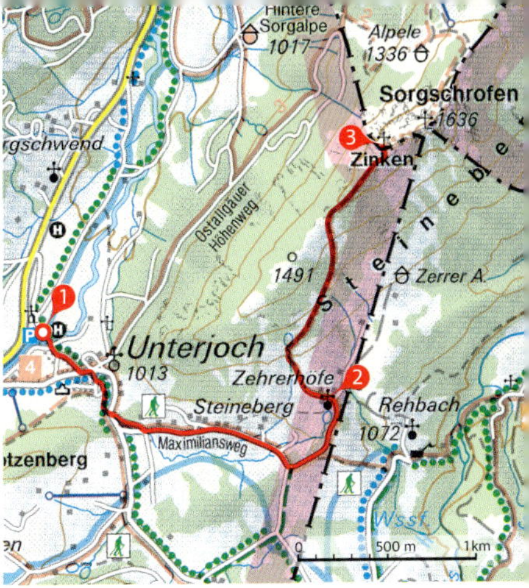

Blick vom benachbarten Sorgschrofen Richtung Südwesten hinüber zum Zinken und zum etwas ausgesetzten Verbindungsgrat.

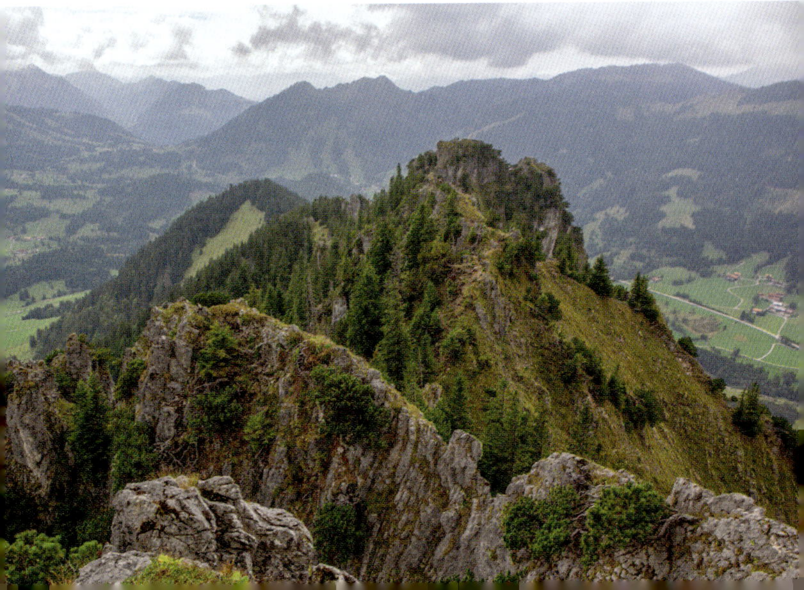

36 Sorgschrofen, 1636 m

3.30 h

Das Felskastell über Jungholz

Wie eine trotzige Festung beherrscht der Sorgschrofen das Dörfchen Jungholz. Bei seiner bescheidenen Höhe von gut 1600 Metern fällt dieser Felsenkamm besonders ins Auge, bildet vor allem einen scharfen Kontrast zu den sanften, abgerundeten Kuppen, die sonst diese Landschaft prägen. Die Besteigung ist kurz, spritzig, abwechslungsreich, doch führt der Weg durch richtiges Schrofengelände und eignet sich also nur für sichere Geher.

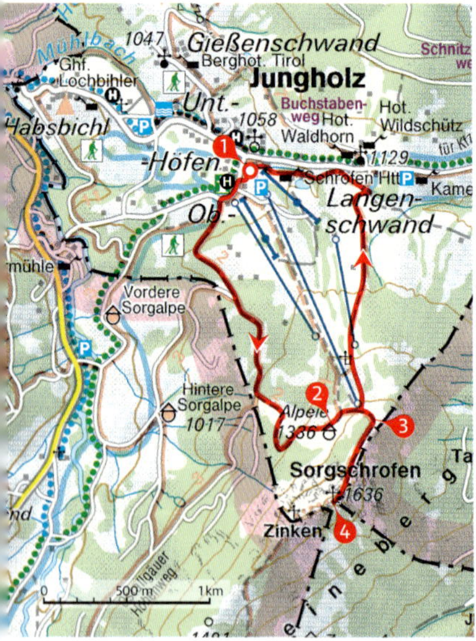

Ausgangspunkt: Jungholz, 1058 m, großer Parkplatz im Zentrum bei den Liftanlagen, Anfahrt von der B310 Wertach – Oberjoch über drei Kilometer lange Stichstraße (Navi: A-6691 Jungholz, Jungholz 37).
Bus: Linie 48 Sonthofen – Wertach (ca. alle 2 Std.), Haltestelle »Jungholz Verkehrsamt«, wenige Meter südlich vom Parkplatz.
Anforderungen: Im unteren Teil einfache Wanderwege, im felsigen Gipfelbereich sehr steil, Trittsicherheit notwendig, bei Nässe unangenehm.
Einkehr: Keine unterwegs; mehrere Gasthäuser in Jungholz.

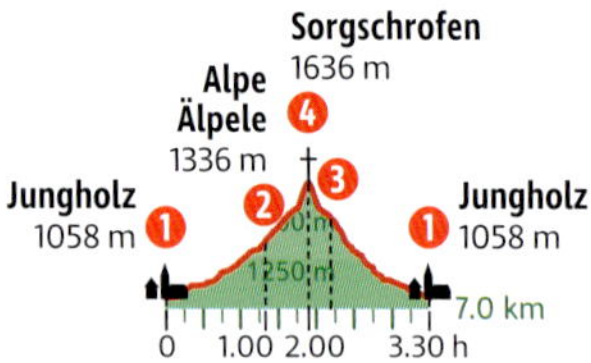

Vom großen Parkplatz in **Jungholz** ❶ nehmen wir die Straße nach links (Süden), vorbei an der Bushaltestelle »Verkehrsamt« und den Liftanlagen, hinauf bis zum Gebäude der Volksbank (Jungholz 60). Dort biegen wir links ab Richtung Älpele und Sorgschrofen und folgen dem Weg steil bergauf. Er verläuft zunächst durch den Wald, dann über Lichtungen und in Serpentinen erreichen wir die **Alpe Älpele** ❷, 1336 m.
Von der Alpe queren wir hinüber zur Bergstation der beiden Schlepplifte. Hier halten wir uns rechts und steigen über Matten (zeitweise rutschig)

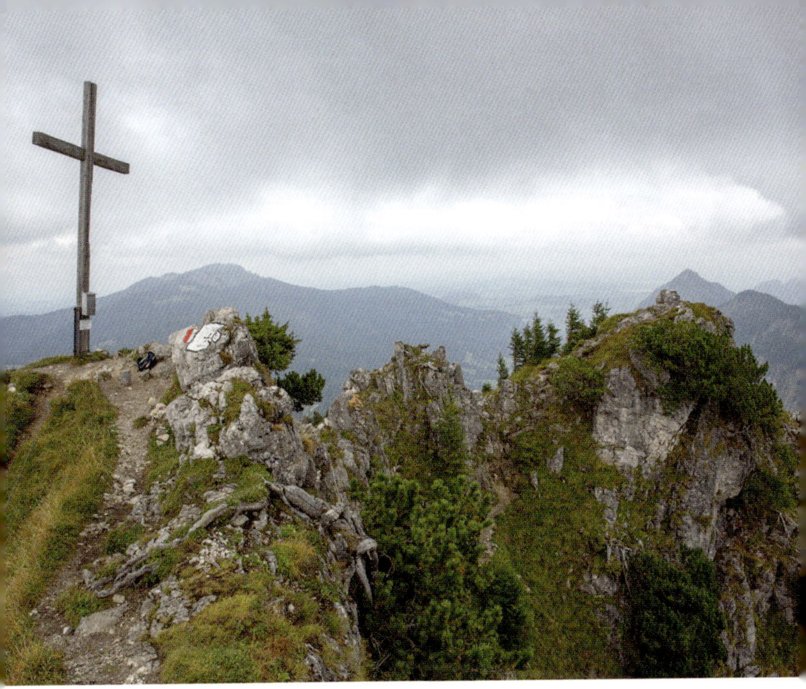

Gipfelkreuz am Sorgschrofen.

wieder steil bergauf bis zum **Nordgrat** ❸, 1460 m, mit einem schönen Blick nach Osten z. B. auf den Aggenstein. Am Grat gehen wir rechts (Südwesten) und gelangen so über den Rücken zu den Felsen. Dann verlassen wir den Rücken und queren nach rechts die steilen Hänge bis unter eine Rinne. In dem felsdurchsetzten und schuttreichen Gelände (keinen Schutt lostreten!) steigen wir vorsichtig empor bis knapp unter den Grat. Rechts haltend geht es über eine Steilstelle weiter empor auf einen Vorkopf. Von hier geht es nochmal kurz hinab und dann die letzten Meter empor zum Gipfelkreuz des **Sorgschrofen** ❹.

Vom Gipfel steigen wir auf dem bekannten Weg ab zur Bergstation der beiden Schlepplifte. Für den weiteren Abstieg verlassen wir hier den bekannten Weg und gehen bei den Liften auf der Skipiste z. T. weglos leicht rechts haltend bergab zum Schwandlift. Rechts (östlich) vom Lift steigen wir weiter ab und peilen die bald sichtbare Straße an. Über diese gelangen wir schließlich zum Ortsteil Langenschwand. Schon am Ortsrand an der ersten Kreuzung halten wir uns links, nehmen den Wanderweg in Richtung »Dorfmitte« und gelangen so zurück zum großen Parkplatz in **Jungholz** ❶.

↗ 340 m | ↘ 340 m | 15.0 km

37 Rund um den Sorgschrofen

4.15 h

Bergauf und bergab über Wiesen und durch Waldtäler

Diese Talwanderung führt rund um das Massiv von Sorgschrofen und Zinken durch eine relativ stille und unberührte Landschaft. Wiesenfläche und Wald wechseln sich immer wieder ab. Dabei ist man weitgehend auf kleinen Straßen und Fahrwegen unterwegs. Nur an wenigen Stellen werden diese durch Fußwege miteinander verbunden. Das ergibt eine ungefährliche, undramatische, eher besinnliche Wanderung.

Ausgangspunkt: Jungholz, 1058 m, großer Parkplatz im Zentrum bei den Liftanlagen, Anfahrt von der B310 Wertach – Oberjoch über drei Kilometer lange Stichstraße (Navi: A-6691 Jungholz, Jungholz 37).
Bus: Linie 48 Sonthofen – Wertach (ca. alle 2 Std.), Haltestelle »Jungholz Verkehrsamt«, wenige Meter südlich vom Parkplatz.
Anforderungen: Talwanderung auf Fahr- und Fußwegen mit einigen Anstiegen, durchweg sehr einfache Wanderwege.
Einkehr: Kalbelehofalpe, 974 m (Mo und Di Ruhetag); Alpe Sorg 1, 1017 m; Gasthäuser in Unterjoch und Jungholz.

Vom großen Parkplatz in **Jungholz** ❶ nehmen wir den Fußweg am Bach entlang Richtung Osten und erreichen so in etwa 10 Min. den Ortsteil Langenschwand, gehen dort nach links und gleich wieder rechts auf die Hauptstraße. Nachdem wir den Ort auf dieser Straße Richtung Osten verlassen haben, wandern wir am ersten **Abzweig** ❷, 1130 m, geradeaus weiter und halten uns Richtung »Vilstal 30 min, Rehbach 2.15 Std.« (links ginge es zur Alpe Stubental). Unser Weg führt leicht bergab zum Waldrand, im Wald in mehreren Kehren steil abwärts ins Vilstal. Nach einer Bachüberque-

Kalbelehofalpe und hinten rechts auf dem Hügel das Hotel Rehbach.

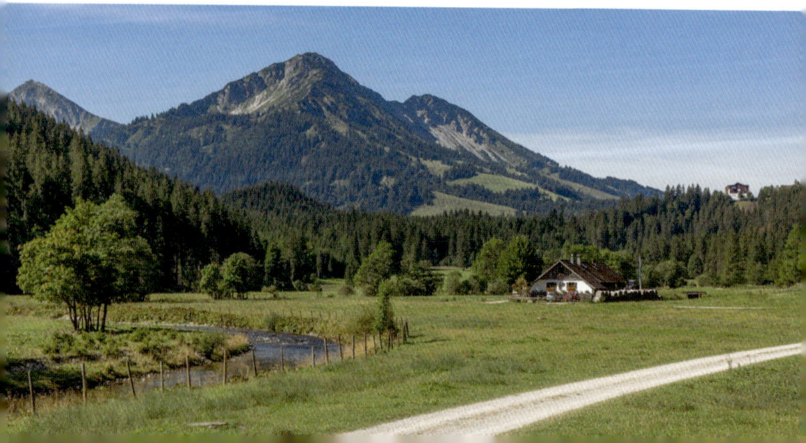

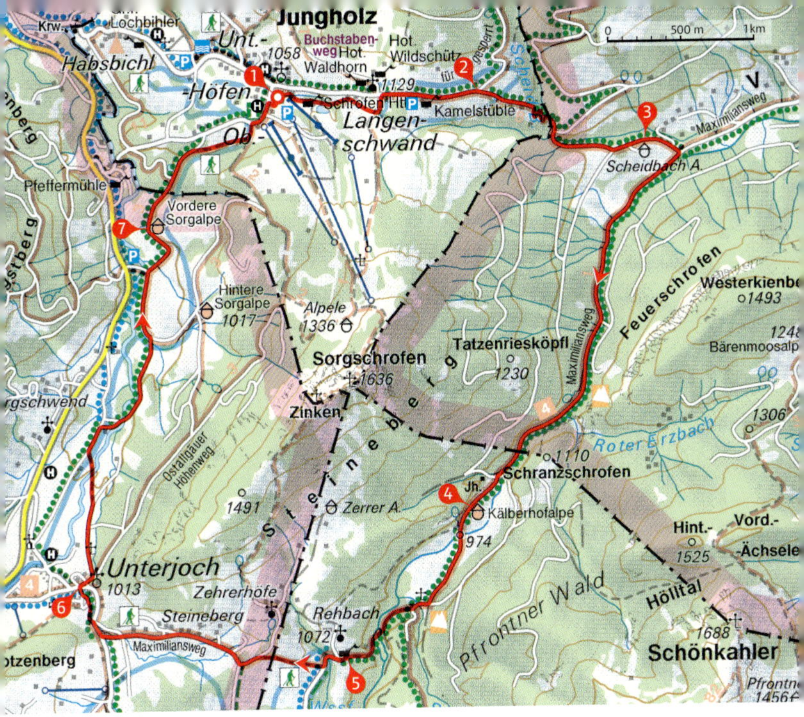

rung treffen wir wieder auf einen Fahrweg, dem wir nach rechts folgen. Wir verlassen den Wald, lassen die **Scheidbachalpe** **3**, 977 m, rechts liegen und gelangen an eine große T-Kreuzung, 936 m, an der Vils. Hier halten wir uns rechts Richtung »Rehbach, Schattwald« und wandern auf einem Forstweg entlang des Flusses nach Süden. Schließlich überqueren wir noch im Wald die Grenze und erreichen so die schönen Wiesenböden der Kalbelehofalpe. Nach dem Verlassen des Waldes gehen wir nicht nach links über die Brücke, sondern geradeaus zur bereits sichtbaren **Kalbelehofalpe** **4**, 970 m. Diese lassen wir links liegen und wandern weiter geradeaus. Wir überqueren die Vils und gelangen am Ende der Weidewiesen an eine beschilderte Kreuzung. Hier halten wir uns rechts weiter Richtung »Rehbach, Schattwald«. Gleich geht es über eine Brücke oder parallel dazu durch das kleine Bachbett und dann rechts in Richtung »Unterjoch«. Mithilfe von zwei kleinen Brücken überqueren wir erneut die Vils und steigen danach steil über einen Wanderweg bergauf zum großen Hotel in **Rehbach** **5**, 1072 m (Bewirtung derzeit nur für Hausgäste; Stand 2023). Hier haben wir annähernd den südlichsten Punkt der Tour und in etwa die Halbzeit erreicht.

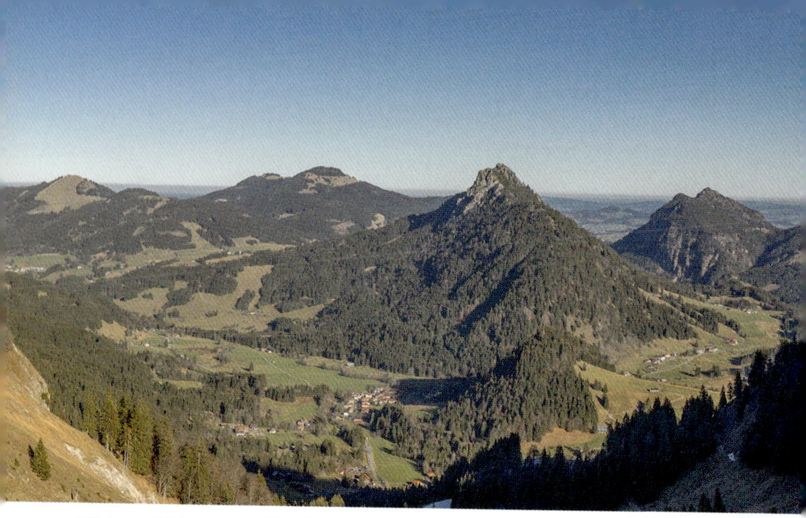

Blick von Südwesten auf Zinken und Sorgschrofen. Der gesamte Bergblock wird bei der Tour in Talnähe umrundet. Vorn die Häuser von Unterjoch.

Für den folgenden Rückweg folgen wir der schmalen Straße leicht bergab. Wenige Meter nach der Überquerung des Rehbaches zweigen wir nach rechts ab und wandern über Wiesengelände kurz bergauf. Über eine Kuppe geht es zu einer Häusergruppe. Hier halten wir uns links, bleiben auf dieser schmalen Asphaltstraße und wandern Richtung Westen.
Am Ortsbeginn von Unterjoch gehen wir an einer T-Kreuzung rechts, zweigen kurz danach links auf einen Fußweg ab und erreichen durch einen Park die Kirche in **Unterjoch** 6, 1013 m. An der beschilderten Kreuzung beim Hotel Krone nehmen wir den Weg in Richtung »Wertach«. Über Wiesengelände und Bauernwege wandern wir Richtung Norden und folgen den Wegweisern konsequent weiter in Richtung »Wertach«. Bei einem beschilderten Abzweig bei einer Brücke und dem Parkplatz Sorgalpe halten wir uns halb rechts und wandern leicht ansteigend zur **Alpe Sorg 1** 7, 1017 m, auch Vordere Sorgalpe genannt. Von hier führt ein bequemer Wanderweg Richtung Nordosten zurück zum Parkplatz in **Jungholz** 1.

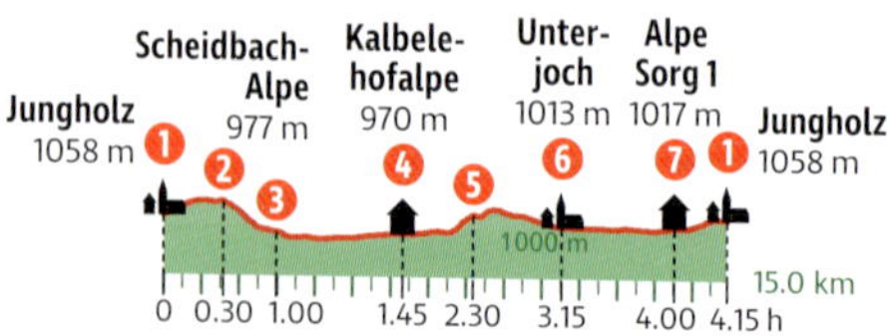

↗ 515 m | ↘ 515 m | 9.0 km

3.30 h

Reuterwanne, 1541 m

38

Der grüne Schopf über Jungholz

Die Reuterwanne: als Berg unauffällig, doch unverkennbar dank des Rasenschopfs auf der Südostseite oberhalb von Jungholz; als Rundwanderung ohne Probleme oder dramatische Höhepunkte, aber abwechslungsreich, dankbar, als Aussichtswarte erstklassig mit dem Grüntensee zu Füßen, den hügeligen Weiten des Alpenvorlands dahinter und vielen Gipfeln des Allgäuer Alpenpanoramas im Süden.

Ausgangspunkt: Jungholz, 1058 m, großer Parkplatz im Zentrum bei den Liftanlagen, Anfahrt von der B310 Wertach – Oberjoch über drei Kilometer lange Stichstraße (Navi: A-6691 Jungholz, Jungholz 37).
Bus: Linie 48 Sonthofen – Wertach (ca. alle 2 Std.), Haltestelle »Jungholz Verkehrsamt«, wenige Meter südlich vom Parkplatz.
Anforderungen: Teilweise recht steil, aber gute Wege (Wiese, Schotter, Teer).
Einkehr: Stubentalalpe, 1284 m; Untere Reuterwanne-Alpe, 1130 m (ca. 350 m langer Abstecher vom Hauptweg, Mi Ruhetag); mehrere Gasthäuser in Jungholz.

Stubentalalpe und hinten rechts der felsige Gipfelaufbau des Einstein.

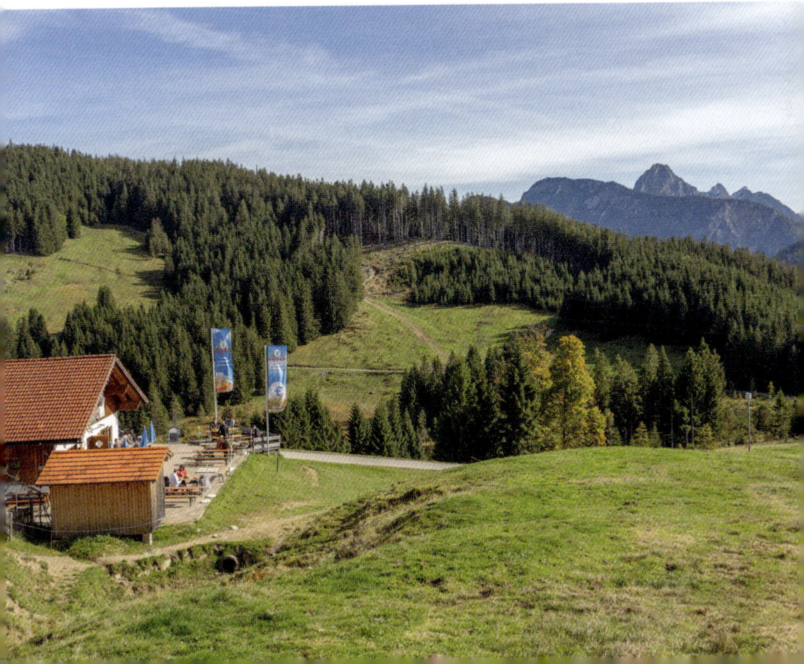

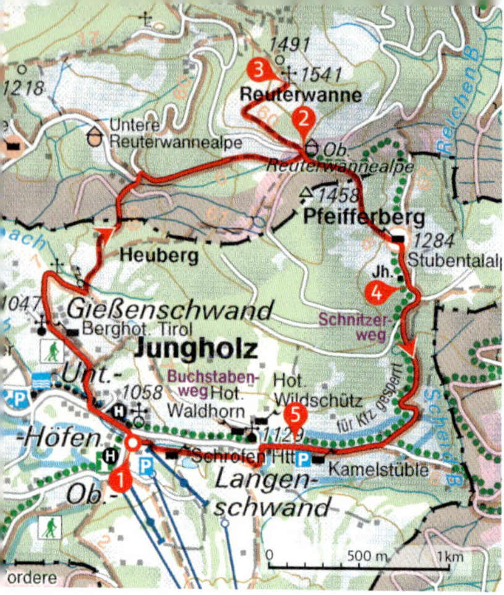

Vom großen Parkplatz in **Jungholz** ❶ gehen wir vorbei an Kirche und Friedhof zunächst auf der Hauptstraße Richtung Nordwesten abwärts. Etwa 250 m nach der Kirche biegen wir bei der Gipfelstürmer-Bar rechts ab und wandern in Richtung Nordwesten zum nahe gelegenen Ortsteil Gießenschwand. Beim Abzweig nach dem großen Berghotel Tirol halten wir uns rechts und erreichen so auf einer schmalen Asphaltstraße in einem Rechtsbogen über Wiesengelände ein einsames Haus bei einem Waldstück. Direkt nach dem Haus zweigen wir links ab, überqueren einen Bach und gelangen durch den Bergwald zum Einschnitt des Holderbachs. Gleich nach seiner Überquerung stoßen wir auf einen Fahrweg. (Nach links wären es von hier etwa 350 m zur Unteren Reuterwanne-Alpe, 1130 m.) Wir gehen auf dem Fahrweg nach rechts und zweigen 50 m später erneut rechts ab auf einen alten Ziehweg. Auf diesem geht es durch lichten Bergwald kräftig aufwärts. Schließlich gelangen wir über freie Wiesenhänge zur **Oberen Reuterwanne-Alpe** ❷, 1390 m, an der mehrere Wege zusammenlaufen. Direkt von der Alphütte nehmen wir

Am Sattel bei der Oberen Reuterwanne-Alpe laufen mehrere Wanderwege zusammen.

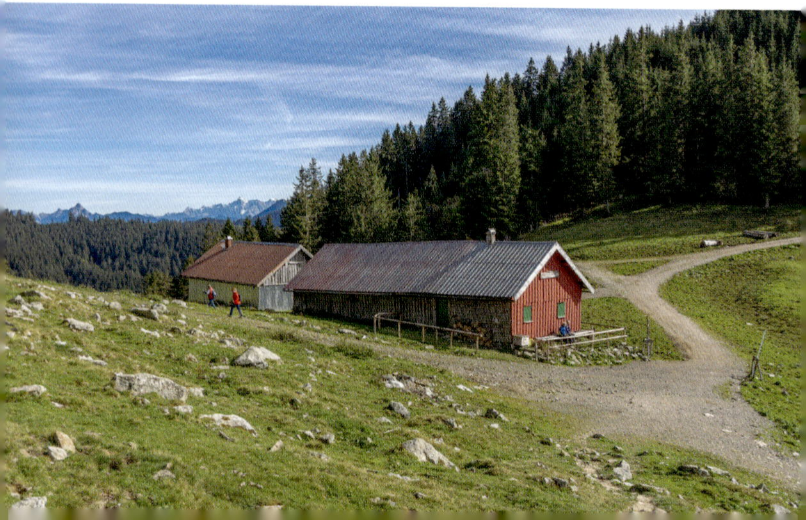

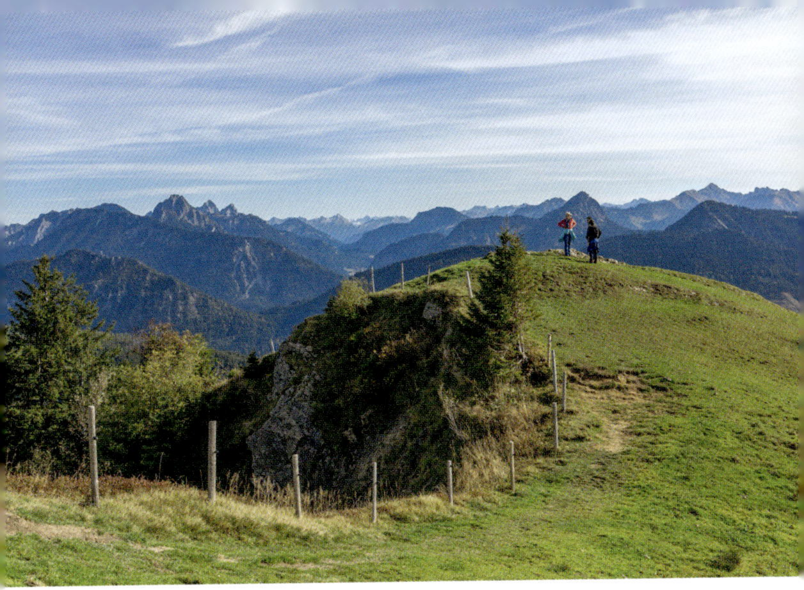

Mit nur gut 1500 Metern haben wir vom Gipfelbereich an der Reuterwanne einen herrlichen Blick hinein ins Gebirge und hinaus ins Alpenvorland.

den Steig, der am Anfang nur leicht bergauf über Wiesen quer in Richtung Nordwesten führt. Auf dem Südwestrücken zieht der Steig nach rechts und wir erreichen so das nahe Gipfelkreuz der **Reuterwanne** ❸ mit einem prächtigen Rundumblick.

Für den Abstieg wandern wir zunächst auf dem bekannten Weg zur **Oberen Reuterwanne-Alpe** ❷ und nehmen dort den breiten Weg Richtung Südosten in den Wald hinein. Bereits gut 200 m nach der Alpe verlassen wir den Fahrweg nach rechts auf einen Wanderweg, auf dem es ein kurzes Stück leicht bergauf geht. Auf diesem Weg queren wir die Osthänge des Pfeifferbergs und steigen schließlich über Wiesengelände ab zur **Stubentalalpe** ❹, 1284 m. Für den weiteren, sehr bequemen Abstieg nehmen wir konsequent die schmale Asphaltstraße.

An einem beschilderten Abzweig, 1130 m, gehen wir rechts weiter auf der Straße und kommen zum Parkplatz in **Langenschwand** ❺, 1129 m. Kurz danach zweigen wir nach links ab und nehmen dann gleich nach rechts den Weg am Bach entlang zurück nach **Jungholz** ❶.

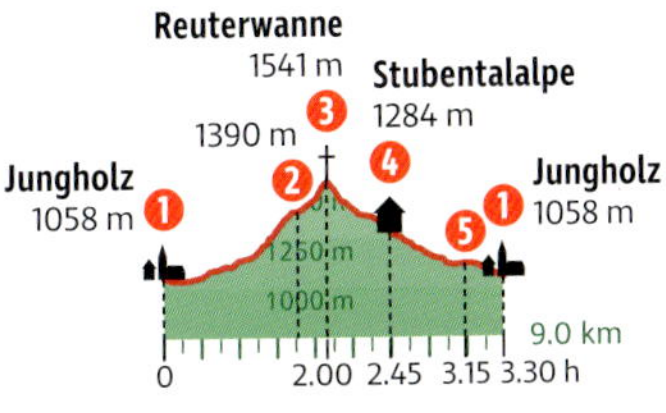

↗ 550 m | ↘ 550 m | 9.9 km

39 Edelsberg, 1629 m

3.45 h

Von »hinten« auf den Ostallgäuer Aussichtsberg

Nein, seinem edlen Namen wird dieser Berg nicht gerecht! Die weit nach Norden vorgeschobene Lage und die Lifte oberhalb von Nesselwang machen ihn zwar zu einem sehr beliebten und schnellen Ziel der Ostallgäuer. Doch die einst berühmte Aussicht ist heute durch Fichten etwas eingeschränkt. Auch der Berg selbst wirkt nicht gerade attraktiv: ein von Wald überzogener Kopf, der jedoch von vielen Lichtungen aufgelockert ist. Auf der lang gestreckten, von Jungholz heraufkommenden Südroute geht es viel stiller zu. Sehr schade ist nur, dass die so herrlichen, verwunschenen Grasplätzchen am unteren Teil des Grates – mit schönstem Blick auf den Sorgschrofen – immer stärker von Fichtenwald überwuchert werden.

Ausgangspunkt: Jungholz-Langenschwand, 1129 m, Parkplatz an der Straße, 150 m nach einer Kapelle (Navi: A-6691 Jungholz, Langenschwand 129), Anfahrt von der B310 Wertach – Oberjoch über drei Kilometer lange Stichstraße nach Jungholz und geradeaus in den Ortsteil Langenschwand.
Bus: Linie 48 Sonthofen – Wertach (ca. alle 2 Std.), Haltestelle »Jungholz Verkehrsamt«, ca. 1 km westlich vom Ausgangspunkt.
Anforderungen: Erstschmale Asphaltstraße, dann schmale Steige.

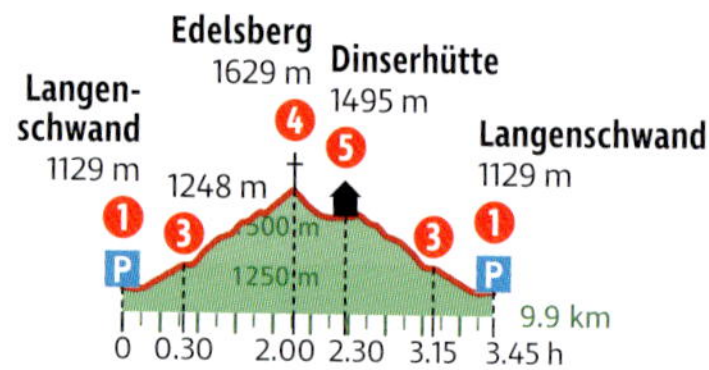

Einkehr: Dinserhütte, 1495 m (nur von etwa Juni bis Anfang September); Stubentalalpe, 1284 m (Abstecher ca. 10 Min.); mehrere Gasthäuser in Jungholz.

Vom Parkplatz **in Langenschwand** ❶ wandern wir auf dem Sträßchen fast eben Richtung Osten und gelangen an einen beschilderten **Abzweig** ❷, 1130 m. Hier halten wir uns links in Richtung »Stubental-Alpe 35 min, Reuterwanne 1.30 h und Edelsberg 2 h«. Leicht ansteigend gewinnen wir auf der weiterhin asphaltierten, schmalen Straße an Höhe. In einer **Linkskehre** ❸, 1248 m, etwas unterhalb der Stubentalalpe (10 Min. Abstecher) verlassen wir das Sträßchen nach rechts. Auf einem breiten Fahrweg wandern wir Richtung Osten. Bereits gut 200 m nach der Linkskehre verlassen wir den Fahrweg bei einem Wegweiser nach rechts. Auf einem Steig wandern wir zum lichten Waldrand empor. Im Bergwald zieht der Weg leicht nach links (Nordosten). Über den schwach ausgeprägten Rücken steigen wir weiter empor und erreichen schließlich eine Lichtung auf dem Kamm mit einem prächtigen Ausblick auf z. B. Säuling und Zugspitze. Wir gehen über die Wiese links haltend kurz bergab zu einem Fahrweg, folgen diesem nach links und wandern so auf die bereits sichtbare Dinserhütte zu. Knapp

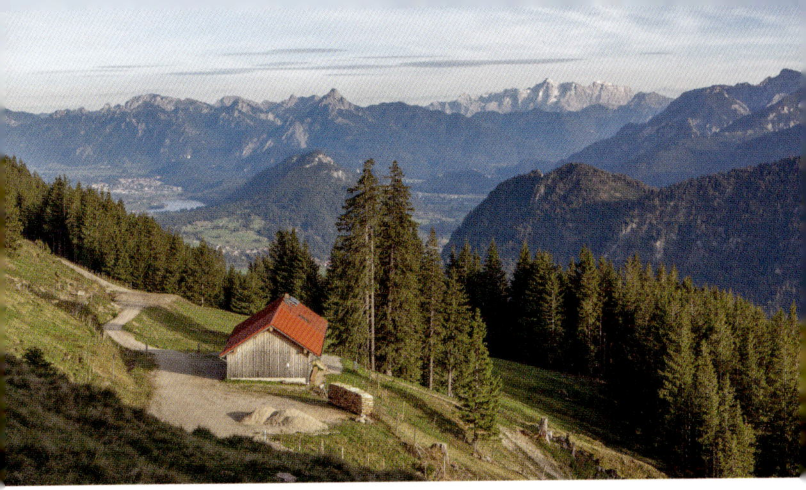

Dinserhütte, links Füssen, in der Bildmitte Säuling und rechts Zugspitzmassiv.

200 m vor der Hütte verlassen wir den Fahrweg nach links, steigen über einen schwach ausgeprägten Steig erneut empor zum Rücken und folgen diesem nach rechts (Nordosten). Bei einem Metallgatter halten wir uns rechts. Der Weg wird felsiger und in Kürze gelangen wir zum großen Gipfelkreuz auf dem **Edelsberg** ❹ mit kleinem Unterstand und Panoramatafel. Für den Abstieg folgen wir weiter dem Rücken Richtung Osten und steigen ab in Richtung »Fichtelhütte«. Kurz nach dem Edelsberg kommen wir an eine steile und aussichtreiche Wiese und steigen über diese ab bis zur Fichtelhütte, etwa 1530 m. Dort halten wir uns rechts und erreichen kurz darauf einen breiten Fahrweg, auf dem wir bequem in Richtung Westen zur **Dinserhütte** ❺, 1495 m, wandern. Kurz nach der Dinserhütte treffen wir wieder auf den Aufstiegsweg und gelangen auf diesem zurück zum Parkplatz in **Langenschwand** ❶.

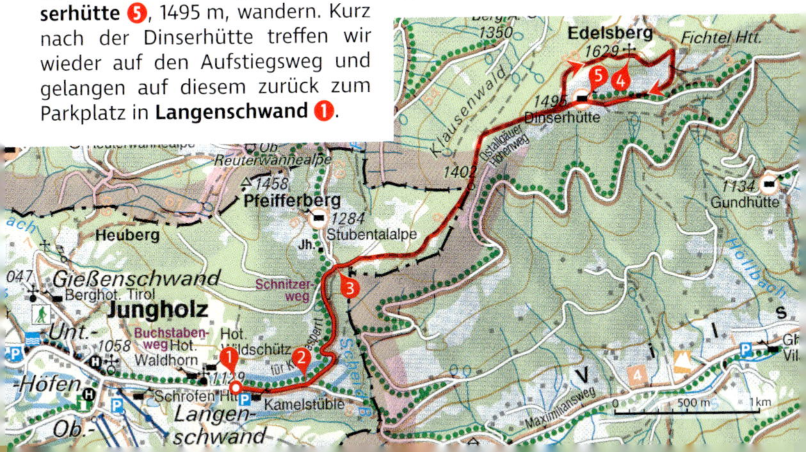

↗ 785 m | ↘ 785 m | 13.5 km

40 Schönkahler, 1688 m, vom Achtal

5.00 h

Rundwanderung mit aussichtsreichem Gipfel und uriger Alpe

Der Schönkahler gehört zu den besten Aussichtsgipfeln zwischen Pfronten und dem Tannheimer Tal. Zudem wird er als einfaches und leicht erreichbares Ziel geschätzt, da man sich bis zum Gipfelkreuz im einfachen Gelände bewegt und bei der gesamten Rundtour aus dem Achtal nicht mal ganz 800 Höhenmeter im Aufstieg zu bewältigen sind. Im Vergleich zum Gipfelanstieg aus dem Tannheimer Tal sind wir bei dieser Tour noch etwas mehr abseits des Trubels und etwas schneller am Gipfel. Da die Pfrontner Alpe direkt unterhalb des Gipfels keine Einkehrmöglichkeit bietet, lohnt sich die ausgedehnte Rundtour über die bewirtschaftete Bärenmoosalpe, wo man sich mit kühlen Getränken und verschiedenen Brotzeiten belohnen kann.

Ausgangspunkt: Parkplatz Schönkahler, 1000 m, an der Westseite der Achtalstraße zwischen Pfronten und Grän, etwa 1 km nördlich der deutsch-österreichischen Grenze (Navi: Bushaltestelle Pfronten Grenze, ehem. Zollhaus; von dort noch 800 m nach Norden).
Bus: Linie 123 Pfronten – Nesselwängle (ca. alle 2 Std.), Haltestelle »Pfronten Grenze / ehem. Zollhaus«, ca. 800 m südöstlich vom Ausgangspunkt.
Anforderungen: Einfache Tour, Forstwege und Wiesensteige zum Schönkahler, teilweise kleinere Bergpfade zur Bärenmoosalpe, hier bei Nässe teils rutschig, wenig Schatten beim Aufstieg vom Parkplatz zum Gipfel.
Einkehr: Bärenmoosalpe, 1248 m (Mo Ruhetag).
Variante: Direkter Abstieg von der Pfrontner Alpe ❸ auf dem Anstiegsweg zurück zum Parkplatz Schönkahler ❶ ohne Abstecher zur Bärenmoosalpe (gut 1 Std. und ca. 3,5 km weniger).

Blick von Südosten auf den Schönkahler mit der Pfrontner Alpe unterhalb des Gipfels.

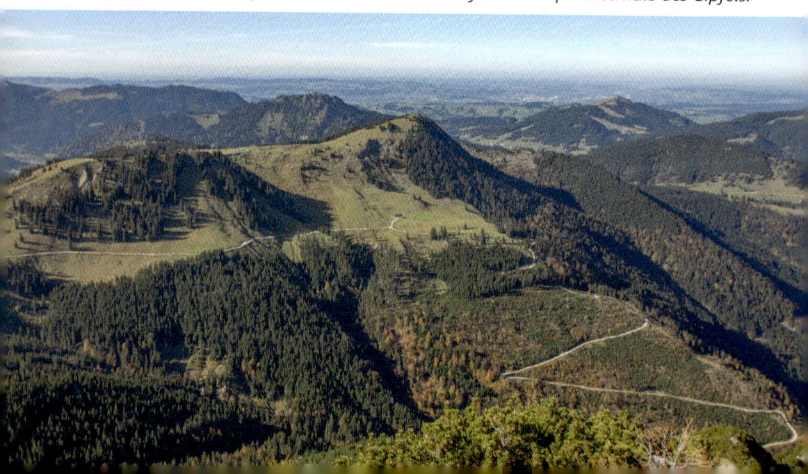

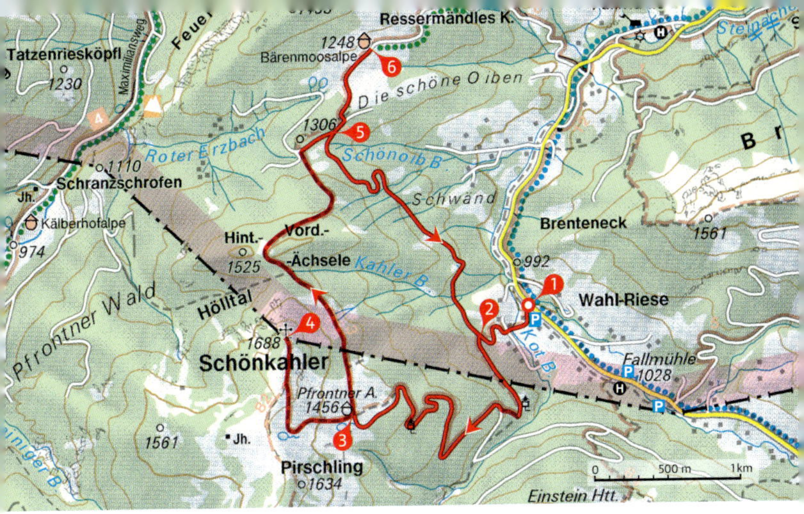

Vom **Parkplatz Schönkahler** ❶ nehmen wir die breite Forststraße Richtung Südwesten bzw. »Schönkahler und Bärenmoosalpe« und überqueren nach wenigen Metern den Kotbach. Nach der Brücke wandern wir auf dem Forstweg in Kehren bergauf zum Bergwald und kommen nach einer Rechtskehre an einen beschilderten **Abzweig** ❷, 1056 m. Hier halten wir uns links Richtung »Schönkahler, Einstein« und folgen einem Waldweg aufwärts Richtung Südosten. Nach einem weiten Rechtsbogen erreichen wir einen weiteren beschilderten Abzweig, etwa 1160 m. Hier verlassen wir den Waldweg nach rechts auf einen Wanderweg, auf dem wir rasch an Höhe gewinnen und zu einer Forststraße, etwa 1200 m, gelangen. Wir folgen ihr nach rechts und wandern in mehreren Kehren bergauf durch den Bergwald bis zu den freien Almwiesen der Pfrontner Alpe, wo wir nach rechts zum Gebäude der **Pfrontner Alpe** ❸, 1456 m, gehen.
Für den Weiterweg zum Schönkahler wandern wir links (südlich) am Alpgebäude vorbei und nehmen den Wiesenpfad bergauf in Richtung Westen. Der Wiesenweg wird steiler und geht dann in einen steinigen Karrenweg über. Schließlich erreichen wir den breiten Wiesenrücken zwischen Pirschling und Schönkahler. An einem Wegweiser, etwa 1600 m, wandern wir Richtung »Schönkahler 10 min« nach Norden aufwärts und über den breiten und sanften Bergrücken völlig unproblematisch zum Gipfelkreuz am **Schönkahler** ❹.
Auf dem bekannten Weg gehen wir zurück zur **Pfrontner Alpe** ❸. Direkt nach dem Alpgebäude halten wir uns links und nehmen den Pfad über das Alpgelände Richtung Norden. Abhängig von der Jahreszeit ist dieser Wiesenpfad nicht immer gut erkennbar. Etwa 400 m nach dem Alpgebäu-

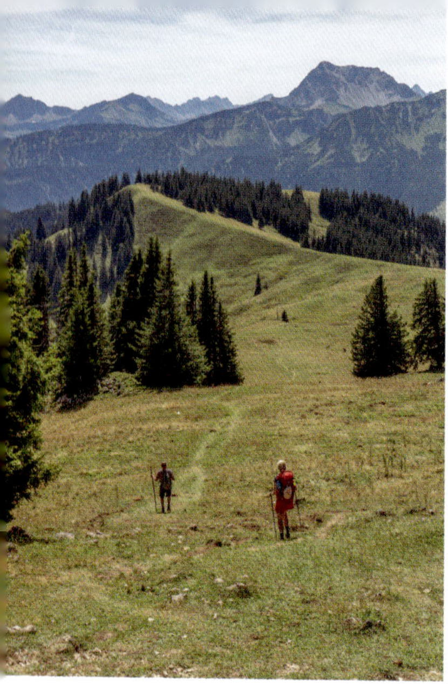

Aussichtsreich geht es vom Gipfel beim Abstieg Richtung Süden, hinten rechts das Geißhorn.

de kommen wir in lichten Bergwald, der Wanderweg ist wieder breiter und gut erkennbar. Im leichten Auf und Ab queren wir die Osthänge unterhalb des Schönkahler und gelangen so in einen kleinen Sattel, etwa 1440 m, zwischen Schönkahler und Ächsele. Ein kleiner Pfad führt uns von hier geradeaus steil empor in Richtung Nordwesten, in einem Rechtsbogen erreichen wir einen unspektakulären Sattel, etwa 1490 m, zwischen Hinterem und Vorderem Ächsele. Von hier folgen wir einem Waldpfad konsequent schräg rechts bergab Richtung Nordosten, überqueren einen z. T. sumpfigen Abschnitt mithilfe von Holzstegen. An einem breiten Forstweg halten wir uns rechts, am nächsten Abzweig ebenso. Es folgt ein moderater kurzer Gegenanstieg Richtung Nordosten. Am folgenden **Abzweig** 5, 1275 m, gehen wir auf dem breiten Forstweg ein Stück nach links und halten uns gleich wieder links. Schließlich erreichen wir nach einem kurzen Abstieg freies Alpgelände und wandern zur bereits sichtbaren **Bärenmoosalpe** 6, 1248 m.

Für den Rückweg zum Parkplatz nehmen wir den Fahrweg zurück zum bekannten **Abzweig** 5 und gehen hier geradeaus Richtung »Parkplatz Schönkahler«. Im angenehmen Gefälle führt der Fahrweg hinab zum bekannten **Abzweig** 2, an dem sich die Runde schließt. Von hier sind es nur wenige Minuten zurück zum **Parkplatz Schönkahler** 1.

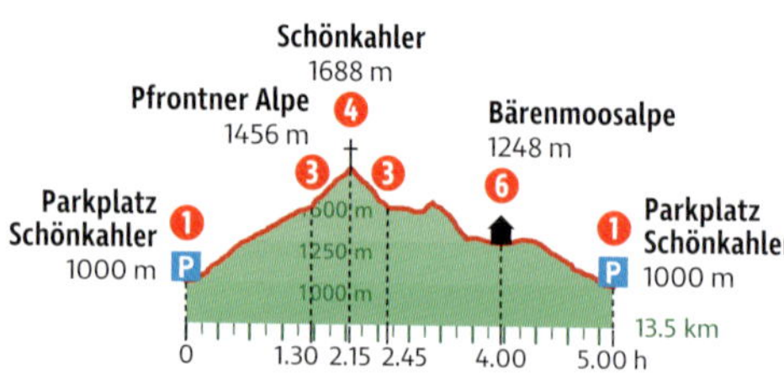

↗ 590 m | ↘ 590 m | 6.4 km

3.30 h

Aggenstein, 1987 m, mit Breitenbergbahn

41

Abwechslungsreiche Rundtour mit Besteigung des Aggenstein

Sowohl vom Tannheimer Tal aus als auch vom Alpenvorland sticht der markante, steile und felsige Aggenstein ins Auge. Mit der Benutzung der Breitenbergbahn tauchen wir bei dieser abwechslungsreichen Rundtour bequem und ohne große Mühen in die Bergwelt ein. Über eine steile Rampe, den sogenannten »Langen Strich«, steigen wir nordseitig auf zum Gipfel des Aggenstein. Eine kurze, aber ausgesetzte Felspassage am Gipfelaufbau gibt der Tour eine gewisse Würze. Durch den anschließenden südseitigen Abstieg können wir von einer klassischen Überschreitung des Aggenstein sprechen. Belohnen können wir uns dann auf der aussichtsreichen Sonnenterrasse der Bad Kissinger Hütte. Über den Steig »Böser Tritt« gelangen wir schließlich wieder zurück auf die Seite der Breitenbergbahn – der Steig ist deutlich besser zu begehen, als sein Name vermuten lässt. Bei der Bergstation schließt sich der Kreis.

Ausgangspunkt: Pfronten-Steinach, Talstation der Breitenbergbahn direkt am Bahnhof Pfronten-Steinach, 840 m, zahlreiche Parkplätze direkt an der Talstation und in Bahnhofsnähe (Navi: D-87459 Pfronten, Tiroler Str. 176). Bus: Linie 123 Pfronten – Nesselwängle (ca. alle 2 Std.) und Linie 71 Füssen – Kempten (mind. stündlich), Haltestelle »Steinach Breitenbergbahn Bahnhof«; Zug: Bahnhof »Pfronten-Steinach«. Breitenbergbahn: Betriebszeiten in der Sommersaison etwa Ende April – Anfang November, 9.00–17.00 Uhr, Tel. +49 8363 5820, breitenbergbahn.de, Talstation 840 m, Bergstation 1498 m.

Anforderungen: Meist gute Wanderwege. Am Gipfelaufbau des Aggenstein etwas ausgesetzte Felspassagen mit Drahtseilversicherungen. Trittsicherheit und Schwindelfreiheit unbedingt notwendig.

Einkehr/Übernachtung: Bad Kissinger Hütte, 1792 m (DAV, etwa 50 Schlafplätze, Tel. +43 676 3731 166, badkissingerhuette.at); Berghaus Allgäu, 1500 m (direkt an der Bergstation der Breitenbergbahn); Hochalphütte, 1510 m (in der Nähe der Bergstation); Ostlerhütte, 1838 m (Variante; Di Ruhetag außer in Schulferien, die-ostler-huette.de); Bistro an Talstation (Di Ruhetag); zahlreiche Restaurants in Pfronten.

Variante: Abstecher zur Ostlerhütte direkt am Gipfel des Breitenbergs (ca. 1 Std. zusätzlich).

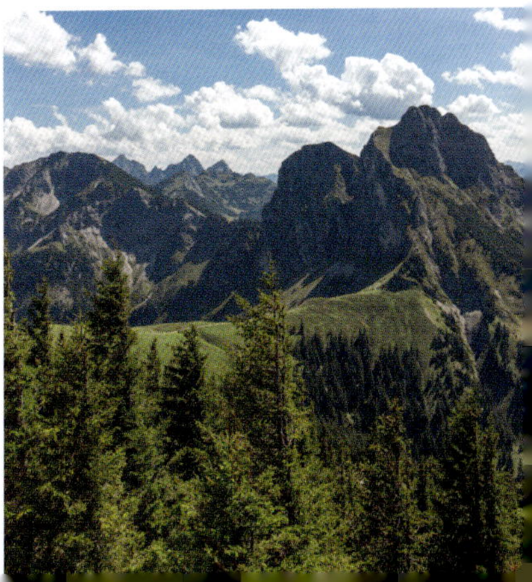

Blick von der Ostlerhütte hinüber zum felsigen Aggenstein.

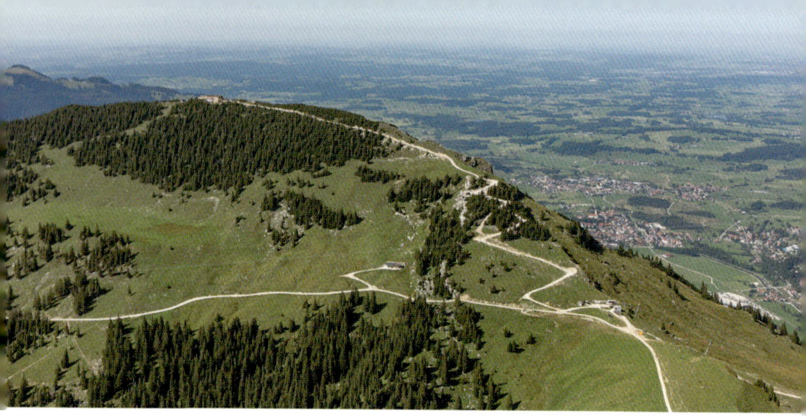

Vom Aggenstein-Gipfel haben wir einen prächtigen Blick hinab zum Breitenberg mit der Ostlerhütte.

Zunächst fahren wir bequem von der **Talstation** der **Breitenbergbahn** ❶ in **Pfronten** in etwa 10 Min. zum Berghaus Allgäu an der **Bergstation** ❷, 1498 m. Von hier nehmen wir den breiten Weg vorbei an der Hochalphütte bergauf und erreichen so eine **Weggabelung** ❸, 1668 m, direkt bei der Bergstation der Breitenberg Hochalpbahn (Sessellift) an einem Bergrücken. (Von hier könnten wir auf einem ebenfalls breiten, geschotterten Weg einen Abstecher hinauf zur Ostlerhütte, 1838 m, am Gipfel des Breitenbergs machen.)

Für den Aufstieg zum Aggenstein halten wir uns an der Weggabelung links. Zunächst wandern wir leicht bergab über den Rücken direkt auf den Gipfelaufbau zu. Einen Abzweig nach links ignorieren wir. Dann steigt unser Weg leicht bergan, schließlich führen unzählige Serpentinen steil über eine Rampe empor. (Diese Rampe etwas rechts von der Gratkante wird häufig als »Langer Strich« bezeichnet.) Schnell gewinnen wir an Höhe und erreichen die Ostschulter des Aggenstein. Wir

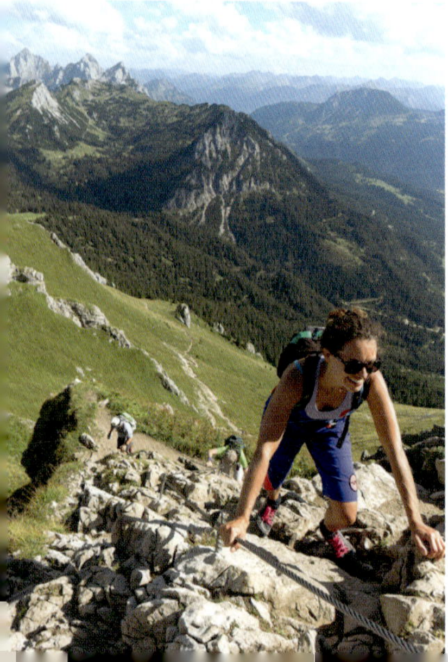

Felspassagen mit Drahtseilversicherung am Gipfelaufbau des Aggenstein.

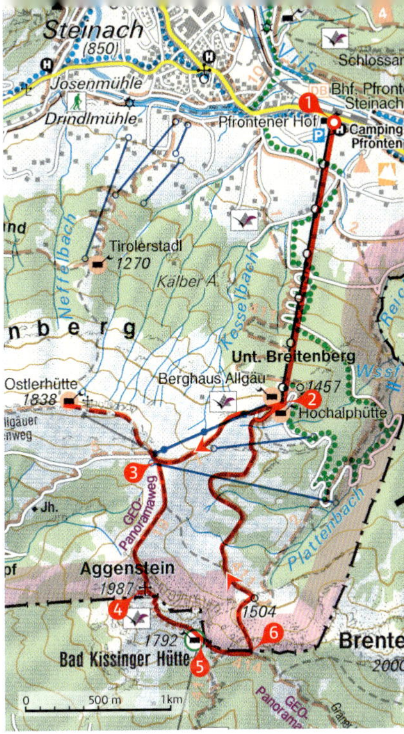

gehen über die Schulter und queren auf der anderen Seite ein paar Meter hinüber zu einem Abzweig. Hier halten wir uns rechts, kraxeln über eine etwas ausgesetzte Felspassage, die mit Drahtseilen versichert ist, steil empor und erreichen schon bald das Gipfelkreuz des **Aggensteins** ❹ mit einem prächtigen Rundumblick. Über die bekannte Felspassage steigen wir wieder ab zum Abzweig und nehmen jetzt den Wanderweg weiter bergab. Nach Südosten queren wir die Hänge und gelangen so direkt zur nahen **Bad Kissinger Hütte** ❺, 1792 m.

Nach der verdienten Pause steigen wir weiter bergab und erreichen bald am Grat den beschilderten Sattel **Böser Tritt** ❻, 1730 m. Hier halten wir uns links und steigen steil bergab in die Nordflanke. Der Steig mit dem Namen »Böser Tritt« führt über mehrere Felsstufen, stellt aber keine besonderen Schwierigkeiten dar. Der Steig wird schließlich weniger steil und bei einer kleinen Grenzhütte bzw. Diensthütte, etwa 1507 m, halten wir uns links. Wir queren die Hänge in der Aggensteinwanne und gehen bei der nächsten Weggabelung weiter geradeaus. Der Steig bringt uns im leichten Auf und Ab hinüber zur Hochalphütte. Von hier sind es nur noch wenige Meter zurück zur **Bergstation** ❷. Mit der Bahn geht es schließlich wieder hinab zur **Talstation** der **Breitenbergbahn** ❶.

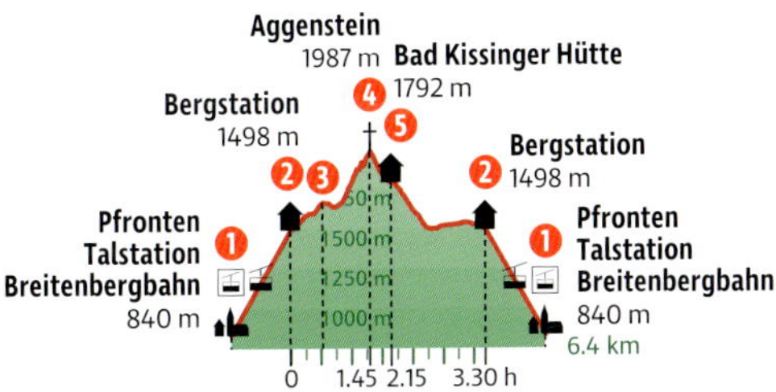

↗ 700 m | ↘ 700 m | 17.4 km

42 Von Füssen zum Zirmgrat, 1292 m

6.00 h

Historische Stadt – Badeseen – Bergwanderung

Füssen liegt an der schmalen Ausmündung des Lechs ins Alpenvorland und bestand schon zur Zeit der Römer mit dem Namen »Foetibus«. Es behielt seine Bedeutung für die Region und ist auch heute als Zentrum des Ostallgäus stets einen Besuch wert. Man kann durch die Fußgängerzone bummeln und historische Gebäude besichtigen. Ein schmales, von Waldrücken eingefasstes Tal mit drei versteckten Seen führt von dort nach Westen, anschließend folgt der Zirmgrat mit eindrucksvollem Blick nach Süden. Also auch ein Gebiet für schöne Wanderungen.

Ausgangspunkt: Füssen, 808 m, großer Parkplatz »Morisse« westlich der Altstadt an einem Kreisverkehr an der Straße Richtung Eisstadion, von der A7 Ausfahrt Füssen nicht Umgehungsstraße nördlich um den Ort herum, sondern gleich südwärts in Kemptener Straße (Gewerbegebiet), Parkplatz nach 3 km kurz vor der Fußgängerzone rechts (Navi: D-87629 Füssen, Morisse 1, Parkplatz Morisse). Bus: Linie 71 Füssen – Kempten (mind. stündlich), Haltestelle »Füssen Morisse«. Zug: Bahnhof »Füssen«, ca. 400 m nordöstlich vom Ausgangspunkt.

Anforderungen: Gute Wanderwege, steiler Anstieg zur Saloberalpe.

Einkehr: Hotel Alatsee, 868 m, Saloberalpe, 1089 m; Waldwirtschaft am Mittersee, 805 m; zahlreiche Restaurants in Füssen.

Vom Kreisverkehr direkt am großen Parkplatz »Morisse« in **Füssen** ① gehen wir zunächst etwa 150 m auf dem Gehweg stadteinwärts (Osten). Direkt nach dem Franziskaner Stüberl (»Zum Franziskaner Restaurant«) biegen wir rechts ab in Richtung »Baumgarten Park« und über Treppen geht es hinauf zum schönen Park hinter dem Hohen Schloss. Das Schloss lassen wir links liegen und halten uns vor dem Abstieg zum Lech an einer Kreuzung rechts (Westen). Wir wandern am südlichen Rand des Parks entlang und gelangen schon bald zur Morisse-Straße. Diese überqueren wir und folgen zunächst

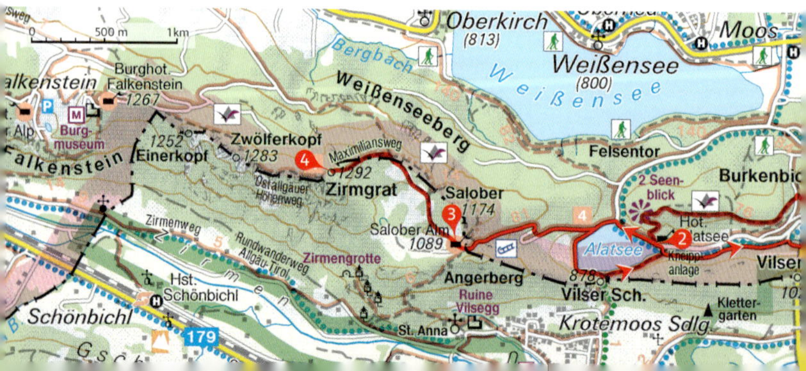

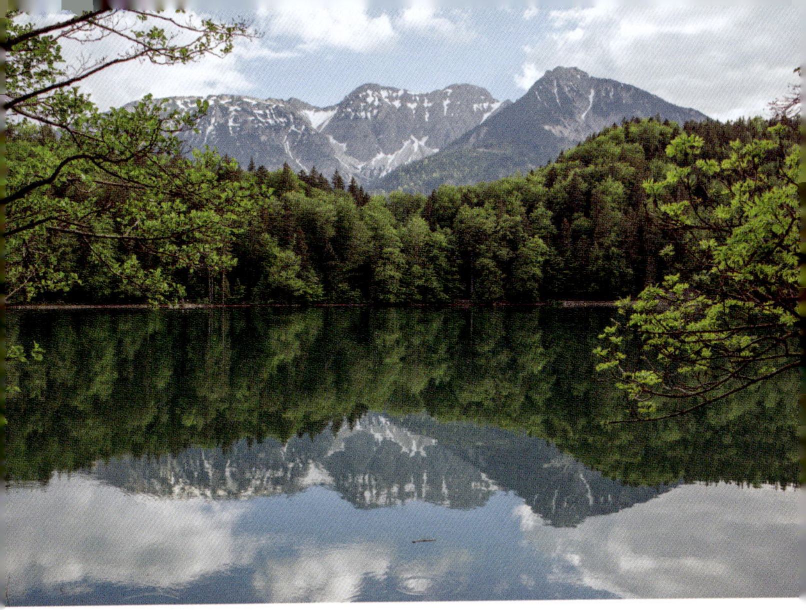

Alatsee mit Blick Richtung Süden.

dem Unteren Kolbenweg bis zu einem beschilderten Abzweig. Ab hier nehmen wir den Oberen Kobelweg auf der Anhöhe im Wald Richtung Westen. An einer beschilderten Wegkreuzung gehen wir geradeaus und folgen so dem Hahnenkopfweg stets in Richtung Alatsee. Schließlich führt ein kurzer Abstieg hinab ans Ufer des Alatsees und zum **Hotel Alatsee** ❷, 868 m. Am Seeufer halten wir uns rechts und wandern direkt am Nordufer entlang bis zu einem beschilderten Abzweig. Hier gehen wir rechts und erreichen so über einen steilen Fahrweg die **Saloberalpe** ❸, 1089 m. Wenige Meter

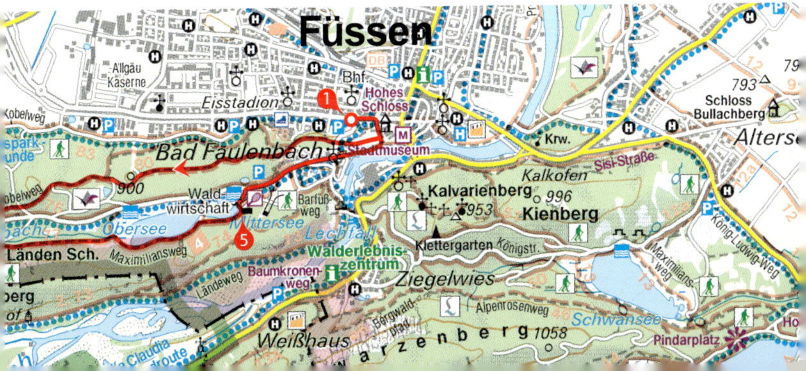

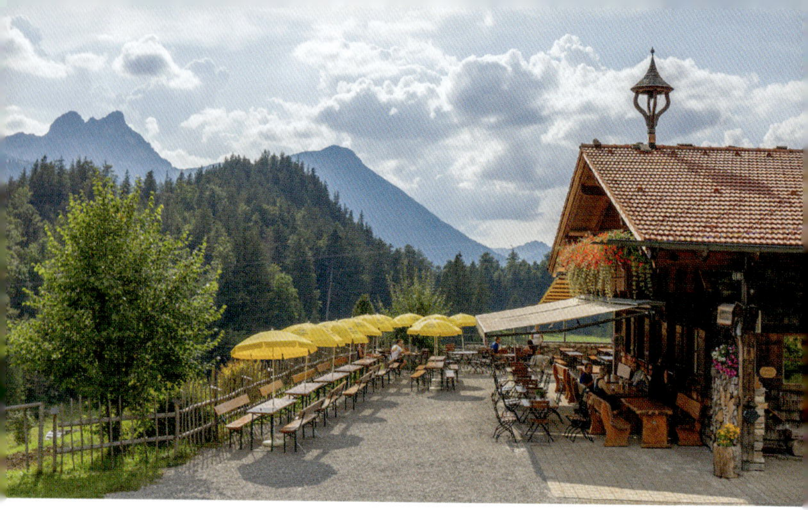

Saloberalpe mit Aggenstein links und Breitenberg rechts.

vor dem Alpgebäude halten wir uns rechts und nehmen den Wanderweg (»Zirmgrat, 45 min«) über Wiesengelände oberhalb der Alpe Richtung Nordwesten. Über wellige Viehweiden gelangen wir in einen Sattel. Von hier erfolgt der noch mal etwas steilere Aufstieg zum **Zirmgrat** ❹, 1292 m, mit einer freien, nach Süden vorspringenden Kanzel.

Auf bekanntem Weg steigen wir vorbei an der **Saloberalpe** ❸ wieder ab zum Alatsee. Am Seeufer halten wir uns rechts und erreichen so am Südufer entlang wieder das **Hotel Alatsee** ❷. Bei einer Kneipp-Anlage kurz vor dem Hotel nehmen wir rechts den Fußweg Richtung Osten. Auf diesem Weg wandern wir durchs Tal zum Obersee und direkt danach zum Mittersee mit der **Waldwirtschaft am Mittersee** ❺, 805 m. Beide Seen bieten schöne Bademöglichkeiten. Von der Waldwirtschaft folgen wir der Alatseestraße Richtung Füssen. Durch Bad Faulenbach gelangen wir an das Lechufer. Kurz vor dem Schloss steigen wir links bergan in den Park und gelangen auf dem bekannten Weg zurück zum Ausgangspunkt in **Füssen** ❶.

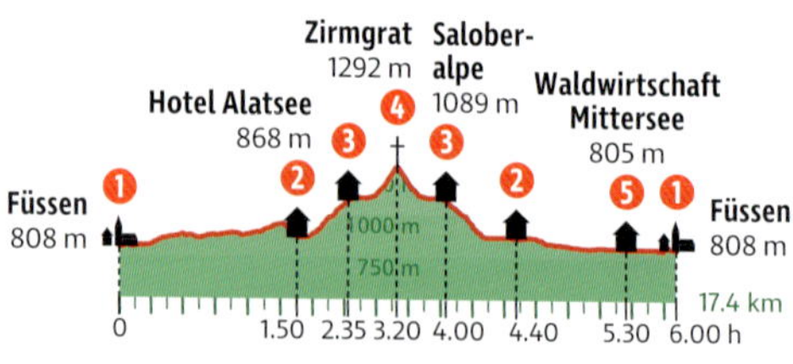

↗ 360 m | ↘ 360 m | 9.8 km

3.15 h

Schloss Neuschwanstein und Alpsee

43

Einzigartige Mischung: Schlösser – Wasserfall – Waldsee

Diese Wanderung erschließt Besuchern alles Sehenswerte im Bereich der berühmten Königsschlösser. Man kann dabei Neuschwanstein, das Märchenschloss von König Ludwig II., und Hohenschwangau aus der Nähe betrachten. Nach dem einzigartigen Blick von der Marienbrücke hinüber zum Schloss geht es hinab zum Alpsee, einem Kleinod zwischen Waldbergen. Der 814 Meter hoch gelegene Bergsee hat trotz des Fremdenverkehrstrubels noch weitgehend unberührte Ufer, nur am Ostzipfel steht ein Hotel und im Süden gibt es eine Badeanstalt.

Die Geschichte der Marienbrücke reicht weit zurück: Bereits in den 1850er-Jahren veranlasste König Maximilian II. als Geburtstagsgeschenk für seine Gemahlin Marie den Bau eines Reiterstegs aus Holz über den Pöllatbach. Sein Sohn König Ludwig II. ließ diesen Steg durch eine Stahlbrücke ersetzen. Die elegante Konstruktion ohne weitere Stützen hoch über der Pöllat war in dieser Zeit ein absolutes Novum. 1978 wurde die historische Brücke durch eine neue Brücke ersetzt, die originalen Geländer wurden jedoch wiederverwendet. Nach aufwendigen Sanierungsarbeiten ist die Brücke seit 2022 wieder geöffnet.

Blick hinab auf den Alpsee.

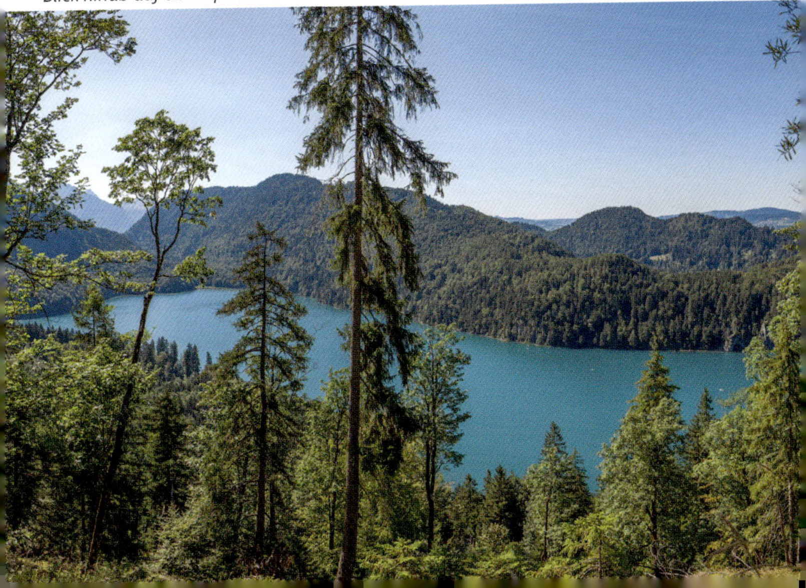

Ausgangspunkt: Hohenschwangau, 810 m, Tourist Information in Ortsmitte, aus Füssen Richtung »Königsschlösser«, zahlreiche Parkplätze direkt in Hohenschwangau (Navi: D-87645 Hohenschwangau, Alpseestraße 2).
Bus: Mehrere Buslinien, Haltestelle »Schwangau Neuschwanstein«; gute Anbindung zum Bahnhof »Füssen«.
Anforderungen: Am Seeufer leichte, sonst alpine Wanderwege.
Einkehr: Keine unterwegs; zahlreiche Restaurants in Hohenschwangau.
Variante: Landschaftlich noch deutlich attraktiver ist der Aufstieg zum Schloss Neuschwanstein durch die Pöllatschlucht. Aktuell (Stand 2023) ist die Schlucht jedoch bis auf Weiteres geschlossen (aktuelle Infos unter: schwangau.de). Zur Schlucht gelangt man, indem man von der Ortsmitte ebenfalls Richtung Osten wandert, nicht rechts auf den Sommerweg abzweigt, sondern geradeaus bis zur ehemaligen Gipsmühle geht. Von dort geht es durch die Schlucht empor und man gelangt kurz vor der Marienbrücke wieder auf den Hauptweg. Etwa 15 Minuten länger als Hauptweg.
Hinweis: Tickets für einen Schlossbesuch entweder beim Parkplatz oder vorab online kaufen.

Von der Ortsmitte (bei der Tourist Information Hohenschwangau) von **Hohenschwangau** ❶ wandern wir südlich vom Parkplatz P3 Richtung Osten und nehmen beim Sportplatz vom Gymnasium Hohenschwangau nach rechts den sogenannten »Sommerweg« bergauf (geradeaus ginge es zur Pöllatschlucht, Variante). Nach ein paar Kehren erreichen wir eine schmale Asphaltstraße und folgen dieser nach links zum Schloss. Auf dieser Stra-

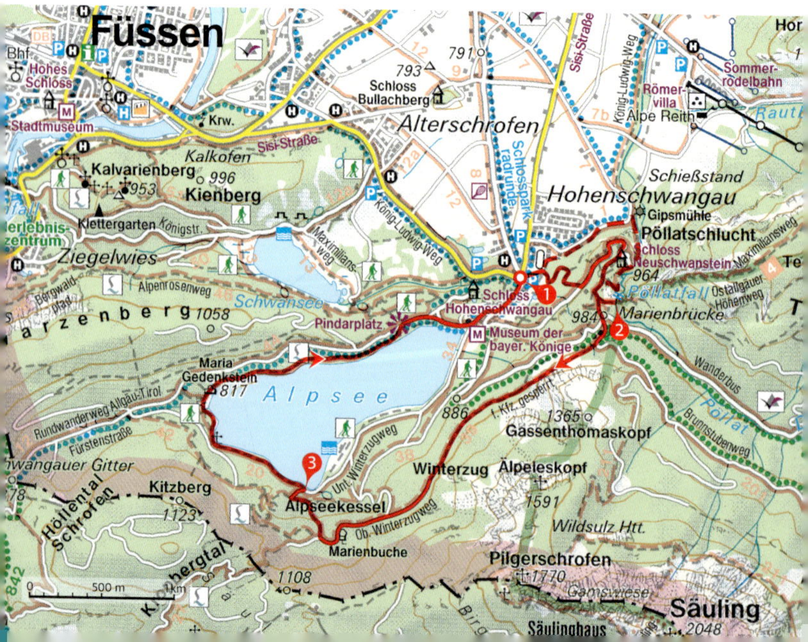

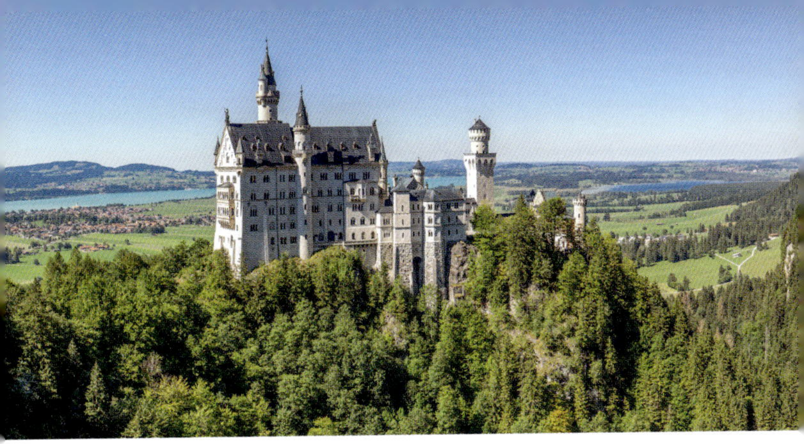

Schloss Neuschwanstein von der Marienbrücke aus.

ße passieren wir das Schloss und kommen wenige Minuten später, weiter leicht bergan, zu einer Bushaltestelle. Von hier ist der kurze Abstecher zur **Marienbrücke ❷**, 977 m, mit schönem Blick aufs Schloss, ein Muss.
Wir gehen von der Brücke zurück zur Bushaltestelle und nehmen von hier einen breiten Schotterweg Richtung »Säuling 4 h« kurz aufwärts. In der ersten Linkskehre verlassen wir den Schotterweg nach rechts auf den sogenannten Oberen Winterzugweg in Richtung »Marienbuche und Alpsee«. Am Anfang steigen wir mehrere Stufen bergab, dann schlängelt sich der z. T. schmale Weg im leichten Auf und Ab am Hang entlang. Ab und zu genießen wir einen herrlichen Blick hinab auf den türkisgrünen Alpsee. Schließlich wird der Weg wieder breiter zu einem Forstweg. Am folgenden Abzweig gehen wir geradeaus weiter in Richtung Marienbuche (noch etwa 10 Min.). Von der Marienbuche gehen wir auf dem Gnomensteig am Israelit-Felsen vorbei hinab zum Südufer des **Alpsees ❸**, 817 m.
Dort wandern wir nach links stets in Wassernähe Richtung Nordwesten. Mehrere Stellen sind mit längeren Brücken versehen. Kurz nach dem Marienmonument am Nordwestende des Sees bleiben wir konsequent am Ufer (nicht zur Fürstenstraße aufsteigen), umrunden so weiter am Nordufer den Alpsee (z. T. etwas oberhalb des Sees) und gelangen schließlich zurück nach **Hohenschwangau ❶**.

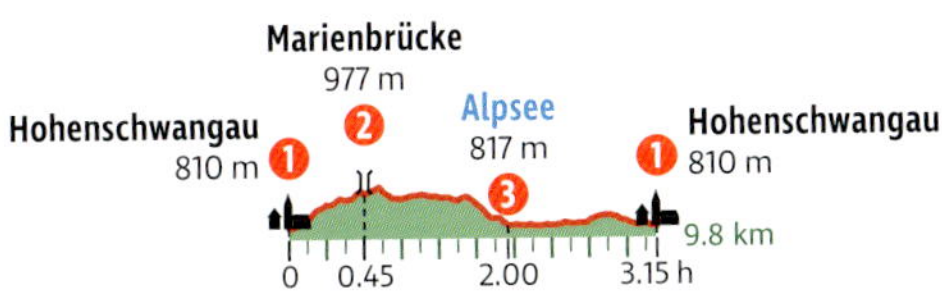

↗ 625 m | ↘ 770 m | 7.3 km

44 Kenzenkopf und Geiselstein-Rundweg

3.45 h

Im Herzen der Ammergauer Alpen

Im Osten der Tannheimer Berge folgen, nach der tiefen, breiten Furche des Lechtals, die Ammergauer Alpen. Die reizvollste Landschaft und die markantesten Berge findet man dort im Kenzengebiet mit gut einem Dutzend Gipfeln, die zum Teil – im Vergleich zu ihrer Höhe – ungewöhnlich felsig sind. So bildet der 1884 Meter hohe Geiselstein eine formschöne Pyramide aus bestem Oberrätkalk. Die steile Felspyramide wurde deshalb zum bekanntesten Kletterziel weitum. Unsere Route führt erst auf den Kenzenkopf, eine ideale Aussichtswarte, und dann im Bogen um den Geiselstein.

Ausgangspunkt: Kenzenhütte, 1294 m, erreichbar mit dem Kenzenbus vom Kenzenparkplatz am südöstlichen Ortsrand von Halblech direkt am Fluss (Navi: D-87642 Halblech, Am Mühlbach 100, Kenzenparkplatz).
Bus: Mehrere Buslinien nach Halblech, Haltestelle »Halblech Ortsmitte«, ca. 600 m nördlich vom Kenzenparkplatz. Zwischen Kenzenparkplatz, Wankerfleck und Kenzenhütte Pendelverkehr mit dem Kenzenbus, etwa Mitte Mai bis Mitte Oktober, ca. stündlich ab 8 Uhr (Sa/So ab 7 Uhr), letzte Talfahrt 17.30 Uhr und nach Bedarf, Tel. +49 8368 550, www.halblech.de/kenzenhuette.html.
Endpunkt: Wankerfleck, 1148 m. Rückfahrt zum Kenzenparkplatz in Halblech mit dem Kenzenbus (s. o.).
Anforderungen: Bergwege ohne Schwierigkeiten. Nur beim Aufstieg zum Kenzenkopf felsiger Pfad, Trittsicherheit erforderlich.
Einkehr/Übernachtung: Kenzenhütte, 1294 m (58 Schlafplätze, Tel. +49 8368 8554002, kenzenhuette.de).

Vom »Kenzenparkplatz« in Halblech fahren wir zunächst bequem mit dem Kenzenbus zur **Kenzenhütte** ❶. Von dort folgen wir nach Süden dem leicht ansteigenden Pfad und halten uns dann etwa nach 200 m rechts Richtung Kenzenbach. Der weitere Aufstieg Richtung Westen erfolgt auf einem steinigen Pfad durch die sogenannte Gasse, eine schmale Steilmulde unterhalb schöner Felswände, in den **Kenzensattel** ❷, 1650 m. Von hier machen wir einen Abstecher zum Westeck. Dazu nehmen wir vom Sattel den Pfad nach rechts und steigen zwischen einzelnen Fichten zu den Felsen auf. Der Weg führt links haltend zu einer Schulter, danach überqueren wir eine kleine Hochfläche nach rechts und erreichen rasch das Kreuz, das auf dem **Westeck** ❸, 1730 m, des **Kenzenkopfes** steht. Der eigentliche Gipfel (1745 m) ist noch 15 m höher und lässt sich über den Grat nur recht ausgesetzt erklettern (II; 10 Min.).

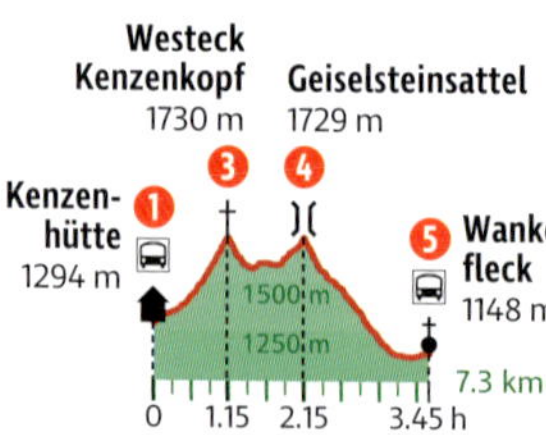

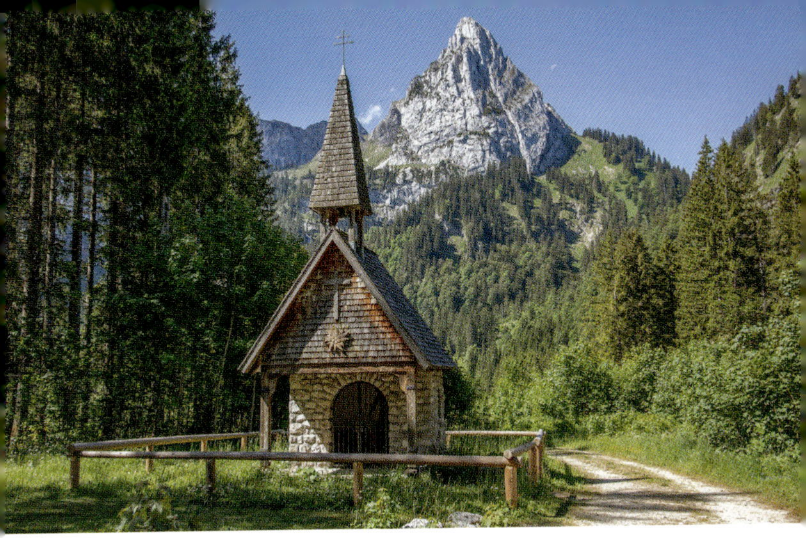

Die Tour endet an der Kapelle am Wankerfleck mit genialem Blick auf den Geiselstein, das Matterhorn der Ammergauer Alpen.

Auf bekanntem Weg steigen wir wieder ab zum **Kenzensattel ❷**, folgen dem Weg nach rechts und steigen leicht bergab zu den weiten Böden des Gumpenkars. An der Weggabelung im Gumpenkar halten wir uns rechts und steigen von hier immer steiler bergauf. Beim Aufstieg in den **Geiselsteinsattel ❹**, 1729 m, direkt am Gipfelaufbau des Geiselstein, haben wir einen prächtigen Blick auf die felsige Südwand des Gipfels, die bei Kletterern sehr beliebt ist. Vom Sattel gehen wir auf der anderen Seite über die steilen Latschenhänge ein gutes Stück nach Westen hinab. Unten am Abzweig halten wir uns rechts und queren unterhalb des Geiselstein Richtung Nordosten. Schließlich steigen wir über viele kleine Kehren abwärts zum sogenannten Wankerfleck, einer der malerischsten Stellen in den Voralpen. Wir folgen kurz dem Bachverlauf nach links und überqueren wenige Meter später mithilfe einer Brücke den Bach nach rechts. Eben über die schönen Almwiesen gelangen wir zur Haltestelle des Kenzenbusses bei der **Kapelle** am **Wankerfleck ❺**.

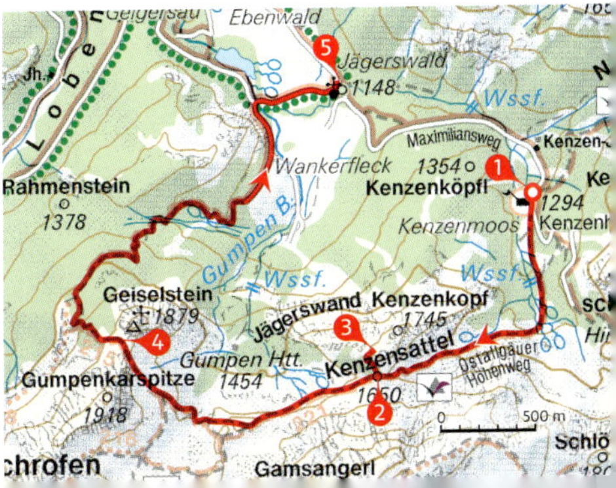

↗ 50 m | ↘ 50 m | 10.1 km

45 Plansee und Heiterwanger See

2.45 h

Sehr schöne Uferwanderung am Tiroler Fjord

Wie ein Fjord schmiegt sich der Plansee zwischen die steilen, meist bewaldeten Berghänge und füllt dabei das Tal in seiner ganzen Breite. Hohe Gipfel wie der Taneller spiegeln sich im Wasser. Mit einer Länge von 5,2 Kilometern und einer Tiefe von 77 Metern gehört er zu den großen natürlichen Seen im Inneren der Alpen. Und das wirklich Ungewöhnliche: Nur an drei Stellen stehen einige wenige Häuser am Ufer, sonst ist er vollkommen unberührt. Auf der Nordseite führt eine asphaltierte Straße am Wasser entlang, am Südufer gibt es nur einen Fußweg.

Ausgangspunkt: Hotel Forelle, 979 m, am Nordostufer des Plansees, von Reutte bergauf zum Plansee und am Nordufer entlang zum Ausgangspunkt, Parkplätze beim Hotel (Navi: A-6600 Breitenwang, Am Plansee 9, Hotel Forelle). Siehe »Hinweis«.
Bus: Linie 9624 Reutte – Oberau (ausschließlich Sa, So und an Feiertagen, ca. stündlich), Haltestelle »Plansee am Plansee«, direkt am Hotel Forelle.
Endpunkt: Heiterwang, Hotel Fischer am See, 979 m, von Reutte kommend in Heiterwang zum Heiterwanger See abbiegen, Parkplatz kurz vor Hotel (Navi: A-6611 Heiterwang, Fischer a. See 1). Rückkehr zum Ausgangspunkt mit dem Schiff (siehe »Hinweis«).
Schiff: Schiffsverbindungen Fischer am See – Seespitz – Forelle ca. 6-mal/Tag ab ca. 10 Uhr, Fahrplan-Info: Tel. +43 5674 5116, fischeramsee.at.
Bus: Linie 2 (ca. alle 2 Std.) und Linie 151 (zweimal täglich), Haltestelle »Heiterwang Fischer am See«.
Anforderungen: Bequeme Uferwege.
Einkehr: Hotel Fischer am See; Hotel Forelle; MusterAlpe (etwas nordöstlich vom Hotel Forelle, Mo und Di Ruhetag).
Hinweis: Um das letzte Schiff des Tages nicht zu verpassen und wegen der schlechten Busanbindung des Ausgangspunkts empfiehlt es sich, zum Endpunkt (Hotel Fischer am See) zu fahren und dort die Tour mit der Schifffahrt über den See zum Hotel Forelle zu starten.

Am **Hotel Forelle** ❶ wandern wir vom Anlegesteg am Plansee, vorbei am Campingplatz, immer am Ufer entlang in Richtung Osten bis zum Seewinkel am Ostende des Sees. Hier am Abzweig halten wir uns rechts, gleich danach geht es durch ein breites Flussbett und an der Fürchterlichhütte, 980 m, vorbei. Unser Weg führt nun am gewundenen Südufer entlang.

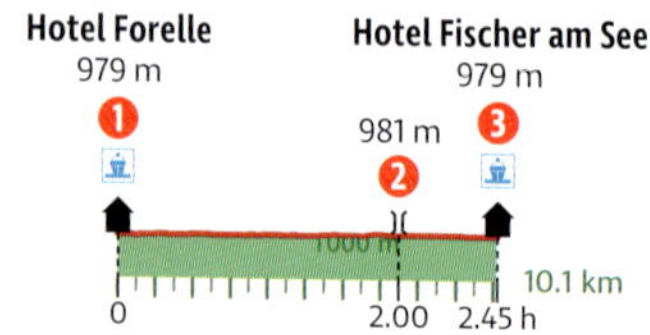

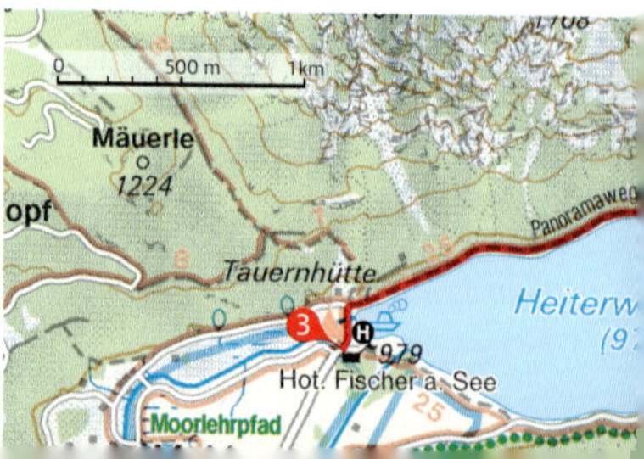

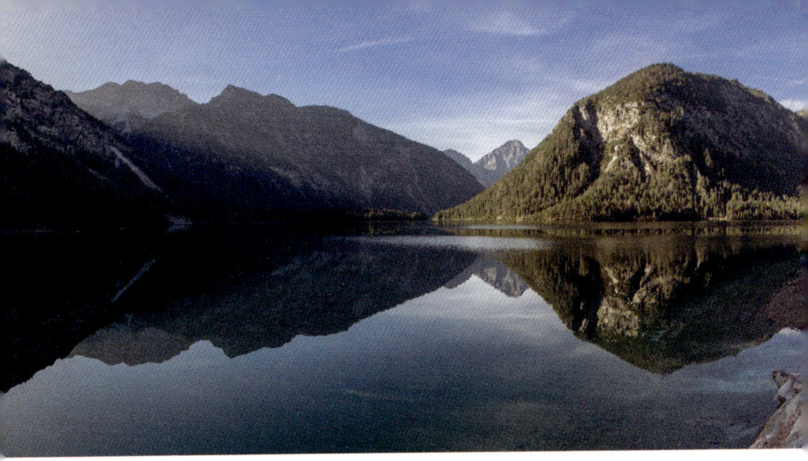

Morgenstimmung am Plansee.

Teilweise im Wald erreichen wir so die Südwestecke des Sees. Von hier führen nach rechts mehrere Wege über einen kleinen, bewaldeten Boden zur **Kanalbrücke** ❷, 981 m. Wir gehen über die Brücke, dann links und am Nordufer des Heiterwanger Sees entlang. Am Ende des Sees halten wir uns links, gehen über eine Brücke und gelangen vorbei am Campingplatz zum **Hotel Fischer am See** ❸.

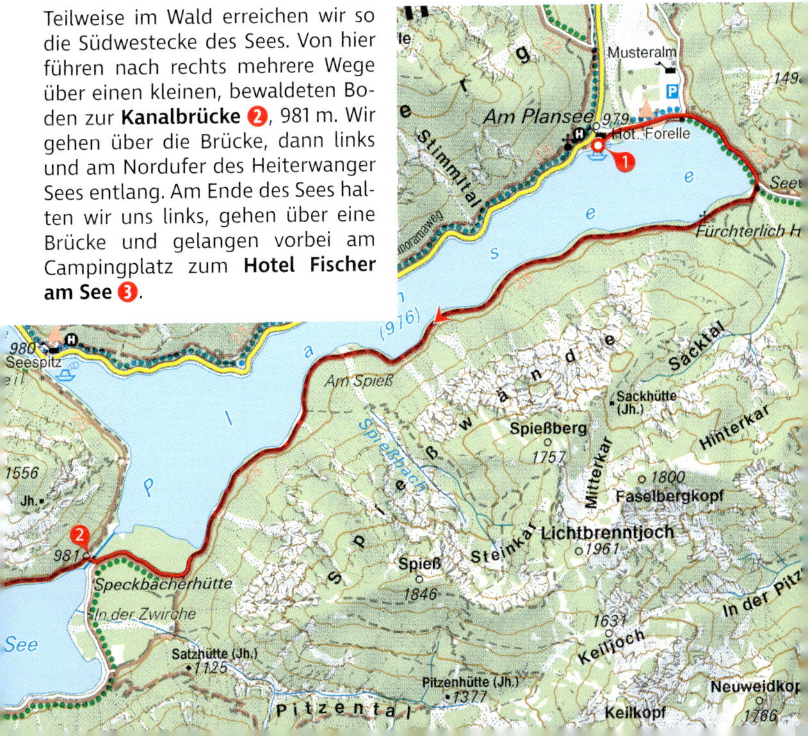

STICHWORTVERZEICHNIS

A
Achtal 146
Adlerhorst 68
Aggenstein 42, 44, 149
Alatsee 152
Älpele 119
Alpe Sorg 1 138
Alpsee 155
B
Bad Hindelang 128, 130, 133
Bad Kissinger Hütte 42, 44, 48, 149
Bärenmoosalpe 146
Bärgacht 108
Berg 34, 40
Berghaus Allgäu 149
Berghotel Zugspitzblick 38
Birkental 86
Böser Tritt 151
Breitenberg 149
Breitenbergbahn 149
Brentenjoch 48, 50
Bschießer 125
C
Café Bistro Haubentaucher 98, 102, 105, 108, 110, 113, 116
D
Dinserhütte 144
E
Edelsberg 144
Einstein 40
Enge 48
F
Friedberger Klettersteig 64
Füssen 152
Füssener Hütte 56
Füssener Jöchle 44, 51, 54, 57, 60, 65
Füssener-Jöchle-Bahn 44, 50, 53, 56, 60, 64
G
Gaicht 84
Gaichtspitze 84
Gappenfeldalpe 96, 98
Gappenfeldscharte 100
Gehrenjoch 78
Gehrenspitze 76
Geiselstein 158
Geiselsteinsattel 159
Geißhorn 116
Gelbe Scharte 64
Gimpelhaus 64, 70, 72, 76
Grän 25, 34, 42, 44, 48, 50, 53, 56, 60, 64
Gräner Höhenweg 44
Gräner Ödenalpe 89
Großer Hirschberg 132
Große Schlicke 53
Gundhütte 96, 98
H
Hahnenkamm 84
Halblech 158
Haldensee 34, 68, 93
Haller 68
Hallergehrenjoch 62, 64, 66
Heiterwang 160
Heiterwanger See 160
Hintere Schafwanne 112, 115
Hirschalpe 130
Hochalphütte 149
Hochjoch 80
Höfersee 30, 124
Hohenschwangau 155
I
Innergschwend 34
Iseler 128
Iselerbahn 128
J
Jochschrofen 130
Jochstadl 125
Judenscharte 67, 70
Jungholz 27, 136, 138, 141, 144
K
Kalbelehofalpe 138
Kastenjoch 111
Kenzenhütte 158
Kenzenkopf 158
Kenzensattel 158
Kirchdachsattel 112
Krinnenalpe 89, 93
Krinnenspitze 89
Kugelhorn 113, 115
Kühgundkopf 125, 128
Kühgundspitze 128
L
Lache 98, 104, 107, 111
Lachenjoch 111
Landsberger Hütte 98, 102, 105, 110

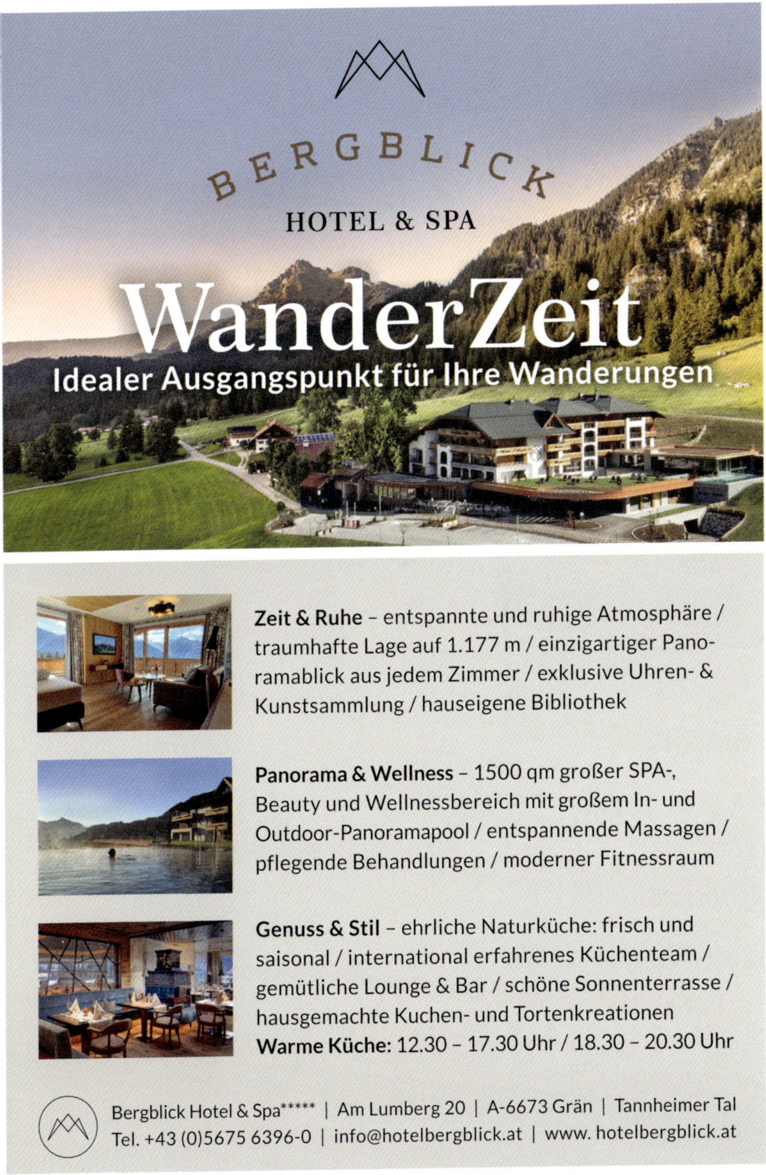
BERGBLICK
HOTEL & SPA
WanderZeit
Idealer Ausgangspunkt für Ihre Wanderungen
Zeit & Ruhe – entspannte und ruhige Atmosphäre / traumhafte Lage auf 1.177 m / einzigartiger Panoramablick aus jedem Zimmer / exklusive Uhren- & Kunstsammlung / hauseigene Bibliothek
Panorama & Wellness – 1500 qm großer SPA-, Beauty und Wellnessbereich mit großem In- und Outdoor-Panoramapool / entspannende Massagen / pflegende Behandlungen / moderner Fitnessraum
Genuss & Stil – ehrliche Naturküche: frisch und saisonal / international erfahrenes Küchenteam / gemütliche Lounge & Bar / schöne Sonnenterrasse / hausgemachte Kuchen- und Tortenkreationen
Warme Küche: 12.30 – 17.30 Uhr / 18.30 – 20.30 Uhr
Bergblick Hotel & Spa***** | Am Lumberg 20 | A-6673 Grän | Tannheimer Tal
Tel. +43 (0)5675 6396-0 | info@hotelbergblick.at | www. hotelbergblick.at

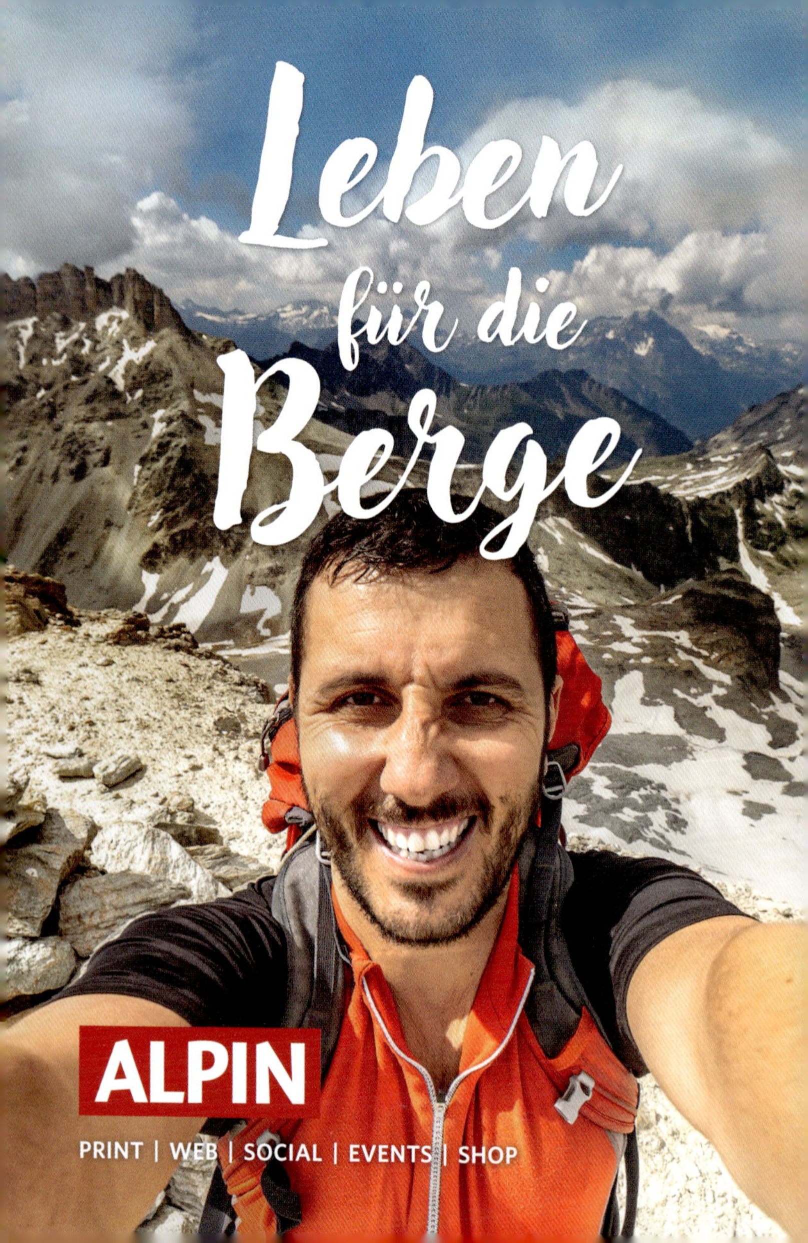
Leben
für die
Berge
ALPIN
PRINT | WEB | SOCIAL | EVENTS | SHOP

Langenschwand 138, 143, 144
Läuferspitze 60
Leilachspitze 102
Litnisschrofen 92

M

Marienbrücke 155
Mittersee 152

N

Nesselwängle 26, 34, 64, 70, 72, 76, 80, 84, 89, 93
Nesselwängler Edenalpe 89, 93
Nesselwängler Scharte 72
Neunerköpfle 98
Neunerköpflebahn 96, 98, 102, 105, 108, 110, 113, 116
Neuschwanstein 155

O

Obere Reuterwanne-Alpe 142
Obere Roßalpe 116
Obere Traualpe 98, 102, 105, 110
Oberjoch 128, 130
Ostlerhütte 149
Östliches Lachenjoch 104
Otto-Mayr-Hütte 56

P

Pfronten 149
Pfrontner Alpe 146
Pirschling 39
Plansee 160
Ponten 125
Pontental 123, 127

R

Raintaler Joch 55, 57, 60, 65
Rauhhorn 113
Rauth 86, 90
Rehbach 32, 139
Reuterwanne 141
Rohnenspitze 122
Roßalpe 119
Rote Flüh 64, 70, 86
Rote Spitze 105
Rundwanderweg Tannheimer Tal 30, 34

S

Sabachjoch 78
Saloberalpe 152
Schäferhütte 40
Schartschrofen 56, 60, 64
Schattwald 27, 30, 125
Schloss Neuschwanstein 155
Schneetalalm 80, 84
Schnurschrofensattel 121
Schochenspitze 100
Schönkahler 38, 146
Sebenalpe 45, 49, 52
Sonnenalm 44, 50, 53, 56, 60, 64
Sorgschrofen 133, 136, 138
Spieser 130
Steinach 149
Steinkarscharte 107
Steinkarspitze 105
Strindenscharte 99
Stubentalalpe 141, 144
Stuibensennalpe 125
Sulzspitze 96, 100

T

Tannheim 25, 30, 34, 40, 96, 98, 119, 122
Tannheimer Hütte 64, 70
Traualpsee 100, 103, 107, 111

U

Untere Reuterwanne-Alpe 141
Untere Roßalpe 119
Unterjoch 133

V

Vilsalpe 108, 110, 113, 116
Vilsalpsee 98, 108, 110, 113, 116
Vilser Alm 50
Vilser Jöchl 49, 52
Vilser Scharte 53
Vordere Schafwanne 114, 118

W

Wankerfleck 158
Wannenjoch 125, 128
Wannenjochbahn 125
Westliches Lachenjoch 107

Z

Zehrerhöfe 134
Zinken 133, 138
Zirleseck 122, 127
Zirmgrat 152
Zöblen 27, 30, 38

Den passenden Wanderführer finden

Den Wanderführer für die gewünschte Region bzw. für das gesuchte Ziel finden Sie auf der **geografischen Suche** auf rother.de/geosuche.

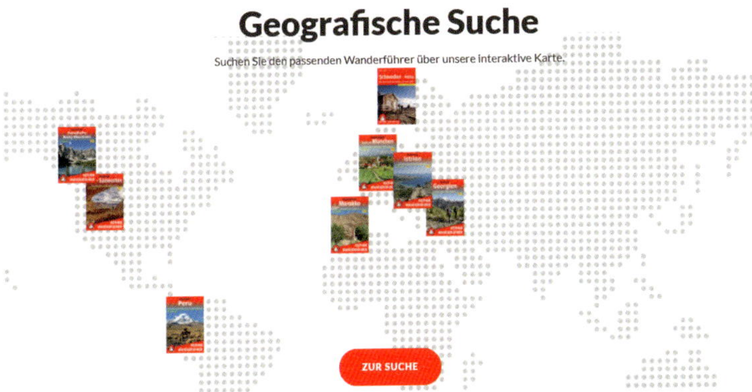

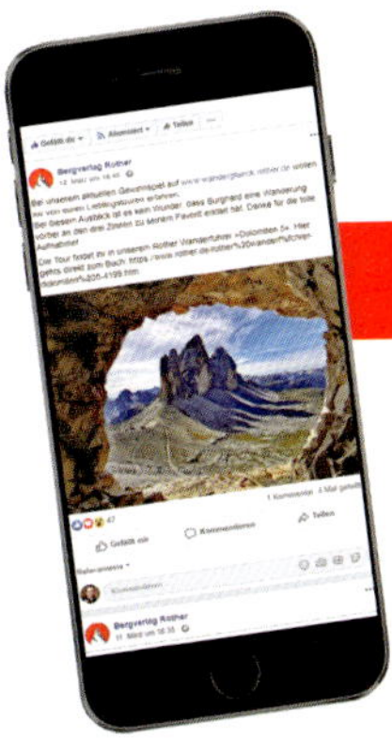

Inspiration gesucht?

Tourentipps aus erster Hand, persönliche Reiseberichte, Gewinnspiele u.v.m.
auf dem Rother Blog
wanderglueck.rother.de

Umschlagbild: Beim Aufstieg zur Landsberger Hütte. Im Hintergrund das Geißhorn, der höchste Gipfel im Tannheimer Tal.

Bild im Innentitel: Blick vom Traualpsee hinauf zur Landsberger Hütte und Lachenspitze.

Bild Seite 28/29: Blick von der Schochenspitze (Tour 23) Richtung Südwesten: links die kleine Lache, rechts der Traualpsee und dazwischen die Landsberger Hütte.

Alle Fotos von Stephan Baur.

Kartografie:
45 Wanderkärtchen im Maßstab 1:50.000
sowie 2 Übersichtskärtchen im Maßstab 1:200.000 und 1:350.000
© Freytag & Berndt, Wien

Werk-Nr.: 4229

12., vollständig neu bearbeitete Auflage 2024

ISBN 978-3-7633-4727-8

FSC www.fsc.org MIX Papier | Fördert gute Waldnutzung FSC® C147178

Wir freuen uns über jeden Korrekturhinweis zu diesem Wanderführer!
Bitte per E-Mail an: leserzuschrift@rother.de

ROTHER BERGVERLAG · Keltenring 17 · D-82041 Oberhaching
Tel. +49 89 608669-0 · rother.de